我的第一本

WO DE DIYIBEN
KAIDIAN CHUANGYESHU

开店创业书

兰 涛◎编著

史上最实用的
开店创业指南

中国华侨出版社

图书在版编目(CIP)数据

我的第一本开店创业书 / 兰涛编著.—北京：
中国华侨出版社,2011.6
ISBN 978-7-5113-1068-2

Ⅰ.①我… Ⅱ.①字… Ⅲ.①商店-商业经营
Ⅳ.①F717

中国版本图书馆 CIP 数据核字(2011)第 100918 号

我的第一本开店创业书

编　著 / 兰　涛
责任编辑 / 梁　谋
责任校对 / 孙　丽
经　销 / 新华书店
开　本 / 787×1092 毫米　1/16 开　印张/20　字数/400 千字
印　刷 / 北京建泰印刷有限公司
版　次 / 2011 年 7 月第 1 版　2011 年 7 月第 1 次印刷
书　号 / ISBN 978-7-5113-1068-2
定　价 / 35.00 元

中国华侨出版社　北京市朝阳区静安里 26 号通成达大厦 3 层　邮编：100028
法律顾问：陈鹰律师事务所
编辑部：(010)64443056　　64443979
发行部：(010)64443051　　传真：(010)64439708
网址：www.oveaschin.com
E-mail：oveaschin@sina.com

前 言

随着中国市场经济的开放且不断地向纵深方向发展，人们的物质生活水平也越来越高了。眼下，很多人手里都会多多少少地有那么一些闲钱。这些钱存在银行里因为数额不多利息很低，收益有限；投进股市里，风险太高，一不小心还有可能血本无归；如果就单单地放在那里吧，又十分可惜。其实，只要你稍微动一下脑筋，这些钱就不会成为让你烦忧的闲钱了。你可以拿这些钱去开个自己喜欢的小店。那些大富大贵的人，也并不是一出生就腰缠万贯的。曾经他们也在黑暗里摸索过，也付出不少的血汗，经过一番的打拼，最终成功了。思路决定出路，思路决定财路。只要你选择了一条适合自己的创业道路，其实成功离你真的很近。

店铺这个行业，古已有之，作为商业活动的终端，自诞生之日起就注定和我们每个人的生活密切相关。发展到今天，商业越来越成熟，店铺在社会生活中的作用也得到前所未有地提高，各种店铺更是如雨后春笋般涌现，越来越多的人也对自己创业开店跃跃欲试。

随着网络信息技术的普及与应用，最近几年来电子商务如火如荼。据统计，到2010年7月中国网民达到4.2亿，手机网民规模更达2.77亿。2010年上半年，大部分网络应用在网民中更加普及，各类网络应用的用户规模持续扩大。电子商务表现得更为突出，网上支付、网络购物和网上银行2010年上半年用户增长率均在30%左右，远远超过其他类网络应用。

或许你会纳闷：国美电器为什么能够越做越大？麦当劳为什么几十年来一直深入人心？老舍茶馆为什么能够让传统变为一个传奇……

其实，你只要稍微留意，上述问题就不难找到答案：经营和开店有着十分紧密的联系，那些在商场上叱咤风云的大企业家当初几乎都有过创业开店的经历。

很显然，开店是一个很容易做也很容易赚到钱的生意。开店不需要投入太多的资金，无须丰富的经验，也无须你掌握先进的科学技术，只要你有一颗热情洋溢的心，外加经营得法，你就可以在商海中自自在在地遨游。

虽说创业开店风险低、见效快、市场广阔、成功率高，但是，要想开一家财源广茂、日进斗金的旺铺并不是一件容易的事情。在开店创业的过程中充满了太多的风险与未知，同样的地段，有的店铺顾客盈门、熙熙攘攘，而有的店铺却乏人问津、门可罗雀。同样的商品，在有的店铺顾客争相抢购，在有的店铺却被弃如敝屣。同样是做生意，有的店铺越做越大，而有的店铺却冷落萧条，最终关门大吉。

不管你是自己打定主意开店也好，随大流开店也好，也无论你是开实体店铺也好，还是开网络店铺也好，这其中是有很大的学问的。开店创业光有一腔热情是不能够帮你成就一番事业的，你需要做好开店前的各项准备工作以及开店过程中如何管理与经营以及如何应对扑面而来的危机等问题。开店之前及开店之后的一系列问题可能会烦得你焦头烂额，但只要你打开《我的第一本开店创业书》这本书，你的一切问题就会迎刃而解了。

《我的第一本开店创业书》采用理论与案例相结合的方式，用通俗易懂的语言，深入浅出地分析，读完此书相信你定会收获颇丰。常言道：站得高方能看得远。本书所精选的开店创业案例，让你站在成功者的肩膀上，在经营小店的过程中一路犹如神助般地畅通无阻。

目 录

实体店篇

第一章 有备无患：
做好开第一家店的全盘规划

俗话说："万事开头难。"开实体店也好，做一件事情也罢，之前的准备都是非常重要的。有了好的开始就等于成功了一半，所以在决定开店前一定要弄清楚自己具备不具备开店的基本条件、开店前要做足充分的调研、要有强烈的赚钱欲望、要有自己的独立思考、要有很强的毅力、要有够格的经营能力、要有极强的沟通表达能力，当然还有一个不可或缺的因素就是开店需要的启动资金。开店前做好这一系列的准备，剩下的一半就是要想办法维持生意的兴隆，保证店铺能够良好经营下去。

第二章　找准切入点：
好项目让开店成功率增加 50%

好项目是开店成功与否的关键所在,如果能够找到一个好的项目,就能够事半功倍。选择一个好的项目,能够让你在创业的过程中少走一些弯路。所以,你一定要把创业看得很重要,要像择偶那样去择业。有时候一个好的项目,即便是零成本零风险也能够给你带来高回报高收入,只要你选择得当又善于经营。

第三章 民以食为天：
开一家人财两旺的餐厅

人是铁饭是钢，有人的地方就会有饮食的需要。俗话说："生意做遍，不如开个餐饮店。"的确如此，当人们想投资开店的时候自然而然地就会想到开一家餐饮店的问题。世界经济合作组织的一份研究报告表明：在知识经济迅猛发展的今天，传统行业中只有服务业仍有较大的发展空间，其中包括餐饮业。假如你有开一家餐厅的想法，开什么样的餐厅？什么规模和档次的？需要多少投资？回报如何？会有多大风险？这些问题都是你要考虑到的，为了不那么盲目，我们还是先来学习一下成功者的经验吧。

第四章 人靠衣裳马靠鞍：

这样开服装店最有"钱"途

自古以来，穿着打扮最能够体现一个人的文化修养和审美情趣，是对一个人的身份、气质、修养的无声的介绍。从某种程度上来说，服饰是一门艺术，服饰所能传达的情感与意蕴远非语言所能够表述清楚的。在不同场合，穿着端庄得体的人，总会给人留下良好的印象，而穿着不当，则会降低人的身份，损害人的形象。因此，开一间服装服饰店也是一个很不错的选择，但怎样开这样的店才最有"钱"途呢？

第五章 商机无处不在：

街头巷尾便利零售店的赚钱经

几乎每一个人都有自己创业当老板的想法，看见别人做生意赚钱了，我们眼里羡慕、心中着急，自己也想创业，可就是苦于找不到合适的项目。其实，只要你用心去发现，处处都有商机。所以，停止抱怨"你想到的别人也都想到了"吧，你看那街头巷尾的零售店，虽遍地开花，但同样挡不住它们的风风火火。

第六章 从"心"开始:

服务类店铺也能做好做大

现代人的生活水平越来越高,也越来越重视美容、养生类的服务。爱美已不再是女人的专利,男人也开始"臭美"起来了。明眸皓齿、纤纤玉手,年轻的女白领们在工作之余更喜欢去享受美齿美甲等的服务。这类的美容更能够为她们的美丽与魅力加倍添彩。由于人们注重养生的考虑,又使得一些足疗足浴保健店的生意极为红火。而现代人在工作、生活中的巨大压力又需要通过一定的渠道去排解,"心灵氧吧"之类的小店在这种情况下孕育而生了。

第七章　钱从书中出：

开一家文化类店铺也有钱可赚

在竞争日益激烈的现代社会，人人都铆足了劲，唯恐一个不小心落在人后。人们在前进的道路上也没有忘记给自己充电。再加上急功近利、内心浮躁、冷漠麻木等不良情绪的影响，越来越多的人感叹没有可以真正谈心的朋友，但人的这种心理需要又必须满足，于是越来越多的人期望从书籍的海洋里去汲取所需要的养分。于是，市场上充斥着各种各样的图书，如果开家文化类主题店，在赚钱的同时也能够让自己浸染到文化的熏陶，可以说是一个一举两得的好事。

第八章　小本起家：

告诉你5万元以内的那些开店项目

在如今这个时代想一夜暴富的可能性几乎为零。我们每个人都想自己当老板，从此以后可以不再仰人鼻息，但有很多人注注因为资金的问题而迟迟没有走上创业的道路。起家不怕本小，只要你踏踏实实地做下去，你的事业总会从无到有、由小变大的。只要你有足够的信心与勇气，少说五年，多说十年，你一定会有一番大的作为。其实，只要有5万元，就已经足够成就你开店创业的梦想了，我们来看看那些小本起家的成功者是怎么做的吧!

第九章　值得推荐的10万元以内开店项目

一分耕耘一分收获，你所要获得的结果注注是和你的付出成正比的。一般来说，小本起家的风险低，相应地收益也会很低。如果你觉得太少的投资很难获得你想要的回报，但又不想付出太多或者说没有太多的资金，那么你就可以考虑一下10万元以内的投资项目。像内衣店、电脑饰品店、儿童影楼、茶餐厅、生态饰品店都是很不错的选择。

第十章 机智应对：
扛过危机就能迎来转机

"危机"就像是一把双刃剑,既意味着危险,也蕴涵有机遇。"危机"在古希腊语中是指游离于生死之间的状态,"危机"可能引发好的结果,也可能引发坏的结果,这就看我们如何去处理了。在创业开店的过程中难免会遇到一些麻烦,这个时候作为一店之主的你一定要镇定,学会冷静处理。正所谓"亡羊补牢,未为晚也",在"危机"发生之后,只要你保持不慌不乱,做好充足的善后工作,对你来说,危机也会变成转机。

第十一章 由小做大：

从"一"到"二"其实并不难

做生意向来不是一件轻而易举的事情,创业难,守业更难。经过多方筹备,你的店铺终于开起来了,你心里难免会有按捺不住的兴奋,但更多的是担心与忧虑。因为你得考虑要怎样才能够把自己的店铺做大做强。同样一件衣服,在有的店极为畅销,而在有的店却成为了积压品,这其中的原因是什么呢? 或许你会说理想和实际的距离太过遥远,使得你的梦想还没有展翅翱翔便已经折断,其实不然。那些后来成功成名的企业,当初也和你一样的鲜为人知,他们后来的强大并不是冥冥之中的定数,而是因为他们采取了十分有效的经营策略。只要你用心地去经营,你的店铺由小变大并不难。

网络店铺篇

第一章　先给自己把把脉：
开网店的注意事项

网络已成为现代人生活中不可或缺的一部分，它在人们的生活、工作、学习中发挥着越来越重要的作用。随着社会经济的迅猛发展，网上开店越来越引起人们的关注。在正式开店前，你一定要了解开店都要做哪些准备工作。面对网上"免费开店赚大钱"的诱惑，很多人网上开店的想法都在蠢蠢欲动，可是你真的适合网上开店吗？网上赚钱真的有那么容易吗？

第二章　进货有方法：
好产品引来好生意

　　店主在确定自己卖什么样的商品之后，紧接着就是进货的问题了。对于开店的老板来说寻找物美价廉的货源是非常重要的。一般来说，店主可以从批发市场、厂家、库存积压或清仓处理产品等渠道去进货，从这些渠道上店主可以淘到性价比极高的宝贝。另外，如果你有亲戚或朋友在国外或港澳台等地区，也可以让他们帮助你从那里进货，或者你自己直接去采购，这样你就会获得价格上的优势。

第三章　怎样叫卖更好卖：
掌握商品发布与定价技巧

　　在网上开店，进得物美价廉的货源后，接下来就是要进行产品的发布了。发布商品时一定要掌握最佳的上架时间以提高商品人气。当然，详细的商品描述是必不可少的。另外，要使用真人模特以增加商品的直观性。除了发布外，商品的定价问题也是一个不小的学问。商品定价时要考虑哪些因素，有哪些策略，对新老客户的折扣有何不同，这些问题都是需要你去注意的。

第四章　用卖相打好知名度：
网店必做的店铺装修与推广

　　经营网店,装修与推广是两个必不可少的环节。很多开网店的新手往往忽略了装修的重要性,其实这种做法是非常不好的。对于新手来说,本来就没有信誉上的优势,如果再不在装修这一环节上多下点工夫,那买家还怎么会相信你呢? 美观得体的网店装修会让顾客在你的店铺停留更长的时间, 好的商品在诱人背景的衬托下,就会使顾客产生购买的念头。

　　店铺装修很重要,推广同样不可缺少。你有了好的货源,不注重推广,也是很难卖出去的。况且现在的网络销售,产品的差异化很小,你定的价格即便再低,网上总能找到比你还低的价格。所以,要想你的店铺有一个好的知名度,你还需在推广上多下工夫。

第五章　精打细算：

算好发货的物流账也能替你省钱

> 网上开店做生意，物流配送是一个十分重要的环节。很多网上生意的成败都与物流有关，作为店主的你一定不可忽略这样的问题。要想你的网店在经营的过程中不在物流上出问题，你需要知道关于节省邮费的方法、防止货物丢失的方法、选择快递公司要注意的问题、向国外发货的省钱秘诀等方面的内容。这样，在经营的过程中你就会避免一些不必要的阻碍。

第六章　做足客户服务：

让老顾客成为你的大财神

> 对于一个网店来说，买家看到的商品只是一张张的图片，而看不到商家，不能了解店铺的实力，往往会产生一定的距离感和怀疑感。在这个时候，通过和客服在网上的交流，买家就可以切实感受到商家的服务和态度，客服的一个笑脸或者一个亲切的问候，都会让客户感觉到他不是在跟冷冰冰的电脑和网络打交道，这样买家就会放松原来的戒备。下次网购的时候，买家也会优先选择那些他所熟悉的店铺。所以，你一定不可小看客服，客服在网店中占有举足轻重的作用。

第七章 信为商之道:
打造你的皇冠级信用

对于刚刚上路的网店新手来说,几乎是没有什么信用的,而买家在购买东西的时候,首先看重的就是你店铺的信誉。买家在货比三家之后一般会选择在信誉比较高的店铺购买。作为店主的你一定要注意打造皇冠级信用。皇冠级信用并不是靠刷钻获得的,通过这一不诚信的渠道,虽然可以让你迅速成为皇冠级卖家,但是不会持久的,一旦骗局被揭穿,你就再也没有立足之地了。所以,一定要用智慧与策略去打造你的皇冠级信用,而不是靠投机取巧去实现。

第八章 网上开店需谨慎：
店主防诈骗的几大窍门

在经济形势不容乐观的情况下，越来越多的人选择网上就业或网络兼职。有人因为在现实的渠道中找不到合适的职业而选择网上开店，有人嫌拿死工资来钱慢而选择网上开店，还有人觉得自己的业余时间比较充分而选择网上开店，等等。无论你是出于什么样的原因开店，都必须要小心谨慎。别只想着网络的"钱"景广阔，你就可以放松警惕、不管不顾了。网上交易的诈骗行为并不比现实生活中的少，有关网购的一个个悲惨而又无奈的受害者的例子已经向你敲响了警钟。所以，在经营网店的过程中了解一些关于防诈骗的信息还是非常有必要的，与其等到痛悔不已，倒不如先提前做好预防。

第九章 "衣"网情深:
服饰类网店的经营妙法

时尚就像是风一样缥缈,同时又是瞬息万变的,在现在这个网络信息铺天盖地的时代,各种各样的网店如雨后春笋般地扎根于世界的各个角落。走在时尚前沿的服饰类网店更是风光无限。与实体的服饰类店铺相比,服饰类网店有着无与伦比的优势,比如,因为不用支付店铺的租金,它的定价一般比实体类店铺低。另外,它还能够为买家节省下逛实体店铺的时间与精力,物美价廉、方便快捷,这是很多买家都看重的地方。但话说回来,成功地经营一家服饰类网店远比想象中的要难,一些成功者的经验与方法还是需要网店新手去学习与借鉴的。

第十章 "网"罗美食:
网上食品店的经营妙法

随着市场经济不断地向纵深方向发展,网上订餐越来越受到写字楼白领的青睐。网上订餐更快捷,也更卫生。顾客只要打开网页,就可以将餐厅看得一清二楚,完全可以根据自己的喜好、地理位置、消费水平等,进入自己喜欢的餐厅。网上餐厅的服务、布局完全与现实中的餐厅并没有什么不同。在外面订餐,顾客可能会担心菜品的质量、味道、卫生,网上餐厅将餐厅的一切都放到了网上,顾客可以放心选购。在互联网时代,谁能抢得先机,谁就能赢得市场。网上美食店的那些成功者是怎样做的呢?

第十一章 "网"罗天下:
其他类型网店的经营妙法

包罗万象的网络提供的创业平台还是十分广阔的。在网上可以开服饰类店铺、可以开美食类店铺,也可以开其他类的店铺。俗话说:三百六十行,行行出状元。无论你在网上经营什么样的店铺,只要你经营得法、管理得当都可以通过一定的时间把它做大做强。有人开网络收藏品店火了,有人开网上花店赚了,有人开网上书店收入颇丰,有人开网上玩具店大有作为,等等。其实,只要你善于向那些过来人学习,又有自己的奇特思考,你一样可以让自己风风光光。

实体店篇

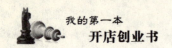

第一章 有备无患：
做好开第一家店的全盘规划

俗话说："万事开头难。"开实体店也好，做一件事情也罢，之前的准备都是非常重要的。有了好的开始就等于成功了一半，所以在决定开店前一定要弄清楚自己具备不具备开店的基本条件、开店前要做足充分的调研、要有强烈的赚钱欲望、要有自己的独立思考、要有很强的毅力、要有够格的经营能力、要有极强的沟通表达能力，当然还有一个不可或缺的因素就是开店需要的启动资金。开店前做好这一系列的准备，剩下的一半就是要想办法维持生意的兴隆，保证店铺能够良好经营下去。

不是人人都会开店，成功开店必须具备的基本条件

在创业的起步阶段，实体店铺的生存比发展更重要。开店后，如何在激烈的市场竞争中让顾客光顾你的店，这就需要你好好地费一番心思了。在信息铺天盖地的互联网时代，一个主意刚刚被想到，可能就有成千上万的人同时想到了，但最终真正将之成功运作的可能就只有一家。因此，要想成功开店必须具备一些在这个激烈竞争年代所必备的基本条件。

李英的豆腐房在海湾附近，这间不足 80 平方米的房子，就是李英的小天地，她在这里从事豆制品的加工和销售工作，前来买豆腐和豆制品的客人源源不断。这些客人中有不少都是回头客，一位家住黑石礁的大婶每次都坐几站车，特意到这儿来买豆腐。回想起自己当初摆地摊的艰难岁月，这其中饱含了太多的辛酸。

李英原是大连某公司的员工，由于两个孩子的上学费用问题，她办理了一段停薪留职。开始在街边摆地摊卖发带，每个发带只有几毛钱的利润。后来，在朋友的帮助下，她租了一间4平方米的小屋，干起了精品店。为了尽早挣到钱，李英起早贪黑，特别到了进货的时候，为了不影响生意，她头一天晚上坐车到沈阳一批发市场进货，第二天一大早扛着大包小包坐车返回店里，继续营业。有一次，在沈阳拿货后准备返回时，李英突然发起高烧，正赶上此时挤火车的人特别多，她突然晕倒在人群中，是几位好心人把她扶上了车，回家后她在床上躺了3天。

她的吃苦耐劳终于感动了上天，她的生意慢慢有了起色。但是时隔不久，李英的精品屋因是路边临时建筑被拆除了。之后不久，李英也因公司裁员而下岗了。

她向亲朋好友借钱，并用自己的全部积蓄9万多元购置了一套韩国豆腐、豆浆制造机，开设了一家以经营豆制品为主的小吃部。李英平时很少回家，常常住在店里，每天早晨三四点钟起来，和员工一起做豆腐。如今她的豆制品店以品质和信誉赢得越来越多的回头客。

李英的事例告诉我们做什么事情都不是一蹴而就的，要想开一家实体店铺，就必须具备一些基本条件。一般来说，开店必须具备的条件有如下几点：

（1）要具备强烈的赚钱欲望，要有经营头脑和眼光，要具有敢于冒险的精神。

（2）要具有相关的商业知识，要善于沟通，积累人脉。

（3）要具备一定的业务开拓能力、一定的表达能力。

（4）要有开店的启动资金，要赢得家人和朋友的支持。

（5）要有失败的心理准备。

这五个条件，通常是一个店铺在开业头一年能否维持下去的一些基本条件。这些条件是对创业者素质的最基本要求，只有做好充分准备，才能为以后的成功打下一个坚实的基础。关于这些条件本书后面将有详细阐述。

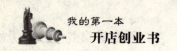
不满足于现实，成功店主要有强烈的赚钱欲望

为什么说成功店主要有强烈的赚钱欲望呢？现实生活中往往有这么一些人：他们表情木然、行动迟缓、心态落寞，他们没有太大野心，只希望维持当下的局面。他们本来是有足够的学识，有足够的能力以及资源去开创一番事业的，但是他们没有这样的欲望，他们满足于眼前的生活。生活中这样的人随处可见，他们是不会有一番大的作为的，因为他们缺少动力——欲望。一个人要想开店创业就必须要有一定的赚钱欲望，具体来说有如下几点。

（1）成功店主要有高于现实的赚钱欲望

一般来说，创业者的欲望是不安分的，是高于现实的，需要踮起脚才能够得着，甚至有的时候需要跳起来才能够得着。

陈浩是上海文峰国际集团的老板，他是一个40多岁的男人。1995年，他带着仅有的20万元钱只身来到上海，从一个小小的美容店做起，现在已经在上海拥有了30多家大型美容院、一家生物制药厂、一家化妆品厂和一所美容美发职业培训学校，并在全国建立了300多家连锁加盟店，据说个人资产超过亿元。陈浩曾说过这么一句话："一个人的梦想有多大，他的事业就会有多大。"所谓梦想，不过是欲望的别名。你可以想象欲望对一个人的推动作用有多大。

现实往往是这样的，因为欲望，而不甘心，而创业，而行动，而成功，这是大多数白手起家者走过的共同道路。

（2）店主的赚钱欲望往往来源于外部刺激

相关研究发现，成功者的欲望多是来源于现实世界的刺激，是在外力的作用下产生的，而且往往不是正面的鼓励型的。刺激的发出者往往让承受者感到屈辱和痛苦。这种刺激往往会在被刺激者心中激起一种强烈的愤懑、愤恨与反抗情绪，从而使他们做出一些"超常规"的行动，激发起"超常规"的能力。一些创业者在创业成功后经常会说："我自己也没有想到自己竟然还有这两下子。"

吉盛伟邦公司是一个做家具的公司，它在上海广有声誉，它的老板叫邹文龙。邹文龙来自有北方冰雪之国之称的长春,他在上海打出了一片自己的天地,身家若干亿。邹文龙在接受媒体采访时说,自己的创业动力来自"三大差别"。这"三大差别"不是他自己提的,而是他现在的岳父给他提的。

据邹文龙自己说他当年早恋,高二的时候就开始谈恋爱,身体又不好,后来女朋友考上了大学,他却落了榜。他女朋友的父亲(现在的岳父)就对他说:"你和我的女儿有三大差别。第一是城乡差别。我女儿是城市户口而你却来自贫穷的农村。第二是脑力劳动与体力劳动的差别。我女儿已经考上了大学,而你却不得不接一个亲戚的班,到一个小杂货店搬油盐酱醋,出卖劳动力。第三是健康上的差别。你因为身体不好以至没有考上大学,难以想象一个身体不好的人以后怎么靠体力活儿吃饭,你怎么能够养得活我的女儿?所以,你和我的女儿谈恋爱,我坚决反对的!

要想不放弃自己的女朋友(现在的妻子),那就只有一条路,就是想方设法去消灭与女朋友之间的"三大差别"。在这种情况下,邹文龙开始了自己的创业之路,并且一举获得了成功。现在,女朋友早已变成了朝夕相处的老婆,邹文龙还是喜欢对老婆说:"我都是为你做的"。实际上,邹文龙说错了,他不是什么"为你做的",而是"为了得到你做的。"这就是欲望的作用,再辅之以出色的行动力,邹文龙最终如愿以偿,"抱得美人归"。

心里极想得到,而凭自己现在的身份、地位、财富根本是办不到的,所以就要去创业,要靠创业去改变自己"卑贱"的身份,提高地位,积累财富,这是很多创业者人生的"三部曲"。

(3)成功的店主一定是一个欲望强烈者

苏格拉底曾对一位求学者说:"要想向我学知识,你必须先有强烈的求知欲望,就像你有强烈的求生欲望一样。"其实,追求成功也是一样的。

很多时候,并不是能力决定我们是否能够成功,而是我们自己"一定要成功"的愿望和信念,决定我们一定会去准备相应的能力。因为我们太迫切想成功,所以我们知道成功需要一定的能力,因此,我们一定会不懈地去努力,我们的能力就会不断提高。

成功者绝对不是在万事俱备的时候才去追求成功,能力是在不断学习和实践中逐步提高的。

做衫衫西服的郑永刚,正是因为对现实的不满足促成了他创业的成功,他在部

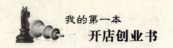

队里不满足，退伍之后仍不满足。从一个公司到一个公司，从一个工厂到一个工厂，他总是觉得自己能做更大的事，应该拥有更大的舞台。他就是这样在对现实的不满足中，将自己的事业一步一步推向前进。现在他终于使"衫衫西服"成为"中国西服第一品牌"，同时也使自己成为一个亿万富翁。

假如一个人决心成功，渴望成功，成功的欲望就会令他寝食难安、欲罢不能，如同濒临死亡时求生欲望那样强烈，成功的方法即使在天边，他也一定会找到。只要他坚定不移，这个方法不行，他还会寻找其他方法，古往今来从科学发现、发明，到教育、管理等领域，都是在不断摸索中前进、发展，直到成功的。假如一个人虽然也想成功，但却抱着试试看的心态，结果就会完全不同。不是他不能成功，而是他在试试的过程中很轻易地就会放弃。如果他是无所谓的态度，即便方法就在手边，他也可能不去使用。所以，不是方法决定一个人的成功，而是因为一个人为了成功而去找方法。一个人只要具有"一定要成功"的强烈欲望，就一定能够找到成功的方法。

那些成功者一个共同之处就是他们都拥有强烈的赚钱欲望。在中国先富起来的那批人当中，好多人都是走投无路，生活无依无靠的农村人群，还有城市无业游民等，因为他们赚钱的欲望是最强烈的，并且是什么艰难困苦都浇灭不了他们想富裕的欲望。

欲望是一种生活目标，也是一种人生理想。但要满足自己赚钱的欲望往往需要打破自己现在的生活规律，跳出眼前的樊笼，才能够真正地实现。面对现实的牵绊，有的人奋勇向前、大胆逾越，而有的人就瞻前顾后、畏首畏尾。

面对生活的转折带来的种种改变，不管结果如何，我们都要坦诚面对自己的内心。我们努力过，才会问心无愧。穷人创业失败不会穷死，大不了还过原来的苦日子，这是最坏结果。而开店创业是给自己创造成功的机会、改变的机会、转折的机会，不管这种机会促成成功的概率有多大，寥总胜于无。

不打无准备之仗，成功店主要经过充分的前期调研

"兵马未动，粮草先行"，要想成功地开一个实体店铺就必须事先做好充分的调研。市场调研，是为了提高产品的销售数量和解决产品销售中存在的一些问题。提到市场调研很多实体类店主都会感到很迷茫，他们会说：在人力上，既没有专职的市调人员，更没有独立的市场部门；在财力上，请不起专业的市场调研公司……而市场调研工作又不能不做，不做就不知道你要讨好的对象是谁，他在想什么，做什么；不做就不知道自己的竞争对手过去、现在和未来是怎么做的。其实，前期调研没有那么难。

一般来说，市场调研的主要内容有如下几方面：

（1）经营环境的调研

经营环境的调研主要包括政策、法律环境调研、产品所属行业环境调研。调研所经营项目所属行业的现有状况和发展趋势以及行业规则。

比如，你想开一家美容店，你就应该了解该行业国内及本地区的发展状况、流行趋势和先进的美容产品，以及该行业的经营手段和管理体系是怎样的。

（2）市场需求的调研

对于自己开店所经营的产品，一定要进行市场需求调查，对产品进行市场定位。比如，你要开家专营小家电的店，你就要调查一下当地市场对小家电的需求量，了解消费者对哪一类需求最多，同时，也要看当地有无相同或相类似的产品，它们的市场占有率是多少。

（3）消费情况的调研

消费情况的调研包括两个方面内容：一是需求调研，比如，购买某种产品的顾客大都是些什么人，他们喜欢的种类和接受的价格都是什么样的，等等。二是消费者的分类调研，重点了解顾客的数量、特点及分布，明确目标顾客群，了解他们的购买习惯和特征（像目标顾客的大致年龄范围、性别、消费特点、用钱标准等），以及购买动

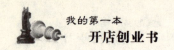
机、购买心理、使用习惯等。

(4)竞争对手的调研

在开店前,也许已有人在经营与自己相同的产品,这些就是你现实中的竞争对手。你要了解竞争对手的情况,包括竞争对手的数量与规模,分布与构成,竞争对手的优缺点,只有做到心中有数,才能有的放矢地去采取一些竞争策略,确保开店赢利。

我们来看一个反面例子:

来自辽宁省的李先生盘下了朋友经营的一家童装童鞋连锁专卖店,前后共投入4万多元,虽然前期做了大量宣传,但经营了一个多月后,收效甚微。从市场反馈来的信息看,产品销不出去的原因主要是价位偏高,当地消费者大都买不起。如今,李先生加盟费、租房费、宣传费赔进去2万多元,尚有2.7万元的存货积压在手里卖不出去。而当初接手该项目时,加盟总部口头承诺货卖不出去可退可换,如今也都成了泡影,想退出加盟,那些存货又不知道怎么处理,继续经营只能赔得更多,李先生此时陷入投资创业的两难境地。

我们依据李先生的情况来分析一下他创业失败的原因:

(1)事先没有调查就轻信前任店主

这个店铺的前任店主自开业至放弃经营,只有开业头一个月获利1000多元,此后数月都处于亏损状态。李先生接手该项目前,仅听了前任店主的一面之词就盲目投资,这是创业失败的一大原因。

(2)忽视前期的市场调研

李先生后期考察市场时才知道,普通市民的月收入都在500多元,普通退休人员每月的最高工资也不过1000多元,消费能力十分有限。而他那家童装童鞋的市场售价,最便宜的儿童背心至少也要48元/件,儿童旅游鞋至少65元/双,商品的平均售价多在百元左右。

(3)对加盟总部和样板店缺乏了解

据该品牌招商总部称,目前全国有900多家加盟连锁店,北京就有10多家加盟商,但李先生对此并未进行考证。对其样板店的经营获利情况更是毫不知情。

(4)轻信口头承诺和网站宣传

在该品牌网站的"加盟专区"一栏,有对加盟商的"自由退货权"和"安全退出权"

的简要介绍，加盟总部相关负责人也曾在电话里向安先生口头承诺退换货事宜，但因合同中并未体现这两点内容，使安先生的退货愿望受阻。

由安先生的失败案例，我们可以看出对于开实体店铺来说，开店之前的准备工作其实早已决定了店铺的兴衰成败。所以，开店之前一定要做好充分的市场调研工作。

多方考虑，成功店主要有一个赚钱的项目

好的开始是成功的一半，成功店主一定要有一个赚钱的好项目。在眼下冰冷的经济环境中，一家实体店应该如何成功策划运作赚钱好项目呢？

在开店项目选择上，我们不妨向江浙地区的民间投资者学习一下，江浙小商人创业的成功率相当高，他们在投资项目的选择方向上总结出如下诀窍：

（1）重工不如轻工

重工业投资周期长，耗费多，回收慢，一般不是民投资本角逐的领域。不管是生产加工，还是流通贸易，经营轻工产品尤其是消费品，风险小，投资强度、难度小，很容易在短期内见效，所以，它很适合开店创业。

（2）用品不如食品

民以食为天。食品市场向来是一个十分庞大而又经久不衰的热点，而且政府除了技术监督、卫生治理外，对食品业的规模、品种、布局、结构，一般不加干涉。食品业投资可大可小，很好切入，选择余地大。

（3）男人不如女人

市场调查表明，社会购买力70%以上都是掌握在女人手里，女人不但把握着大部分中国家庭的"财政大权"，而且相当部分商品是由女人直接消费的。市场目标对象定向女人，你会发现有更多的赚钱机会。

（4）大人不如小孩

稍微留意，我们就会发现，中国的儿童消费市场很有特色，儿童用品包含了儿童成长不同时期消费。儿童消费市场大，随机购买性强，加上轻易受广告、情绪、环境的

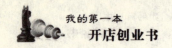
影响,向这种市场投资是一种富有生命力的选择。在中国,满足了孩子的需求,在很大程度上就是满足了孩子父母的需求。

（5）多元不如专业

品种丰富,大众买卖,这是一般投资者所具有的思维定式。专业化生产及流通很容易就能够形成技术优势和批量经营优势,如这几年来远近闻名的温州小商品市场义乌服装市场等,一直红红火火。

（6）做生不如做熟

俗话说"隔行如隔山",投资一个自己一无所知的行业,需要特别谨慎。例如,你打算开店经营冷冻食品,就应该对冷冻食品的市场行情、原料的进货渠道、品质及产品的销售渠道等十分了解,而且要深入学习,甚至还要花钱去接受专门的培训。选择自己熟悉的行业,就能拥有更多的致富信息,知道某种商品为什么有市场有前途,知道不同产品的优劣及消费者的要求,知道市场发展的方向,就能够做出正确的判定与决策。

时下,肥胖的人越来越多,减肥产品前所未有地走俏,打开电视,减肥广告扑面而来,但人们往往难以确定哪一种产品才真的有效。探究肥胖的原因,大多与饮食有关。

食物减肥一般可以分为两种:一种是控制食物摄入量;另一种是调整饮食结构。前一种方法由于严重损害身体健康而不可取;后一种既可控制体重,又可提供人体所必需的营养,且不会因节食而引起痛苦,所以这种办法容易被多数肥胖者接受。

在减肥大军中,要求最强烈、心情最迫切的当然要数女性了,所以开减肥餐馆一定要明确消费对象,无论是选址还是店面布置,甚至是食物的选择或食谱的制定,都要对她们产生强烈的吸引力。供应的食物既要低热量、低脂肪,又要考虑营养的要求和味道口感。想要把握好这一点,就需要请一个多能的厨师,他不仅能做出一道道可口的饭菜,同时还有营养搭配方面的药理知识。在各种减肥食品中蔬菜应占较大的比例,所以如何将清淡的蔬菜做成适合女性食用的佳肴,是经营好坏的关键所在。只要能让那些到餐馆试试看的人真正减掉几斤肉,她们相信你的减肥餐馆的确有效,这比什么样的广告都起作用。

现在寻找创业项目,说简单也很简单,说难也很难。说简单是因为你随便翻开一份报刊或是点开一家网站,都能看到大量的创业项目信息;说困难则是因为目前各种打着"新技术、新产品"旗号的项目五花八门,网上发布的各种诱人的高回报项目更是让人眼花缭乱,而真正能给你带来真金白银的项目却少之又少。所以,在开店选择项目上一定要进行"三敲":

一敲:项目的真实性分析

作为小店经营的创业者,在选项目之前,首先要了解项目发布者的可信度。一般来说,成果的真实与否,在与出让方接触之初就能够了解。是否开过产品鉴定会?谁主持鉴定的,有哪些业内知名专家参加,等等,如果能看到鉴定原件则更好。投资者应要求看成果实物及出让单位的推广成果。假若成果还处于科研阶段,就要重视产业化过程中的风险。现实生活中有真实的科研成果而产业化时却不成功的例子数不胜数。

二敲:项目的可行性分析

假设"项目"是真实的,在受让和投资前,一定要做好自己的可行性分析,不要被出让方的项目书牵着鼻子走,你要将项目实施的各个细节仔细地分析一下。如果项目效果好,多少家一上就可能没有这么大的赢利空间和市场前景了;要注意实现项目经营目标的一些必要条件,这个项目属许可证管理吗?许可证如何批出来?价格如何?运输成本如何?出让方承诺的"免费"装备有哪些?质量如何?使用成本并未计入项目书,那又是多少?投资者一定要用自己的理性方法来分析,真实的投入是多少,产出又是多少,真正要投资这个项目会遇到哪些困难等。

三敲:项目的回报率分析

投资回报率高的项目的确很吸引人,但是投资者一定要冷静。项目书上说的,往往是一种可能性,如此低的投入和高的回报,项目出让方自己试过没有?有哪个样板可供自己学习与借鉴?此类项目的推销方法,实质上是一种"加盟"联营的组织行为,在食品、饮食、净化水等方面比较多见。成功的有,失败的也不少。成败的主因大多数出在"诚信"与"市场开发"两方面。投资者对此一定要慎重。

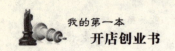

不要跟着感觉走，成功店主要有自己的独立思考

问题的复杂性和信息的多样性让很多人感到害怕，他们宁愿跟着感觉走，也不想多动用一下自己的脑筋，这使得失败的可能性大大地增加。越是复杂的问题，越是要进行认真的研究，以得出冷静客观的结论，这样，成功的可能性才会大大地增加，不断地成功是增强自信心最有效的方法。

要想开店创业就一定要有自己的独立思考。我们生活在一个瞬息万变、日新月异的社会，有些人陷入复杂问题的困境中，十分痛苦。但一个人要建立自信心，就非得思考一些复杂的事情不可，因为不用头脑便无法进步。

在某城有个只有初中学历的小伙子开了家电器铺子，生意非常好，不到三年的时间就开出了二十多家连锁店，他开始开店时利用的其中一个诀窍就是平价出货，即他从厂家进货价是多少，就以什么价出货，一分钱都不加价。但他做生意从来不亏本。虽然他卖电器不赚钱，却赚了人气。他靠人气赚钱，靠卖小配件——像电池、天线、耳机、磁带、机柜什么的这些小东西赚钱，因为顾客一般不太计较这些产品的价格，又是急需，大多愿意一起买。其实这些小电器的利润都比较高，量一做大利润也就很可观。他这属于典型的"卖给你的灯，让你买我的油"营销策略。另外，因为卖的量可观，家电厂家就给在他的店里打广告，他又白白赚一笔广告费，更重要的是厂家有年底销量返点，还是因为量很大，返利也就很可观。

我们每个人都要弄明白我们浑身上下最大的核心动力其实就是我们的大脑，创业就要用脑子去思考创业的方向、创什么样的业、如何去创诸如此类的问题。不管你选择哪一行创业，你第一步要去做的就是经营你自己。你目前对自己最大的经营就是你的创业学习。这个学习并不是要你去学校学习什么，而是要你在工作中去实践学习，去学对创业有用的东西，学习创业的知识，能够带来财富的知识，再具体些就是如果你想开饭店，就学习如何开饭店的知识，最好的方法就是到饭店实践工作一段时间，比如说到饭店找份工作，而且是立刻去，一定想办法找到，然后全身心地投入进去。

有一部分想要自己开店创业，但却苦于一无所有。这样的状况看起来的确是很麻烦的，现在的你就是一张白纸，怎样去经营一个空白的你呢？你的优势就是要相比那些已经在纸上画了一些东西的人来说，你更能画出一幅好画来。你想要在这张白纸上画虎，那你就立刻去接近画虎的人；你想在这张白纸上画竹子，你就立刻接近画竹子的人，虚心专注地学习。你只要开始学了，时间总会帮助你的，你将来自己画，你还要准备笔墨纸砚，这就如同创业一样，创业前一定要备足创业条件，什么也没有，你能画出一幅好画吗？要知道，即便你没有什么资金，你还有你自己和时间，这是我们任何人都平等拥有的，在一定时间内创造或抓住创业机会，最重要的是你要把握住这些机会，并付出相应的行动，通过这些机会最终实现创业的成功。

创业切忌好高骛远，机会一般都是在你看得见的地方或者不起眼的角落里藏着；哪怕是很小的生意，就怕你做得不好，做得好你可以开连锁店，那不就大了？修自行车和炸麻花的都可以开成百上千家的连锁店。你能说修自行车和炸麻花的生意小吗？生活中处处皆蕴藏有商机，有时候它看起来很不起眼，但只要你能放大它的亮点，深挖下去，就可以聚集很大的财富。没有不赚钱的行业，只有在赚钱行业里不会赚钱的人。

时刻为你今后的创业准备好资源，这些都是你以后创业的条件。要随时准备把握住机会，机会不会单独找到你或者等你，机会永远属于有准备的人，时刻为创业积攒条件并做好准备；当合适的机会"种子"出现时，用最快的速度去冲刺一下，或许你人生中最辉煌的事业征途从此就开始了。

大科学家爱因斯坦曾说过："机遇只偏爱有准备的头脑。"这里的"准备"主要有两方面的内容：一是知识的累积。没有广博而精深的知识，要发现和捕捉机遇几乎是不可能的。二是思维方法的准备，只具备知识，而没有可行的思维方式，就看不到机遇，只好任凭它与你擦肩而过。

聪明的人总是一方面从事手头的工作，另一方面注意捕捉取得突破或成功的时机，当时机还没有成熟的时候，便蓄积力量或者寻找出路，一旦时机成熟就大胆出击，促成自己的事业达到顶峰。

机遇对每一个人来说都是平等的，不存在厚此薄彼的问题，这就像阳光雨露会

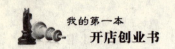

播洒到世界的每一个角落一样，关键是一个人面对机遇时到底能不能真正把握住。在能够把握机遇并且充分地利用机遇的人那里，机会时刻都存在着，对机遇就像有经验的船夫利用风一样，两者之间似乎有一种难以言喻的默契；而在对机遇毫无知觉也不会好好利用的人那里，即使机遇来到眼前，他也不能及时地抓住，而是眼睁睁地看它溜走。

坚持到底就是胜利，成功店主要有很强的毅力

新开张的店铺在创业之初总是很弱小，资源缺乏不说，还要面临市场在位者的威胁。如果创业者没有坚定不移的信念和坚韧不拔的精神，就不可能在重重困难之下开创事业。随着店铺的逐渐发展壮大，会越来越受到竞争者的重视，将其变成攻击对象，这时如果店主没有不服输的个性，没有奋战的决心，就很有可能在敌人的强势攻击中一败涂地。店铺仅仅作为社会大环境中一个极小的经营单位，市场一个微小的变化都有可能对它造成致命的伤害。如果店主没有坚不可摧的斗志，没有适应变化的准备，则很可能成为市场变化首当其冲的牺牲品。

1871年，一场无情大火把吉列家的店铺烧毁了，吉列的家庭从此变得非常窘迫，经常食不果腹。16岁的吉列被迫辍学，成为一名四处奔波的推销员。

对小吉列来说一切都很陌生，他屡屡遭到失败，但这并没有让吉列气馁，而是促使他更加努力地工作。慢慢地，吉列适应了环境，并在一家公司做得不错。但命运总爱和一些人开玩笑，那家公司不久便因内部原因破产。吉列只好从头开始，到另一家公司更加投入地工作，直到得到老板的赏识，生活和事业终于出现好转。

在当时那个年代，凭一两项发明成为富翁的大有人在，吉列也想通过发明创业。为了实现梦想，吉列辞去为之奋斗已久的工作，开始设计一种既安全又方便更换的刀片。吉列与几个朋友在水产市场对面租了间房，屋子既潮湿又阴暗，还散发着难闻的腥臭味，让人闷得发慌。就在这样艰苦的条件下，吉列开始了整整6年的漫长实验。

为了能够让自己的实验早日成功，吉列经常性地彻夜不眠，甚至忘了吃饭喝水。

但是,实验进展依然很慢,时间一天天过去了,吉列的妻子感到一切都遥遥无期,时常劝吉列放弃,甚至动用离婚威胁。吉列有时好几天不迈出实验室一步,一次实在太累,便走到附近的田边休息。当他看到农夫手中的耙子时,心中顿时受到启发,回去后他设计出了梦寐以求的新式刀片。

吉列虽然设计出了新式刀片,但是由于没有一定的社会地位,没有厂家愿意购买他的发明。在受尽嘲笑之后,吉列仍不放弃,决定自己集资生产。1901年他创立吉列公司,直到1903年才做成第一笔买卖,只销售出51把剃须刀架和163片刀片,公司仍然处于亏本状态。吉列苦苦地思索着如何打开市场,直到采用了几个精彩的广告之后,吉列公司才开始扭转局面。

到1917年,吉列的剃须刀架年销售量超过100万把,刀片则售出12亿片,吉列公司从此成为世界剃须刀市场上的领头羊。

劳苦一生的吉列在1931年永远地离开了人世,但是全世界都认识了吉列公司,也记住了这位个性坚强的人。

想要开店创业的人,想开店的过程中一定要具有敏锐的目光、果断的行动力和毅力。用你敏锐的目光去发现财富的机遇,用你果断的行动力去抓住财富的机遇。最后还要用你坚定的毅力才能把机遇变成真正的成功。

对我们每一个人来说,人生都有两杯水,一杯是苦水,一杯是甜水,只不过不同的人喝甜水和喝苦水的顺序不同罢了,成功者都是先喝苦水,再喝甜水,一般人都是先喝甜水,再喝苦水。是做成功的人还是做平庸的人,坚持的毅力是非常重要的。面对挫折时,要告诉自己:别放弃,再来一次。因为这一次的失败已经过去,下次才是成功的开始。

成功的店主应当如何面对那些不可避免的失败与挫折呢?

(1)放弃逃避的念头

没有自信的人,一旦遇到困难,很容易就会产生逃避的念头。当你所害怕担心的事情一旦发生时,你不妨在心里做好最糟糕的准备,"大不了怎样怎样……"这种"大不了"的心理正是你可以克服恐惧的最佳方法。大多数让你恐惧不安的事物,其实并没有什么大不了。若将其真面目仔细地分析一下,你会发现你所惧怕的"魔鬼"原来不过是捕风捉影罢了,你将会为自己的杞人忧天陷入深深的自责中。所

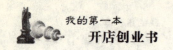
以，面对挫折，你一定要拿出勇气去面对，这样不但可以消除恐惧的阴影，而且能够增强你对自己的信心。

（2）把毅力看作是成功的保证

商场上的成功者，大多都有一个共同的特点，那就是：坚韧执著、意志坚强、不达目标誓不罢休。而那些今天想干这个，明天又想干那个，东动一榔头，西打一棒槌，三天打鱼，两天晒网，小事不想干，大事又干不了，或遇到一点挫折就打退堂鼓的人，往往是干不了什么事业的人。

店主在经营自己的实体店铺时，一定要把它当成长久的事业去经营，要用心地去呵护与经营它，即使在生意冷清的时候，也不要灰心，否则将前功尽弃。我们大多数人在遭到挫折和失败时，很容易就放弃了自己的目标，这正是我们大多数人一事无成和贫困一生的原因。只有少数人能够达到目的，他们凭借的就是那股永不服输的勇气和毅力。

凡事都需经营，成功店主要有够格的经营能力

很多年轻人在创业时，过多地强调资金因素对自己的影响，其实不然，创业条件中资金固然很重要，但最最重要的是创业者个人的经营能力，特别是业务能力。如果资金是根本因素，那好，我给你投资 1000 万元，你经营什么，你能够保证一定可以赚到钱吗？我想，很多人恐怕都无法保证，因为他们也不知道投资干什么。所以资金因素并不是唯一的。

对于有志创业的人来说，不断打造好自己的经营能力才是最重要的。现在的创业机会有很多，你如果选对了项目只意味着你的创业拥有了一个好的开始。但到了日常运营中，经营能力才是店铺生存下去的根本保证。

具体说来，成功店主要培养自己如下几方面的能力。

（1）够格店主要培养自己的交际能力

环境是可以改变人的，你社交圈子里面接触的人，会影响你最后成为什么样的

人。另一方面，环境也是可以被创造的。自己做人的质量，决定了你店铺发展的空间。为人诚实，广交朋友，你就会有一个宽松畅通的环境。本性唯唯诺诺的内向之人，如果想通过创业来改变自己的命运，就一定要培养自己的交际能力，并重视自身发展的软环境。

（2）够格店主要有做大做强的经营理念

创业初期，只是把运作一个项目当作养家糊口的一个机会，这是可以理解的。但当生意进入平稳过渡期后，仍然把此当作目标，缺乏忧患意识，那必定就会产生一定的经营风险。在现代这个社会，原地踏步就等于后退，中小投资者企求稳步发展都是不太现实的，要想成功一定要有在奔跑中成长的经营理念。

有了奔跑的理念，看待竞争对手的心态就会有很大的不同了。不再老想着竞争个你死我活而是把竞争对手看作是逼迫自身发展的伙伴。这更有利于你服务质量、接待能力的不断提高以及营销手段的不断创新。

（3）够格店主要拥有良好的职业道德和杰出的人格魅力

成功的店主首先需要具备的就是良好的职业道德，而不是只将眼睛只盯在收益上对同类品牌恶言诋毁，假若这样做的话，那么你就低估了消费者的判断能力，也会引起同行之间的恶性竞争，最终有可能造成两败俱伤的局面。

此外，在经营过程中，经营者个人的人格魅力，可以对员工起到积极的感染作用。上下联合一致的乐观主义精神，会产生一股持续不断的具有强大推动力的工作热情，这样有助于你的店铺良好地发展下去。

（4）够格店主要拥有良好的判断力和巧妙的经营策略

在市场经济中风险与机遇总是并存的，如果怕风险你就抓不住机遇。不管处于何种境况，都要正确地判断形势，看准时机。判断好坏并不难，难的是进退两难境地时的决断。看准了的事情就要去大胆地闯一闯。当然，冒险并不是蛮干，而是用科学的方法进行风险决策，这就需要经营者的勇气和魄力了。

一个店铺从注册那天起，作为它的管理者就应该明确今后店铺在市场中的运作方向，店铺在市场运作中所承担的风险和责任，以及自己的店铺在行业中所处的位置。

首先要从市场决策和管理上去降低风险，降低风险并不是去逃避风险，如果一味地去逃避风险，那么店铺在激烈的市场竞争中将会失去良机，盲目不前也就不可

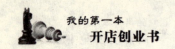

能发展壮大。对于风险要有乐观的心态和具有挑战的勇气。从管理上去克服风险,不畏惧风险勇于面对风险。

在人力资源上,人才是店铺的命脉,缺少人才的店铺就好像缺少动力的机器永远不可能高速运转起来,一个店铺要想"做大,做强"必须具备一定的凝聚力,人才的不固定、随意性的流动将会给店铺的发展带来很大的负面影响。要让员工当家做主,让员工看到店铺的发展前景,看到自身发展的前景才是店铺凝聚力的核心所在。在店铺的内部培养员工的团队合作精神也是不可或缺的,能够良好的统筹员工的团队合作精神对店铺的工作效力和经济效力将会起到事半功倍的效果。对员工开展不定期的培训也是必需的。

把产品卖出去,成功店主要有极强的沟通表达能力

良好的沟通能力是成功店主必备的能力之一,也是经营店铺综合能力的体现。沟通是销售的重要环节,是不可缺少的。沟通能力强的店主往往会把没有希望的生意做得越来越好;沟通能力差的店主往往会把原本很不错的生意毁掉。只有不断地提高沟通能力,才能够让自己的店铺良好地发展下去。

沟通始于微笑

我们大多数人都喜欢面带微笑、平易近人的人而不喜欢整天板着面孔、面无表情的人。成功店主既然知道这个道理,就应该学会投大家之所"好",充分利用微笑这一武器帮助自己进行管理工作。在现实生活中,微笑是组织良好的人际关系、调节各种矛盾的润滑剂。微笑就如同是一束阳光,它能给你的下属带去温暖,使他们对你产生宽厚、谦和、平易近人的良好印象;它能缩短你与下属间的距离,产生心理上的相容性。

成功的店主如何运用好微笑这一武器呢?

(1)早晨上班时

在开始一天工作的早晨,你微笑着向你的店员道一声:早上好!温和的情谊和真

挚的笑脸必将让你的店员心中充满点点滴滴的感动,他们感觉店主很随和,一个好印象的种子就在一个微笑间埋入了你店员的心底。

(2)下班时

忙碌了一天后,下班了,若是此时你能微笑着对他们点点头,由衷地说一声:"辛苦了"。你的店员必定会觉得你是个体贴人的好店主,一天工作的辛苦也会因为你的一个微笑、一个问候而烟消云散。

(3)在汇报工作时

在汇报工作时,你若能对汇报者报之以微笑,店员将会从你的微笑中受到无形的鼓励,他们会认为你对所汇报的问题感兴趣,因此,他们会将自己心中对该问题的一些有价值的新见解和盘托出,也许就是这么一个新设想便将使你的店铺焕然一新呢? 而较为普遍的情况则是你从中了解到了店员的真实心态和他们的工作情况,而这些也是身居上层的店主需要掌握的必不可少的信息。

微笑挽救了 RMI(美国钢铁与国家蒸馏厂的子公司)。多年来 RMI 的表现未达标准,生产力低下。近年来 RMI 整顿成功,几乎归功于采取员工导向的生产计划。所谓的员工导向计划其实质就是要求大家保持微笑,让每一位员工都感觉到自己被重视被关怀。RMI 的标志是一个微笑的脸,以至于信纸、文具、厂房标志,甚至工人头盔都有这个笑脸的标志。其总经理老吉大部分时间都花在了巡逻于厂房间,与工人打招呼、开玩笑,并且昵称两千多名工人的名字。结果,老吉三年来未投资分文,却挽救了几乎 80% 的生产力。

从 RMI 的成功中我们可以看出微笑的强大威力。试想,一个带着沮丧的脸和人做生意者与一个和颜悦色面带笑容和人做生意者,别人更乐意接受哪个?答案是显而易见的。

沟通始于微笑,但沟通又不仅仅是微笑,成功的店主应如何提高自己的沟通能力呢?

(1)提高自己的行业知识和产品知识

俗话说:干一行就要爱一行,做一行就要专一行。在与顾客沟通时有一定的行业知识和产品知识,才能使沟通言之有物,言之有理,才能赢得客户的信任。

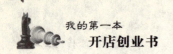

（2）增强自己待人接物的能力，不断向生活学习使自己成为一个杂家

一个具有丰富知识的人，一个懂得人情世故的人，必然会在沟通上占有优势，也会拉近与顾客之间的距离。

（3）围绕目标，清晰简洁明了地表达自己的意图

很多店主在与顾客沟通时，口若悬河，滔滔不绝，要不是离题千里就是漫无目的，不能把自己的意图表达明白，结果造成沟通的失败。因此，让对方明白你的意图成了沟通成功的关键。成功店主要抱着真诚的态度，养成尊重每一个人的习惯，也要学会对待不同人采取不同的说话策略。

（4）平心静气地倾听对方的表达，找到彼此的共情点

沟通高手往往会目不转睛地看着对方的眼睛，不时地点头示意自己在认真地倾听对方的叙述，不会随便打断对方的讲话。这是赢得沟通成功的必要准备。有一些店主不等对方讲完，就断章取义地反驳或者插话，这样做是很不明智的。倾听会为你带来朋友，倾听会让你更明白对方的想法，为最终做成生意，打下良好的基础。

（5）学会适时退让，为达到成功必要时牺牲小利益

沟通的目的就是求同存异，因此，退让是为了更好地进取。中美的世贸谈判堪称是沟通的典范，有所失才能更好地得。

巧妇难为无米之炊，成功店主要有一定的开店启动金

俗话说："用钱创造财富！"在众多创业失败的例子中，资金的不足经常是让创业者黯然落下"英雄泪"的主要原因。因此，满怀信心的创业者别忘了在店铺正式营运前，先把开店的启动资金备好。

创业者在筹措创业资金时，必须是以能支付店铺第一年内所有的营运开销为目标。通常来说，除非中了彩票一等奖外，创业者的最简单、最方便的募集资金方式便是从上班时每月的工资中节省下来。如果这方式对你而言并不是个好办法，向外募

款的办法也是最普遍的资金来源。

创业者募集创业资金的渠道有很多，简单地说，亲戚、朋友、银行、房屋抵押、退休金，甚至是信用卡借贷也能派上用场。但是，创业者必须谨记在心的是，一位成功的创业者总是知道如何善用各种渠道去募集充足的资金，来作为创业的坚强后盾，千万不可只从单一渠道去获取资金，以免一旦资金吃紧时找不到后路来救急。

不少喜欢创业的人说，其实自己并不喜欢打工，只是因为筹不到创业需要的资金，也就未去创业。其实，筹不到启动资金，那只是不敢创业的借口。一名培训公司的经理说，自己在开办电脑培训时，当时就只有一台 486 的二手电脑，并且是在一座七楼的民房内开始创业生涯。如果要说启动资金，全部加起来也不到 3000 元。可自己豁出去了，不到成功不罢休。几年拼打下来，不单使用的电脑更新换代了，也让自己在业界小有名气，固定资产已超过百万。他常对人说的一句话是："创业并不需要太多的钱。如果钱太多了，也就无所谓创业了。"

吸纳外来资金的一种方法就是先自己投资让店铺开始正常运转，然后在运转过程中充分发挥经营者的领导能力和经营策略，让店铺能在短期内出现赢利的势头，从而让预备投资者对自己的店铺经营充满信心。在此期间还需要通过各种宣传活动来提高店铺的知名度。适时举办活动邀请对本行业有兴趣且又具经济实力的人士来店铺内参观，并与之洽谈合作。当然这个过程是十分艰难的，甚至开始还会付出一些额外的开支。但一旦店铺确实能带给别人希望，引起别人投资兴趣则会是舍小赚大的事。

另外，巧妙结合采购吸纳无形资金来源也是吸纳外来资金的一种方法。如何巧妙地利用采购吸纳无形资金呢？

我们以餐馆为例来进行说明，在开业前事先同家具行、厨具行业相关用品出售公司建立良好的信用关系。先节省下这方面的现金开支将其投资到更关键的环节中去，如装修、办证、聘人等上面。跟菜场、肉场建立良好关系、实行先记账定期付款的方式也照样可以为餐馆经营者吸纳一定的无形资产。

当然，不管是采用哪种方式和他们合作以吸纳更多的无形资产都千万别忘了签订好一份公平、明白的合约，记下每一笔详细、准确的账，绝不能马马虎虎，以免到时候产生不必要的纠葛和争端。

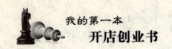

吸纳外来资金的渠道是多种多样的,采用的策略也是灵活多变的,但不管是采用哪种方式或策略,最基本的工作还是要做扎实。

我们再以小王开餐馆的事为例,在小餐馆刚开业期间,小王连一个冰柜都买不起,尽管如此,餐馆内的布局却井井有条,地板天天擦得干干净净,桌椅一尘不染,墙上的菜单也请人用统一的字体和红纸写得工工整整。一天他附近一个做电器设备生意的老板去小王店里吃早餐,小王在陪客人闲聊中说到了自己缺冰柜之事。这个老板对小王的踏实作风很赞赏,对他店里的卫生和食品也极为称道。就这样那位老板便提出先为小王提供一台大冰柜。小王得到了一台大冰柜也等于吸纳了一笔不小的无形资金。但他知道这笔无形资金得来的原因。所以,你一定要记住,无论你所开的餐馆规模是大是小,要想吸纳更多的外来资金,除一些基本策略的运用之外,一个好的投资环境也是十分重要的。

在经济低迷时期,创业企业筹集资金相对来说更为困难,甚至有人说是不可能的。启动资金对创业企业而言尤为重要,作为创业者,通过如下四个途径可以帮你筹集到所需的资金:

(1)向自己借钱

总的来说,成功的企业家的创业资金有30%来自于自己的储蓄。但千万不要拿这部分钱去购买公司需要的设备,因为你需要确定你已经获得了足够的创始人股份。最好先借钱解燃眉之急,你的那笔钱可以帮你在原始股份中获得一定的比例,并在未来买回你失去的股份。

(2)向亲戚朋友借钱

向家人和朋友借钱的传统由来已久,这是一个双赢的模式,因为这样做的话,借款利息相比市场一般借款利率会低2%~3%;对于出资人来说,获得的利息相比储蓄利息会高1%~2%。在当前低迷的经济环境中,银行对贷款收取了更高的利息,而支付较低的存款利息。

(3)向有耐心的投资人借钱

在经济衰退时期,在决定向谁借钱前一定要先三思而后行,远离那些急于收取回报的贷款人。因为在经济不景气时期,投入后的产出往往是难以预测的。可以选择在商业合作伙伴、良师益友或者熟悉的供应商中寻找出借人,这些人会提供宽泛的还款期限。著名企业家 Sam Walton(沃尔玛创始人)就是通过自己的社会网络筹集到创业所需要的第一笔启动资金的。

(4)通过互联网借钱

现代是一个信息社会,网络信息包罗万象,找到一些相关的网站的相应信息,通过对比可以找到适合自己的融资渠道。同时上面还有很多的贷款的广告,都可以成为你选择融资的方式,不过也要小心一些不良贷款公司,贷款之前最好先咨询一下懂行的人甚至律师,以避免不必要的风险。

苦尽甘来,成功店主要做好吃苦受累的心理准备

自主创业是一件风险高、负担重的事情,没有良好心理素质的人是不适合自主创业的。很多想要自己创业的人总是对"做买卖"这个词充满了诱惑。但是,生意不是每个人都做得来的,如果你抱着做"人上人"的心态去做生意,那么与此同时,也就必须做好吃"苦中苦"的心理准备。

所谓"强中自有强中手","吃得苦中苦,方为人上人",当你在吃苦受累的同时,能够一直坚持走下去,那么笑到最后的那个人必定是你。

我们大家可以想一想,每天有那么多的人创业,每天又有那么的多人结业,商场上的竞争向来是残酷无情的,只要不赚钱,必定是要亏损破产的。做店主的,无论精神上和心理上,还是身体上,都要承担巨大的压力,市场的风险时刻在周围徘徊。事业做得越大,店主需要承担的风险也就更多,经常出差,经常救火,经常应酬!请别只看到店主们"衣着光鲜、驾驶名车和出入高级场所"等表面现象了,他们背后的艰辛付出,又有多少人真正懂得呢?

温州人号称中国犹太人这话的确很有道理。温州人的骨子里都是创业精神,不怕苦,不怕累,并且很有智慧。因为存在即为合理,所以浙商当之无愧是中国最有钱的人。落后就要革命,要从思想做起,思想大革命。思想决定一切。

有首歌里这样唱道:"人说天上好、神仙乐逍遥。成功的背后泪多少?神仙是人

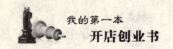

做,修炼不辞劳。吃得苦中苦,正果才修炼到。"不只是当神仙,凡是想干一番事业的人,基本上是能吃各种各样的苦的人:身体劳累之苦、工作辛劳之苦、环境恶劣之苦、气候难耐之苦、离乡背井之苦、寂寞孤独之苦、上当受骗之苦、失败挫折之苦、血本无归之苦……

据说,日本人为了保存父辈创业的优良作风,不少学校特设立劳动场所,让孩子们使用锉刀、榔头,目的就是让孩子养成学会吃苦的好习惯。日本的阳光幼稚园认为,假若一个人能经受住一年四季风霜雨雪的考验,他必定会体格健壮,意志刚强。

无论是严冬还是酷暑,这所幼稚园的孩子都只穿蓝色运动短装,白色运动鞋。其实阳光幼稚园并没有硬逼着孩子们扒掉衣服,孩子们一个个都自觉地这样做了。

一位6岁的小女孩在寒冷的教室里做美术作业,她只穿了件薄装裤,因为不怕冷,她已经连续两年受到校方嘉奖。每天早晨,这里的孩子都要光着上身,喊着"奋斗!"沿着街区长跑,增强御寒能力。

日本阳光幼稚园的做法,对于想要创业的我们,难道就没有什么深刻的启发吗?

大哲学家罗素说得好:"伟大的事业根源于坚持不懈的工作,全力以赴,不避艰苦。"一个人若没有坚韧的意志、超凡的毅力和吃苦耐劳的精神,想成就一番事业那绝对是天方夜谭的。

王金祥是下关区惠民桥市场上的水产冷冻品经营大户。眼下,他拥有面积100多平方米的经营门市部,另有储存量上百吨的冷冻品仓库,经营鱼、虾、贝类等海鲜和牛羊肉,品种包括三文鱼、银鳕鱼、北极贝、黄花鱼、对虾、基围虾、南美白虾等280多个品种,每年的销售额相当可观。

王金祥在创业20多年来,什么样的酸甜苦辣都品尝过了。抓住水产冷冻品生意的机遇,给王金祥带来了丰厚的回报。在做水产冷冻品生意的头几年,因为市场上很少有人做,王金祥的生意特别红火,各种海鲜冷冻品经常是供不应求,深受宾馆饭店和单位食堂的欢迎。在王金祥等人的带动下,惠民桥市场的水产冷冻品经营户越来越多,由当时的几户发展到现在的上百户。虽然现在的水产冷冻品生意利润比开始时低了许多,但因为生意规模大了,通过薄利多销同样也能赚大钱。想当初贩卖鱼虾时,不管是冬天还是夏天,不管是下雨还是下雪,每天都得深更半夜起床,打点生意。但随着创业的成功,自家的生活一天天好起来,王金祥心里也感到乐滋滋的。

吃苦耐劳是发财致富、获取成功的秘诀,也是每一位渴望走向成功的人应该具备的基本素质。正所谓"苦尽甘来",当一个人通过勤劳苦干,让自己的能力提高到了一定的程度时,各种各样的机会自然会光临到他头上。

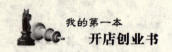

第二章　找准切入点：
好项目让开店成功率增加 50%

> 好项目是开店成功与否的关键所在，如果能够找到一个好的项目，就能够事半功倍。选择一个好的项目，能够让你在创业的过程中少走一些弯路。所以，你一定要把创业看得很重要，要像择偶那样去择业。有时候一个好的项目，即便是零成本零风险也能够给你带来高回报高收入，只要你选择得当又善于经营。

创业非儿戏，要像择偶一样择业

在开店创业之前，你一定要想清楚并确定自己到底从事什么样的行业。你不能单单有想开一家店的想法，与之相关的问题你也要深思熟虑，譬如你要经销什么东西、经销的方式，等等，这都是需要你去做全盘规划的。

比如，有人在青壮年的时候有做木工的嗜好，后来这个嗜好便成为他退休后所经营的个人事业；有人在他退休后，快乐地成了一位自由的园丁；有人自退休后成了全职的作家，做出了不小的成就；很多电脑程序设计师成为签约的自由工作者，且领取着不菲的薪资；而个人经营的律师或会计师事务所也是收入丰厚的个人企业，另外一些人则经常利用自己的箱型车来经营属于自己的小店。

无论你开店经营什么，选择切实可行的开店方向是十分重要的。利用自己曾经在工作中的经验和技术，去帮别人干或自己单独干，也可以从事与自己以前的行业相近的行业。这样才能发挥自己的特长，成功的概率会更大一些。

盛锡福董事长李家琪介绍说："现在提到盛锡福，最容易让人想到的就是王府井

大街的盛锡福帽店，其实它起源于天津。"

天津盛锡福帽庄的老板刘锡三，幼年家贫，到美清洋行去当练习生，利用这个机会，他学会了加工草帽的技术。1911 年刘锡三和长兄在天津合开了"盛聚福帽店"，专门制作草帽。

1925 年长兄病故，他开始独立经营。他把店房开在原法租界渤海大楼旁一幢两层楼内。

由于刘锡三自己懂制帽技术，各道工序都了如指掌，所以他能把好每一道关口，草帽质量很高，而价格却很低，非常畅销，后来他把店名改为"盛锡福"，用"三帽"作商标，把自己的名字和店名、商标联系起来，决心要壮大自己的事业，经过几年的精心研制终于首创了用各色毛线、棉线、丝绸、棕丝等制成各式帽子，式样美观漂亮、种类繁多，适合各种年龄层次和社会层次的人穿戴，很快"三帽"就成为遐迩闻名的名牌产品，不仅享誉中华，还远销亚、欧、非等洲。

对大多数想开店创业的人来说，在确定行业目标一定要慎重。一旦目标正确，它就能鼓励人不畏千辛万苦，充分发挥其潜在的能力去为之奋斗，最终获得成功，拥有财富。

1850 年，美国西部发现了金矿，便掀起了一股"淘金热"，世界各地希望"一夜暴富"的人都涌到这里来。

在这川流不息的人群中，有一个叫施特劳斯的年轻人，他是德国人，抛弃了自己厌倦的家族世袭式的文职工作，跟着两位哥哥远渡重洋赶到了美国来"发财"。

来这里淘金的人数不胜数，但淘金并不是一件容易的事情。施特劳斯是一个比较实在的人，心里盘算，做生意或许比淘金更容易赚钱，于是他就开了一间卖日用品的小店铺。

没过多久，他就成为一个地道的小商贩了。有一次，有位来这里淘金的工人对施特劳斯说："你的帆布很适合我们用，如果你用帆布做成裤子，更适合我们淘金工人用。我们现在穿的工作裤都是棉布做的，很快就磨破了，用帆布做成裤子一定很结实，又耐磨、又耐穿……"

说者无意，听者有心。淘金工人的话把施特劳斯点醒了，他急忙取出一块帆布，带淘金工人来到了裁缝店，让裁缝用帆布为其赶制了一条短裤——这就是世

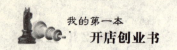

界上第一条帆布工装裤。那位淘金工人拿着帆布短裤高高兴兴地走了。

施特劳斯认识到,创业必须要选对行业,别人都在淘金,可我没有那么大的力气,不适合从事那种体力劳动。而用帆布制作裤子卖给淘金工,不失为一种好选择,既不需要投资太多,又不需要消耗太大的人力物力,还能获得很好的经济效益。于是,施特劳斯便决定开办服装加工厂,专门生产销售帆布短裤。

事实果然不出施特劳斯所料,帆布短裤一生产出来,由于结实、耐磨、穿着舒服等特点,受到许多淘金工人的热烈欢迎。大量的订货单如雪片般飞来,施特劳斯一举成名,获得了十分丰厚的回报。

由这个故事,我们可以看出施特劳斯之所以发家致富,是由于他根据自身的条件,选对了适合自己发展的行业,并在这个行业内不断进取,最终才名利双收的。因此,一定要重视开店创业这件事,开店并不是自己想经营什么就经营什么的,就像是年轻人选择对象一样,不是选择最好的,也不是选择自己单方面喜欢的,而是要根据自身的实际条件选择最适合自己的,因为鞋子合不合脚只有自己的脚知道。开店创业也一样,一定不可大意,要像择偶那样去选择自己的创业项目。

做生不如做熟,从最熟悉的行业做起

当你想开店创业的时候,发现自己周围可选择的行业很多,往往在这些行业之间难以取舍。俗话说:"靠山吃山,靠水吃水。"这句谚语给想开店的人一个重要的启示:开店尽量从自己熟悉的行业做起,因为熟门熟路做起来比较好成功。

虽然说社会中的各行各业是紧密联系在一起的,但是行业与行业之间又存在着许多你看得见与看不见的隔阂与区别,每个行业都有其自身的经营之道。因此,不管你是久经商场,还是初出茅庐,假若你开店创业要涉足一个自己并不熟悉的领域,一定要慎之又慎,绝对不能盲目从事。

美国的大文豪马克·吐温在文学创作方面绝对是一个一流的天才,而在商场上却是一窍不通。他先后两次经商失败,并为此债台高筑,损失高达30万美元。

　　1880 年，马克·吐温在创作上获得成功，在业内慢慢有了名气。这时候一个叫佩吉的人对他说："我在从事一项打字机的研究，研究成功后产品投放市场，就会获得高额利润，谁肯投资将会得到无限的好处。"

　　马克·吐温心想：只要投资商业，就能发大财。于是，他爽快地拿出 2000 美元，投资研制打字机。

　　一年过去了，佩吉又找到马克·吐温，告诉他说："快成功了，只需要最后一笔钱。"

　　两年过去了，佩吉又拜访马克·吐温说："快成功了，只需要最后一笔钱。"时光如流水，马克·吐温从 45 岁投资研制打字机开始，直到他 60 岁，历时 15 年，投资 30 万美元，打字机仍然没有问世，最后等到的却是其他人已把打字机发明出来的坏消息。

　　他这时才猛然醒悟，后悔地说："现在我承认自己是个大傻瓜。"

　　一个大文豪经商遭到失败，而且时间之久、损失数额之多是令人深思的。其失败的重要原因就是由于他在研制打字机方面是外行。对于从事这种研究的种种问题他一无所知，佩吉一次次找他投资，实质上是引诱他一次又一次受骗。同时，由于他受发财梦的驱使，又轻信佩吉的谎言，直到他的发财梦成为泡影，30 万美元付诸东流之时，他才明白自己在经商领域是个一窍不通的人。

　　马克·吐温的故事告诉我们，如果你不擅长于某一行业，那么你就不要凭借自己的主观愿望去做并不适合自己做的事情。从另一个角度讲，即便你的工作环境暂时与你的自身优势有一定的冲突，你这时候仍要积蓄自身的潜能，力求在本职工作中营造出一个可以扬己之长、避己之短的环境来。

　　开店创业究竟经营什么生意好呢？这并不是凭我们的主观愿望和兴趣来决定的，我们想做什么，愿望不一定能实现。所以，我们要根据自身的经验、学识与财力，以及社会需求等条件来选择创业目标。

　　当我们在考虑要在哪个领域发展的时候，首先要考虑的就是我们懂的行业和我们最有把握的行业。一般来说，只有在自己熟悉的领域之内开创事业成功的可能性才会更大一些。

　　如果你想开店创业，从最熟悉、最懂行的行业做起吧，这是你开店的最佳选择，千万不要盲目跟风，更不要人云亦云、好高骛远，"打一枪换一个地方"。其实行行出

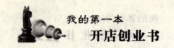

状元，只要坚持不懈、经营得法，哪一行都可以助你发家致富。

创业，应该从自己熟悉的行业开始。这样比较有弹性，更有助于你自身的发展。

王成原是一针织厂的机修，针织厂破产了以后王成的经济支柱就倒了。已步入中年的他如果再出去打工的话，家里的很多事情妻子是照顾不过来的。琢磨了好长一段时间，决定在村后的公路边开家摩托车维修店，于是，他就从亲戚那里借来一架旧摩托车开始研究起来。本就熟悉修理原理的他不到一天时间，基本上熟悉了操作过程。

在亲戚朋友的支持下，修理店顺利开张了，由于技术过硬，一个月后客人就络绎不绝了。几年来靠修理的经济来源，供起了大儿子和女儿上大学，二儿子考上了技工学校。上技工学校的孩子毕业后投身到了修理店来。怀着给孩子创造一个发展空间的想法，商量着给孩子开个汽车修理店，自己也开始自学起来。不懂的地方向儿子请教，在父子的努力下，赢得了一批又一批的顾客。而今，在儿子名下的汽修厂已有员工十多名。成了镇上知名的"模范青年"。

现实生活中有很多人经常埋怨自己"怀才不遇"或者是时运不济，等等，诸多这样那样的理由或借口，或是离开自己熟悉的领域，去做一些以为可以"一鸣惊人"的事情，那是很不现实的事情。其实，只有踏踏实实地做好手中的工作，依萝卜挖坑才是你比较可靠的选择。

很多人的不成功是因为没有把事情做到"点子"上，又或者是高估了自己的能力，而没有发挥出自己潜在的能力。

选择熟悉的行业来创业，它可为你节省时间与精力，减少行业的间距，有利于你的横向发展。创新并不是要你去从事一件对你来说全新的事情，或者创造出新产品才是创新。在资本不是很多，能力不是很强的时候，不要去尝试开拓新的领域，新的事物都要经过一定磨合期才会被了解和接受。在此段时间要花很大的人力、物力和金钱，而在接受以后市场的占有率是多少，这也是一个未知的问题。并不是我们所有的人都能像马云那样："一个不懂电脑的人做成了全球最大的电子商务网"的事业。

假如你是做推销的，做起产品代理就比较容易；假如你曾经是个美容师，就不要挤进饮食行列，因为那样会使你的专业水平"缩水"，甚至是"英雄无用武之地"。"美容"和"美食"是两个完全不同的概念。

对于创业的选择,首先要结合自身的能力考虑;它是一种综合素质,这包括:知识、资本、人脉、对突发事件的处理能力、对待挫折的心理承受能力等。风险大的,投资大的,回报率不一定就大,所以一定要为自己的"头"戴一项合适的"帽子",为自己的脚找一双合适的"鞋子",这样更有利于你的店铺的成长,也更有利于你自身的发展。

开店创业,在结合眼光、能力等情况下,还要实事求是、脚踏实地地付出。年轻人有年轻人的拼搏与闯劲儿,中年人有中年人的智慧与沉着。但无论是年轻人还是中老年人都应依据自身的实际情况去制订一个切实可行的计划。

"女人"和"嘴巴"是你的两大财源

女人和嘴巴是世界上最好做,也是最赚钱的两种生意,这也是众多生意人名利双收的两大财源。

一家杂志社曾对数万个家庭做过相关调查,调查结果显示:女人是家庭购买行为的决策者,家庭中55%的购买行为是由女人们来完成的。所以说,女人的钱最好赚。

今天,女人既是物质财富的创造者又是物质财富的消费者;既是家庭的"软掌柜",又是商界的"大主顾",更是生意人赚钱的主要对象。因此,聪明的经商者都会把自己的目标锁定在女人身上,"赚女人手中的钱"更是成了生意场上的金玉良言。

吉利公司是一家专门制造刀片的公司,该公司在新型刀片的研发方面也是毫不含糊,在新产品开发方面有过"不可思议"的得意之作,就是推出了女用吉利刀片,使"吉利"成为女性的知音。

吉利公司的策划人员通过市场调研发现:美国的30岁以上的多数职业妇女将为自己的形象扮靓,要定期使用"吉利"刮胡刀刮除腿毛和腋毛,每年消费在这方面的资金高达7500万美元。

得知这一消息后,吉利公司便快速推出专供妇女使用的"刮毛器"。这种新型产

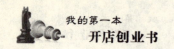

品握柄上印有女士喜欢的各种图案,造型与色彩都符合女性的心理。"刮毛器"上市后销售猛增,原来羞怯怯地躲着使用男士刀片的女士们,从此可以大胆地在市场上挑选可供自己使用的刀片了。吉利公司因为从女人身上"淘到金"而财运大增。

在这个世界上,金钱的实际拥有者是女人。有一种说法:一个女人和一个男人吃饭,两人都付钱,说明他们是朋友;男人付钱,说明他们还在热恋中;女人付钱,说明他们是夫妻。可是不管他们是什么关系,金钱总是围绕着女人花,这是人类永远通行的社会规则。

男人表面上是世界的中心,女人实际上是世界的中心。

男人总是围绕女人转,想方设法地讨女人的欢心。男人一旦结了婚,女人就成了男人永久的资金保险库,男人说女人是家里的"财政部长"。男人很感慨:女人这一辈子即便是在大把大把地花男人赚来的钱,男人还是会不停地大把大把地赚钱。

男人对此感到很委屈,我们不管什么东西,只要能用就行,从不挑剔,可是女人呢,为了让自己更漂亮一些,简直是不顾一切:她们挥挥自己的手,男人辛苦半天挣来的钱就会被她们花去。

对于这样的情况,商人们总结出了如下经验:男人的任务是赚钱,要想再从他们身上赚到钱是很难的;而女人的任务是花钱,赚她们的钱再容易不过了。男人喜欢把自己的女人打扮得漂漂亮亮的,女人说,自己变漂亮了男人的脸上才会有光。男人的权利是赚钱,女人的权利是花钱。

一个有经济头脑的商人,如果瞄准了女人,就一定能够让自己财源滚滚,反之,如果经商者拼命"瞄准男人",想席卷男人的钱,这笔生意则注定是要失败的。因为男人是赚钱的人,能赚钱并不意味着持有钱、拥有钱,消费金钱的权限还是握在女人的手中的。

除了女人,经商者还有一个大财源,那就是嘴巴。

食品有一个最大的优点,那就是它能够获得长久的利益,因为吃饭是每人都必须具备的最基本的生存条件。人的胃口是一个永远也填不满的无底洞,更没有哪一样消费品能像食品这样,需要天天消费。所以,做食品生意一定赚钱。

古人云"民以食为天",所以,想开店创业者可以从嘴巴上下工夫,做嘴巴的生意。饮食业是永不枯竭的金钱来源,他们很早就认识到了这一点,并能够及时抓住机会,使得源源不断的金钱乖乖地钻进了他们的口袋。

做"女人和嘴巴"生意是两种永远不会过时,永远不会倒闭的行业。初涉商道的人,最好从"女人和嘴巴"入手去开店。只要经营得法,财源自然会滚滚而来。

年轻引领消费,将目光对准青年消费者

青年是世界的主力军,是消费市场的宠儿,精明的商人都比较喜欢做青年人的生意。然而,青年人对商品需求的心理特征,又有其独特之处。

所以,想开店经营青年人喜欢的商品的店主,必须了解青年人对消费品的心理需求特征。

郑州市有一个"金品屋"特色饰物店,店内摆放着一个木头平台,上面摆满了各种古色古香的陶制小碗,每个小碗里面都有许多各种各样的漂亮珠子,像透明晶莹的水晶珠,手感凉爽、富丽华贵、优雅大方的各种玛瑙,还有五彩斑斓、美丽小巧的小贝壳,虽大小不一、形状各异,但都是青年男女喜爱的饰物。

这家特色饰物店吸引着众多时尚男女纷至沓来,他们挑选好许多天然形成的珠子,又用皮绳将珠子穿在一起,这样便组合成了一件件漂亮的饰物。这些饰物戴在青年男女身上,更显得稳重、大方、充满活力与朝气,能衬托出佩戴者的品位、气质与情趣。

"金品屋"饰物店的经理张先生之所以能从事这一行业,原因是他发现了当今的青年男女都喜欢纯天然的珠宝饰物。珠宝饰物市场当中潜藏着巨大的商机。另外,这种销售模式已经完全改变了以前的被动局面,使顾客成为真正的主角。

一般来说,青年在消费心理与购买行为上有如下几方面的特点:

(1)冲动性购买较多

青年人冲动性的情绪与性格,反映在购买行为上就是常常会冲动地购买一些自己不太需要或根本用不着的商品。具体表现在购买过程中,思想酝酿时间比较短,具有果断迅速和反应机敏的特点。只要认为商品合自己的心意,就能迅速做出购买的决定,有时甚至超出个人的购买能力,也要想方设法去买到。

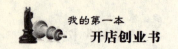

当然,这并不是说青年的购买行为完全没有计划性。有些青年人为了购买高级消费品,或到外地旅游,他们可能会通过省吃俭用来筹款,这就是一种计划性。但就一般情况来说,青年人在购买行为上,冲动性购买多于计划性购买。

(2)相信直觉

青年人购买商品大多是出于自己直觉的选择,特别注意商品的形状、款式、颜色、重量、厚薄、品牌等外在因素。所以,专以青年人为销售对象的商品,在装潢设计、商标、包装造型、广告宣传等方面,都应注意直觉效果。

(3)青年人追求时尚、新颖和美的享受

青年人总是希望自己能够走在时尚的前沿,所以他们购买商品的时候也很看重该商品是否符合时尚的主流。

青年人感觉敏锐,最易接受,并相互传播,是各种新产品、革新产品和流行商品消费的带头人,有时对新产品的追求,甚至还带有一定的盲目性,

但由于他们具有一定的文化知识,社交活动面也较广,对新产品的追求也会考虑到实用性和科学性;要符合现代科学技术的需求;要合理实用,货真价实。

总而言之,要想开一家经营青年消费品的店铺,就必须根据青年人的消费心理和购买行为等特点,适时推出时尚的产品。在产品设计、包装造型等方面,要尽可能满足其求新求异的心理。在品牌商标、广告宣传等方面,应利用名人、名牌效应,诱导青年人购买。促销措施要得力,要出奇制胜。只有这样,你才能从青年消费者身上淘到足够的"金"。

你可知道开店的热门行业有哪些

随着改革开放不断深入,我国经济的快速发展,国内外市场的不断完善,使得创业环境变得十分轻松,新兴行业更是层出不穷。想要开店创业的人,在热门行业圈内"淘金",能顺利开拓出一片新天地。

对于第一次开店创业的人来说,由于受到资金等方面的限制,规模一般不宜太

大。以下几个热门行业很适合那些初次开店资金不宽裕的人：

（1）日用小商品业

随着人们生活水平的不断提高，人们对物质的需求量在不断地增加，各地的小商品批发市场也是越来越兴旺，很少发生亏损。这一行业成本低、风险小，十分适合于民营经济及个人开店。

（2）农业领域

到现在为止，我国农业经济领域还有许多空白没有得到开发，要调整农业产业结构和提高农民收入，一个重要的方法就是"公司+农户+市场"的方法，即种、产、销为一体的服务，以加工农副产品为龙头，以农民家庭为农副产品原材料生产基地，以国内外市场为目标。倘若将这几方面合理整合，可使开店者顺利开拓一番事业。

（3）高新科技领域

一些高新科技领域在技术还未成熟及技术刚成熟时，不能大规模生产产品。所以，该行业非常适合中小企业经营，即便在研制、开发阶段，中小企业同样可经营。

除此之外，电子商务、软件开发、互联网等产业，由于起步所需要的投资不大，对场地没有过高的要求，设备较简单，只需要几个人就能够正常运营。

（4）环保领域

环保领域一般包括旧货回收、垃圾回收及利用等。目前，环保投资与市场需求存在着很大的差距，国家鼓励并给予优惠政策支持，这种行业竞争不激烈。本小利大，十分适合第一次开店创业的人经营。

（5）新兴行业

自从中国入世以后，随着各种体制的深化与改革，很多方面的业务都会通过分包的方式交给小企业经营，从而使这些行业的价值链延长，这些都是可以利用的投资空间。同时，一些新兴行业犹如雨后春笋般成长起来，诸如化妆品折扣店、婴儿沐浴店、宠物游乐室等。

（6）服务行业

随着人们生活水平的不断提高，快餐、服饰鞋帽、家居装饰、美容美发、便利连锁等行业已经成为人们在日常生活中必不可少的服务行业。此外，家教、幼儿园、家政服务等，也已经成为热门行业。

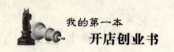
你究竟适合开一家什么样的店

开店创业,选择适合自己的行业是开店成功的首要条件。有人开店不久就失败了或倒闭了并不是因为生意不好,而是因为选择了一个不适合自己开的店铺。

如果问你到底想开一家什么样的店时,你能够不假思索地作出回答吗?如果你的答案是否定的,那么就请你参考如下几方面的建议。

(1)假若你很有创意,内心热情有加,你可以考虑经营火锅店、传统小吃店等店铺。

(2)假若你偏爱有品位的商品,精品时装店、手工艺品专卖店便可以让你大显身手。

(3)假若你十分敏感,有爱家、恋家情结,那么开设幼儿园、托儿所将会是你的最佳选择。

(4)假若你喜欢跟着感觉走,经常处处为人着想,那么宠物专卖店、鲜花专卖店、园艺栽培店也许是你开店创业的首选。

当然除了个人偏好外,还应该考虑个人性格特征、兴趣,应该清楚手头上持有的资金数目,需进一步了解你要开设的店面,是否会因为业态属性不同而需要一些特殊的能力,譬如,表达能力、业务开拓能力,并对即将投入业种的适应度做出相应的评估,如工作时间、工作时段及工作方式等。

如果你想开店创业,你就应该谨记:你的准备工作越充分,你的信心、冲劲儿自然就会越高,反之则会使你很快就泄气。科学地选择开个什么类型的店铺,也就是在选择项目上要着重注意以下几方面:

(1)预见选项法

预见选项法就是要求开店者结合本地的实际情况,同时,在有开店想法之时,注意收集相关市场信息,比如通过电视、报纸、广播等媒体,对即将出现的市场做出准确、无误的判断。

（2）借鉴选项法

所谓借鉴选项法也即是拿来主义，借鉴国外的一些先进经验与做法。但并不是照搬、照抄或跟风，而是结合本地及自身情况有选择性地进行改造实施。开店也有个跟风的问题，一说哪个行业能够赚钱，这个行业似乎就会成为取之不尽、用之不竭的宝藏，许多人就会聚集在这个独木桥上相互厮杀、争执不下。

（3）熟悉选项法

熟悉选项法也即是尽力选择自己熟悉的行业和掌握相关知识的行业为开店目标，要充分发挥自身所具备的知识和技能，把其作为选择投资项目的一个有利条件。

（4）调查选项法

调查选项法也即是指注重市场调查，认真分析、预测市场情况，测算出投资的最低和最高收益，然后再决定到底开一家什么样的店。

其实，要想开店并不难，关键是要找到自己的开店目标，开一家适合自己的店，这样经营起来才能够得心应手。

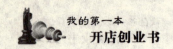
第三章 民以食为天：
开一家人财两旺的餐厅

人是铁饭是钢，有人的地方就会有饮食的需要。俗话说："生意做遍，不如开个餐饮店。"的确如此，当人们想投资开店的时候自然而然地就会想到开一家餐饮店的问题。世界经济合作组织的一份研究报告表明：在知识经济迅猛发展的今天，传统行业中只有服务业仍有较大的发展空间，其中包括餐饮业。假如你有开一家餐厅的想法，开什么样的餐厅？什么规模和档次的？需要多少投资？回报如何？会有多大风险？这些问题都是你要考虑到的，为了不那么盲目，我们还是先来学习一下成功者的经验吧。

做好传统餐饮，家常菜餐馆助你踏实淘得真金

传统餐饮是炎黄子孙几千年来维系生存不可或缺的食物，虽然在当今国际化潮流下，中国的大地上涌现出各种各样的西餐，大大丰富了我们的饮食，但实际上传统餐饮还是我们日常生活中最重要的一部分。对于想要开店创业的人来说，不妨把目光放在传统餐饮上，踏踏实实地做好传统餐饮，你就不愁赚不到钱。俗话说：民以食为天。人要生存下去都离不开一日三餐，开一家家常小餐馆是一项很不错的创业选择，但要注意的是做好服务工作，用真情去感染你的食客。

我们来看一个开家常小餐馆的店主的日记：

2004 年 10 月 30 日

值得欣慰的是，和小区居民的关系得到了改善，虽然只是短短四天时间，但是跟

有些客户已经比较熟悉了。我有意识地每天坐下来和几个客户聊天，拉关系，取得他们信任的同时也希望赢得他们对我的好感。

四天的小结：

做生意其实就是做关系。合理地处理好各方面的关系，想不发财都难。

2004 年 11 月 5 日

这两天我主要做的事情是以下这些：

1.外卖的汤盆、沙锅的回收工作。原来的老板差不多一个礼拜要买一次沙锅，其中的原因是有客户故意说丢了，有员工不注意回收。所以我交代员工送餐给客户的时候，一定要记住问客户什么时候方便过去回收。这样一方面确定回收时间，一方面可以让客户感觉到我们的售后服务。

2.今天下午逛了菜市场了解菜价，发现原来供货商在某些产品上价格有点高，以后找机会做适当的调整。

3.压缩成本。我几乎每天都提醒自己，节约控制开支，但不要在原料什么环节上做手脚，饭菜的质量一定要保证。

4.我是从北方来到海口，而本小区内很多住户也是北方的，抓住他们等菜的时间和他们聊聊，增加相互之间的了解。虽然只是几天，但是效果不错。

通过几天送餐，我总结了一些送餐时的用语：

1.敲门，客人开门以后说："请问这是你点的菜吗？"不能说"请问是你要的菜或者你要的饭吗"？这样有"要饭"之嫌。

2.如果是沙锅或者是汤之类的东西，在送餐时适当提醒一下客户："店里师傅交代，沙锅刚好，有点热，你吃的时候小心点。"其实很多时候，饭菜送过去已经不是很热了，不会烫嘴，但是提醒一下，可以表现我们的关爱。

3.客人付钱以后说："谢谢你的点菜。"让客人感觉他们对我们工作的支持我们很感谢。

4.如果回收沙锅或者汤盆的时候，问一下客人："请问昨天的饭菜有没有不合你口味的地方我们下次好改正。"

5.送餐临走前说："请慢用，你把门关好。"特别对那些打工的男女这句话很有亲和力。

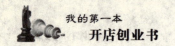
我所在的小区附近送餐的也有好几家，但是像我这样讲话的可能还没有，虽然看来只是简单的几句套话，但是很有用，有好几个客人对我这样的讲话方式很高兴。

看了这个家常小餐馆的店主日记，你有何感想呢？你是不是很佩服店主把这么一个小餐馆做得这么有心思？其实，小事做好了，大事也就不难了。你是不是从这个店主的心得体会中领悟出一些对你自己开店创业的启示呢？

开店创业的大多数人都会有这样的经历：刚开始看准了一个行业，觉得挺有前途的。然后对此稍微调查以后，发现事情远没有自己想象得那么简单。好不容易鼓足勇气要行动了，却又有重重的困难横亘在眼前。其实，再好的项目做起来都是不容易的。然而困难总是要被克服的。只要大方向看准了，很多细节的问题就没必要太在意。

开家常菜馆，究竟怎样才算是做好呢？如果你的对手在服务上做到一百分，而你只做到了九十九分，那你做的不能算好。如果你的对手在服务上做到了六十分，而你做到六十一分，那你就是做得好了。家常菜适合大多数人的口味，如果再加上到位的服务，那将会有很广阔的发展前景。

紧跟时代脚步，开家写字楼快餐店盘算白领生意

现代社会竞争激烈，人们的生活节奏也异常紧张尤其是对于那些在写字楼上班的白领来说。对于那些白领来说，中午的就餐是让他们头疼的一大问题。如果你手头有 50 万元甚至 200 万元左右的资金，并且对餐饮业颇有兴趣，投资"白领快餐"将会是一个很明智的选择。

2000 年，何咏仪揣着西安交通大学通信专业的毕业证，意气风发，踌躇满志。何咏仪把西安某著名电信单位作为首选，然而遭到对方当面拒绝，嫌她没有工作经历，薪水要求又高。这个开头不太好，之后的半个月，何咏仪一直没有找到合适的工作，互相不满意。

西安还是那个西安，夹着简历走在路上的女孩，却忧虑了很多。兜里不到 500 块

钱了,她又不愿意找父母求援,怎么办?还是大学生呢,却为生计发愁,真丢人。不知道走了多久,觉得累了,何咏仪拐到一家快餐店,无精打采地要了碗面。女老板一眼就看到她的求职简历,笑着搭讪:"找到工作了吗?"何咏仪摇头。老板笑着说:"姑娘,现在大学生太多,如果要求太高,很难找到满意的工作。"说完,她指着一位正在门口支单车的服务员说:"你不相信吧,她也是一位大学生,刚送快餐回来。"

怎么可能?何咏仪一脸狐疑。女老板说:"都得先养活自己,再作打算。"何咏仪有点惭愧。是啊,名牌大学毕业生也没什么了不起,她除了文凭,在工作经验、人生阅历、沟通交往上,都很欠缺。她与千千万万的打工者一样,都得在社会的激烈竞争中较量。走的时候,女老板递给何咏仪一张名片,让她有困难可以联系。回到住处,何咏仪捏着那张名片,犹豫了很久,终于拨通号码,怯怯地问:"您的快餐店,还需要人手吗?""你随时可以来上班!"

终于工作了,心情却是尴尬的。何咏仪换好工作装,忸怩了半天,才开始端盘送菜。进来一个人,她就心跳半天,怕是熟人,魂不守舍的,还出过几次小差错。另一个大学生,却非常熟练,礼貌周到,让顾客如沐春风。第一天挨过去了,何咏仪告诫自己:就业没有大学生小学生之分,在哪行就得专哪行,架子面子,都免谈!

何咏仪聪明肯干,很快赢得老板的信任。不久,何咏仪开始给西安高新区一些写字楼的白领送餐。才去第一家公司,她就受到炮力轰击,白领们纷纷发牢骚:"你们店做的饭太没特色,总是老三样,再不改观,我们就另外订餐。"在第二家,何咏仪一边搁下饭盒,一边听着同样的埋怨,郁闷极了。

刚进电梯间,何咏仪就看见一位年纪相仿的女孩,穿着同样快餐店的服装,正用手抹泪。何咏仪关切地问她,原来她的客户一打开饭盒就骂,说又搁辣椒了,每次叮嘱都白费力气……女孩委屈地说:"我每次转告客户意见,老板都不理会,还说今后不给他们送快餐了。"

何咏仪忽然眼前一亮,这不是一绝好的商机吗?有的快餐店认为白领们难伺候,要求高,主动放弃了送餐业务。我为什么不把这笔业务接过来,按着白领们的要求走呢?从此,何咏仪每次送快餐,都会详细地记下对方的电话、用餐口味和个人禁忌。自己收集的信息还不够,她又在写字楼门口等待其他的同行,上前搭讪,询问各种细节,一一记在心里。另找工作的想法暂时搁置了,她一门心思想把"快餐"做好。

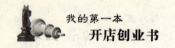

　　快过春节了，店里放假，何咏仪决定留在西安，作一次快餐市场调查。父母思女心切，几次催促，她都说自己正在通信公司开发新项目，实在抽不开身。搁下父母的电话，何咏仪鼻子有点发酸，但立刻整理心情，穿戴得厚厚的，冒着严寒，去西安高新区附近调查各家快餐店，她用冻得红肿的手记录下名称、电话、餐饮风格和快餐价位。其实店还真全，什么东北菜、南方小吃、北方面食、西安土产，应有尽有。

　　几天考察下来，每天天黑才能回家，何咏仪瘦了，但是心里更有谱了，酝酿着新的快餐运作模式："我完全可以做一个快餐中转站，收集各种风味快餐，提供给各家公司的白领，从中赚取差价。既帮快餐店拓宽了业务，又让白领选择更多，何乐而不为？"说干就干，而且春节期间的业务需求旺盛，很多快餐店放假，白领们只能放弃订餐，自己买饭。就抓住这个机会！

　　何咏仪很快就在东桃园村找到了一间20平方米的门面房，月租400元，但老板坚持要一次交清三个月的房租。何咏仪手上只有1000元，捉襟见肘啊。她三番五次地恳求，房东终于同意月付。一出门，何咏仪马上去人才市场，找了两个口齿伶俐的打工仔，提出包吃包住工资500元，任务就是送餐。何咏仪同时附带条件，每人先交500块押金。对方有些犹豫，她拿出自己的大学毕业证保证，第一个月发工资一定退还。他们答应了，何咏仪松了口气。

　　她精打细算，把店面简单粉刷了一下，又做了三套统一的送餐服装。接下来，她开始打电话给各个写字楼，寻找业务。很多都是老客户，也熟悉这个耐心细致的姑娘，加之很多快餐店还没上班，很快，她就拿到100份订单。可以看得到曙光了。何咏仪挂掉电话，高兴得跳了起来。

　　事先有过调查，何咏仪很快根据订单的要求，找到了需要的快餐店。老板一听何咏仪要50份，答应给个优惠价格。何咏仪当即交了订金。随后，她又去另外一家饭馆，预订了50份特色菜。饭菜送到，何咏仪自己也穿上工作服，和两名员工一起外送。当天，除去各种费用，何咏仪净赚150元钱。初战告捷，使何咏仪信心十足。第二天，她多预订了50份，很快又送完了。

　　春节过后，快餐店的竞争日益激烈，何咏仪的订单不如以往多了。她干脆亲自上门，到公司推销。面对质疑的目光，她从容地拿出自己记录的快餐店手册，说，"你们想吃任何口味，我都可以满足。送餐及时，保证营养，还能经常变换花样！"不少公司抱着怀疑的态度，接受了何咏仪的提议，觉得果然不错，纷纷取消原来的快餐盒饭。一个月下来，何咏仪外送的盒饭达到了3600多份，月收入达到2000多元。此时的何咏仪信心更足，下个月的纯收入也许就能变成4000元，甚至是8000元！

第二个月，何咏仪又招聘了两位工作人员，自己则主动出击，到更多的公司联系送餐业务。同时，她不断想出各种花招，吸引白领。一方面，她寻找到更多各具风味、干净又便宜的小饭馆，让快餐店手册日益丰富，白领有更多选择。一方面，她又到各公司发放调查问卷，统计白领最爱吃的饭菜和最想吃的饭菜，然后自己设计新菜单，交给饭馆去做。

何咏仪渐渐被写字楼的白领们熟悉。一年后，何咏仪外送的快餐盒饭每月上千，到2004年年底，年利润已经突破100万元，并从小店面升级为"西安柒彩虹餐饮有限公司"。现在，工作已经步上正轨，何咏仪驾轻就熟，为了不荒废专业，她又应聘到某知名电信公司上班，身兼两职。每天，她9点打电话给各个快餐店，预订特色菜，11点整，公司的工作人员统一着装往各个公司送饭。

打造成功西安第一快餐中介，何咏仪的梦想更大："将来时机成熟，我想把快餐中介做成中国连锁！没有不可能，就看你敢不敢想！"

像北京、上海、广州等人口上千万以上的大都市，白领人士大约占了10%~15%，也就是说，1000万左右人口的城市，白领人士应有100多万，快节奏的生活使得90%以上的白领中午只能在写字楼里就餐，而目前能满足这么多人就餐的快餐店不过2/5，投资空间很大。

白领快餐店极易管理，服务环节简单，饭菜品种不多，客人对饭菜质量的要求比较高，而且不存在赊账现象。尽管一份快餐没有大酒店里的利润那么高，但薄利多销带来的利润与回报也是非常可观的。只要你在白领居多的地段租得一席之地，投资几十万元到百万元左右，用不着做什么大的广告，发发传单就可以坐等收钱了。

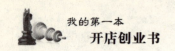
开店无小事，小小煎饼摊也能做成大生意

现在这个社会并不是说你的学历高、层次高你就能够捞到大把大把的钞票，曾有人发出这样的感叹：研究原子弹的不如卖茶叶蛋的。其实，这一点都不奇怪，只有你从事的行业市场上有很大的需求，你才会有"生意"，也才会有钱。比如，小小的煎饼摊在很多人的眼里它太不算一回事了，可是只要你用心去做，做好了也一样能够赚大钱。各种各样的煎饼既可以做主食，又可以作为小吃，更难能可贵的是煎饼在一年四季中都可以卖。

一台电动石磨，支上鏊子，小小的煎饼生意就这样做起来了。山东临沂市费县下岗女工李怀珍，就靠摊煎饼成就了自己的"大事业"，昔日小小的"金穗煎饼店"，如今成了"沂蒙小调特色食品有限公司"。

李怀珍本人自小在东北长大，虽然嫁给了地地道道的沂蒙山人做媳妇，却也还不曾亲手烙制过煎饼，更甭提有什么祖传的秘方了。刚开始烙煎饼时，李怀珍心里直打鼓，她也受不了煎饼摊上的热气大，煤烟熏，每天往鏊子边上一站，想想今后无论严冬酷夏就要干这一行了，心里还真有点儿打怵。

从早忙活到晚一天下来，简直头晕眼花，两腿发酸，手腕都快发抖了……回到家里时常是不吃不喝，孩子、大人谁也顾不上，一头倒在床上便睡着了。特别是到了夏天，支着鏊子的小屋，简直是个大蒸笼，李怀珍辛苦的汗水和委屈的泪水交织在一起，眼皮都肿胀起来，一个月下来，身高1.7米的她就只有100斤的体重了……手上磨起血泡，嘴上急起了燎泡，光小麦就用了6麻袋，可烙出的煎饼白送给别人人家都不要。

现在的李怀珍说起来都觉得好笑，她的丈夫也不知跟着她吃了多少实验品，那些碎煎饼啊，已经成了美好的回忆……然而，好强的李怀珍不服输，她带上为数不多的积蓄，跑蒙阴，赴新泰，去莒南，四处拜师学艺，还把本家的一个奶奶请来现场示范，用她自己认真总结的话来说，她的目标是"薄如纸，柔似锦，色泽亮丽，营养丰富"。

经历了一番学习、取经和苦练，李怀珍的煎饼手艺总算是熟到远近闻名了。还没等她打广告，她制作的传统石磨煎饼便慢慢地由街坊邻居传到了十里八乡。大家你来我往，不少回头客还专门托亲戚朋友买了煎饼捎回去。随着收入渐渐多了起来，环境也越来越好了，更重要的是李怀珍也更有信心了。短短两年的时间，"金穗煎饼店"的营业额逐渐高了起来。虽然累点、忙点，可一家人总算过上了小康生活。

可事情并不是一帆风顺的。李怀珍所在的费县有不少类似的煎饼店也开起来了，大家原料差不多，沂蒙山人摊煎饼的手艺也个个不差，如何才能令自己的小店在市场中站稳脚跟呢？为了打开销路，赢得市场，李怀珍不得不想新点子了。她认为，必须开发同行没有的新品种，充分利用所处山区的各种杂粮，才能突出自己的特色，打开市场的大门。她选取优质小米、大米、高粱等主料，加上大豆、黑芝麻、核桃、大枣等配料，采用石磨制糊，手工烙制，这样的煎饼，营养丰富，味道也更好了，而且不掺任何添加剂，轻松地一步步赢得了市场。如今，她已经先后开发出了小麦、小米、大米、高粱、大豆、大米红枣、黑芝麻、黑麦、荞麦、绿豆等品种，还试着开发出了蔬菜、水果、香酥煎饼等，总共 40 多个品种，她的这种种创举不得不令人佩服。

为延长煎饼的保质期，她还把煎饼加工成各类休闲小食品，丰富了煎饼的花样。一些来自美国、日本、韩国、德国的朋友还把这种精致的食品——煎饼，当作礼物带回国内；更令人意想不到的是，在 2001 年中国国际农业博览会和山东省首届名优农产品上海展销会上，在短短三天展销期间，就销售煎饼两千多公斤，大都市人从此认识并喜欢上了"土生土长"的煎饼。

批发与零售兼顾，本地销售与外地销售挂钩，现钱购买与网上交易相结合，还有日常销售与节假日突击销售相配合，高档礼品煎饼与大众化煎饼相搭配……李怀珍做起来头头是道。昔日只想挣口饭吃的下岗工人，如今在市场大潮的磨砺中，逐渐成熟、自信起来。就连产品的包装上，也有中、英文对照的两种说明，适合各国家、各民族的消费习惯。甚至，还用上了互联网，拥有了自己公司的网页。目前，李怀珍已经在四川成都、临沂唯一斋酱园等地设立了 6 个办事处和直销点，甚至远在阿联酋也有她的代销点。

煎饼是地方小吃，过去都是家庭自做自食，一般不会拿到市场上去销售。制作煎饼的工具有石磨、鏊子等。所用的原料很广，小麦、玉米、豆类、山芋、大米等都是制作

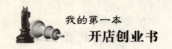
煎饼的上好原料。用什么原料制作的，就叫什么煎饼，如小麦煎饼、玉米煎饼等。

中国各地有不同的地方特色煎饼，东北有五谷杂粮煎饼，河北有交河煎饼，江苏有苏北一带的煎饼。煎饼的口味也非常多，煎饼果子、五香煎饼皮、煎饼卷菜、豆角鸡蛋煎饼、蒜薹鸡蛋煎饼、鲜蘑猪肉煎饼、韭菜鸡蛋煎饼、青椒鸡蛋煎饼、西葫海米煎饼、茴香鸡蛋煎饼等，一年四季都可以卖，既可作主食，又可当作小吃。

如果根据人们的口味，制作各种特色煎饼，把它打入饮食市场，一定会很受人们的欢迎。

煎饼店的投资费用按经营方式的不同。以开店为例，主要费用有以下几方面：

（1）设备成本费

不锈钢灶具、打浆机、薄脆箱子、液化气炉灶、液化气罐、冰箱或冰柜、铁板、不锈钢浆盆、不锈钢手勺、不锈钢料盆、高压阀、塑料管、煎饼板子、面酱刷子、塑料包装、纸包装、铲子等，约4000～5000元。

（2）主料

各种杂粮、鸡蛋、薄脆；作料：色拉油、辣椒、面酱、豆腐乳、豆瓣、面、葱、姜、香菜、萝卜、味精、鸡粉等秘方作料，约500～700元。

（3）其他

房租800元／月，房屋装修2000元，工人工资1200元／月。总投资不到1万元即可营业。

煎饼摊虽小，效益还是很可观的：

以店铺经营为例，如果日销量180个煎饼，每张平均价2.5元，日收入450元，按最低毛利50%计算，日毛利225元以上，月毛利6750元；减去各种开支，月纯利4750元；如果再配上米粥、馄饨、炒菜、酒水等一起经营，效益会更好。

关于煎饼摊的建议：

（1）开店

最好选择人口密集的地方，如小区、学校、食品街、步行街、商场、超市、集贸市场等繁华地段选择店铺，以传统餐馆形式经营。

（2）外卖

在人口相对集中的地方，开一间外卖窗口，或在学校餐厅、商场、超市、医院等快餐窗口外卖。

(3)联合经营

可为食品摊点、饭店、宾馆等各类餐饮场所送货搞联合经营。

(4)特色煎饼可包装进入超市销售

为保证你的煎饼摊能够顺利开业,开业前首先要搞好促销宣传工作,印发一些介绍煎饼特色的宣传品,上面印上订餐热线,免费品尝等服务项目。这样可以有效地提高煎饼的知名度和赢得更多的回头客,这样你的生意就会越做越红火。

物美价廉,开主食厨房做好社区生意

现如今,一种新的餐饮经营模式——社区厨房,正在国内餐饮界兴起。在人口相对集中的社区开家小餐馆,以物美价廉为经营宗旨,抓住小区居民的胃口,并辅之以简便快捷的送餐服务,成了许多小本创业者的最佳选择。

某省会城市首家社区厨房自正式开门营业起,近20天里。最多只能容纳200人同时就餐的"社区厨房"——新华社区厨房,每天的客流量都在千人以上,并深受周围居民的欢迎。

快餐店在城市已并不是什么新鲜事物,可按快餐模式经营的"社区厨房"的生意为什么会这样红火呢?最主要的原因是,这儿的饭菜物美价廉,环境卫生。

套餐、米线、水饺、拉面、驴肉火烧……市面上常见的小吃这里应有尽有,半斤素水饺3元,一份两素一荤的套餐只要4元,和商场超市中同等条件的快餐店相比,这里的价格要低1/3到1/2。"三元吃饱,十元吃好",在周围鳞次栉比的饭店包围中,"社区厨房"的价格优势已然先声夺人。

饭菜的价位和流动摊点差不多,但卫生条件和就餐环境却可与中档饭店不相上下。在"社区厨房"餐厅的一角,有一间七八平方米大小的隔间,几台消毒柜正嗡嗡作响。

小摊小店的价格,正规饭店的环境,让普通市民买得放心、吃得安心——"社区厨房"自开业以来,不仅受到周围居民的欢迎,还有十余家单位找到快餐城经理,要

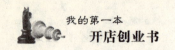

求办理"集团就餐卡",以解决职工吃午饭的难题。

开家社区厨房,不失为解决"吃"的好主意,也是一项不错的好生意。虽然这也是卖吃的的地方,但是,它跟普通餐馆又不大一样。首先,它针对的顾客群主要是某一个社区的居民;其次,它提供的都是一些家常饭菜;最后它只起一个厨房加工的作用,原材料由顾客提供,小厨房只是帮着加工,收取加工费,费用按照客人提供的材料多少计算。当然,如果顾客愿意,也可以到这里来要一份现成的小炒回家吃,或者在此就餐。所以,社区厨房,很适合小本创业者运营与操作。

如果想开一家社区厨房,你应注意如下两方面:

(1)经营策略

①社区服务,来往的都是一些老客户,所以诚信是非常重要的,绝对不要在做菜的原材料上打主意,否则,你的小厨房很快就会关门大吉。

②要注意厨房的环境卫生,饭菜的味道要好。

③多雇几个送菜工,统一制作一个菜单,做好送菜、收菜工作以及电话预订工作,尽量做到人性化服务。这样,你的回头客才会越来越多,从而将自己的生意做大做强。

(2)投资分析

在生活小区租用一个门面房,最好30平方米以上,月租金大约在3000元左右。购买炊具5000元左右,人员月工资大约3000元左右,这样,只要1万多元的投资,社区厨房就可以正式开张。当然,如果你有高超的厨艺,可以自己掌勺,再者如果你可以利用自己的住房做门面房,你就可以省去不少费用,这样你的赢利空间会更加广阔。

财路无处不在,熬粥也能"熬"成大富翁

忙忙碌碌的生活中,有时"收买"人的肠胃的只是一碗热乎乎的粥,粥可以说是在人们的生活中再普通不过的一种食物了,有人正是看准了这一商机,在小小的粥铺里赚得个盆满钵满。

罗永宝原是台州人。10 年前，他从台州来到了宁波，在从事了很多行业之后，他发现开粥店有商机，于是硬是凭着自己的熬粥秘方和辛勤劳动，用 5 年的时间"熬"成了百万富翁，现在的他已经在宁波安家落户，完全融入了宁波的生活。

喝粥在广东等地十分盛行，而且近年来有向全国各地蔓延之势。对于大鱼大肉吃腻了的很多人来说，喝一碗粥对他们来说是一种享受。对一些白领来说，喝粥比快餐还快，更适应高节奏生活的要求。同时，粥并不仅仅是年轻人的美食，很多上年纪的老人也是粥店里的常客。

开粥店基本没有淡旺季这一说。罗永宝的粥店 24 小时营业，尽管这样会增加不少成本，但对粥店的品牌形象是一个很大的宣传。考虑到很多人光喝粥会吃不饱，罗永宝还在店里提供凉菜、点心等食品，并且提供外卖服务。而罗永宝所在的宁波的外卖市场潜力巨大，预计至少能增加 20% 的营业额。

罗永宝的粥最便宜的只要 2 元/碗，而最贵的也只有 38 元。他们以前曾推出过 198 元一碗的粥。但罗永宝发现，这么贵的粥，点的人并不多，有时配好了料却无人问津，白白浪费了。罗永宝想，粥还得走大众化路线，用噱头揽客只能起到一时的轰动效应，做餐饮最终还得靠品质和口味。

2002 年春节，罗永宝和两位朋友一起投资的粥店在城隍庙开业了。由于当时喝粥在宁波还不像现在这么流行，因此在开业的头一个月里，顾客少得可怜。罗永宝一边加大宣传，一边对消费者口味进行市场调查，并在食物品种和经营模式上作出调整。渐渐地，粥店的名声传开了，顾客也开始多了起来。

好事多磨，粥店在生意好转的时候又遇上了"非典"，2 个月时间里基本没做生意，两个合伙人打了退堂鼓。此时的罗永宝也想过放弃，但他执著地认为，城市人讲究营养，追求新潮和时尚，看似很平常的粥如果经过"包装"，应该能在城市里找到"一席之地"。罗永宝最终还是咬牙坚持了下来，果然，不久光顾粥店的人又多了起来。

2004 年 7 月，罗永宝突发奇想，花钱租来一辆中巴车，把车包装成一辆流动餐车，定时出现在高教园区的校门口。一下子就把学生的眼球吸引过来了，生意非常不错。流动餐车机动灵活，而且还省去了房租，下一步，他准备把这一模式复制到一些社区，让很多小区居民都能就近喝到美味的粥。

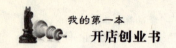

看到罗永宝的生意这么好，很多人都打来电话表示要加盟，但罗永宝都婉言谢绝了。他认为，加盟意味着要付出，不是收了加盟费那么简单。他想把粥店的生意做得更好一点，再考虑加盟的事情。罗永宝还准备办一家粥厂，把粥速冻起来放到超市去卖，顾客买回家只要放到微波炉里加热就可以吃，让喝粥像泡方便面一样方便。相信这种卖粥方式在全国都没有过，这一行业还会有更大的发展前景。

喝粥是中国人的一种传统饮食习惯，已有几千年的历史，是人们的日常饮食之一。灾荒之年朝廷和官富之家向那些灾民"舍粥"，说明了"粥"对于生存的重要。随着时代的变迁，人们对吃的要求越来越高了，不仅要吃好，还要吃巧。相关研究表明：食"粥"更有营养，同时还兼有美容、食疗等功效。现如今，"粥在全国各地都很普遍，如北方的小米粥、玉米粥；广东的皮蛋瘦肉粥、猪肝鸡子粥；四川的南瓜粥、花生百合粥等更是风行全国、流传海外，深受人们的喜爱。

丰富多样的粥品，除了可以当作日常饮食外，还可以作为瘦身健体、预防疾病、养生美容的佳品，有着广阔的市场空间和普遍的消费人群。无论男女老少，无论春夏秋冬，无论体质如何，有不喝酒的，有不吃荤的，但没有不喝粥的。粥从来不需要人们刻意想起，但永远也不会被人们忘记，粥与中国人的关系，正像粥本身一样，黏稠绵密，相濡以沫。

粥是传统食品，每个中国人都喝粥，这是无可否认的事实。正是因为有了这样一个社会基础，以粥为特色的中式餐饮市场才显示出了旺盛的生命力。粥店以其投资少、风险小、群众基础扎实等特点，十分适合那些做小本买卖的人去经营与运作。

开粥店关键要把好"地段、装修、口味"这三道关。建议店面最好装修考究些，一般来说，面积不要过大，20 平方米左右比较理想。特色养生粥如果在粥的味道、火候以及食疗方面借鉴一些好的做法，市场会更加广阔。另外，可以在主营粥生意的同时兼营饮料以及主食等，以形成互补。不过也不能够大意，粥店生意可能会面临一定的风险，很多人还是把粥当作早餐或夜宵，很少有人将粥作为主食，如果选址不当，目标消费群可能会比较有限，这样一来你的发财梦可能因此就泡汤了。

开家素食店，低碳生活从我做起

吃素的人现在已越来越多，年龄层次也越来越低，有人吃素是为了宗教信仰的需要，有人吃素是为了健康，有人吃素是为了赶时髦。其实，素食比荤食的好处要多得多，吃素可以减少空气中二氧化碳的排量，吃素也可以起到保护动物的作用。无论人们是出于什么样的目的食素，开家素食店，由于针对性比较强，自然会吸引众多素食主义者，生意定会不错。

1997年，潘村着手销售素食原料。他了解到当时武汉大多数素食主义者都是在全国最大的、总代理设在武汉的一家素食原料厂处拿货，潘村便找到总代理处，以优惠一些的价格拿货，再销给寺庙和素食食客。

为了建立稳固的客户群，潘村采取低价策略，送货上门的价格和客户从总代理处拿货的价格基本持平。除此之外，他还四处拜访武汉及周边地区吃素人群，为争取一个客户，他曾长时间守在集中销售点打探竞争对手送货的情况。另外，加上自己长年吃素的缘故，潘村很快结识了一批素食主义者，并发展成自己的固定客户。

因为是二级代理，价钱定得又低，赚的钱自然不多，潘村开始筹划拿下厂家在湖北的总代理，并采取了一系列的措施。首先，他对顾客加强服务。自己掏钱出版《素食时代》杂志送给客户，每期杂志内容都由潘村亲自采写，里面经常报道这些顾客的一些情况，很受欢迎。另外，他还专门配备送货设备，顾客要货，随时送上门。

1998年大洪水时，有一次客户临时要几件货，潘村自己用小推车蹚着水给顾客按时送上门，客户十分感动，此后一直和店面保持合作。就这样，一个个稳定的顾客建立起来了。其次，他开始做厂家的工作。他经常向总代理订一些他们没有的新产品，这样总代理就只有向厂家小批量地进一些货，时间一长，厂家知道这些货都是他要的，认为他的销售能力很强，就开始和他直接接触。潘村也时不时将一些自己设计的菜谱给厂家看。就这样，潘村很快赢得了厂家对他的信任。

一年后，潘村顺利拿下了该厂家在湖北的总代理，除了继续向客户提供原料外，

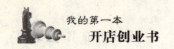

还在武汉发展了三家专卖店，销售袋装素食。占领武汉市场后，潘村开始提高产品价格。"当时湖北素食市场价格还是十分混乱的，我按最开始的价钱做一直是亏本的。"他说，自己最初的意图就是通过低价占领市场，然后再提高价格规范市场。

1999年，潘村的事业得到迅速的发展，在全国各地都开起了专卖店。与此同时，他开始成立公司。虽然公司资金全部由自己和弟弟出，但潘村却给员工一定的分红，然后让员工用分红去购买公司股份。潘村说，这样不仅能留住素食人才，还能激励人才。到现在，公司骨干员工基本都还在，并成为公司的中流砥柱。

2000年年初，潘村兼并了一家获得中百超市、武商量贩等超市进驻权的食品加工厂，将店内的袋装素食铺进了武汉十多家超市卖场。由于素食技术人才难寻，潘村还专门成立了公司产品研发部、技术培训部，自己创新产品、培训人才，形成了生产、加工、销售、培训"一条龙"的素食产业链，准备大举推广素菜产业。但是，潘村素菜大众化的理想却遇到了瓶颈。他盘下一家年代久远的素食馆，但自己又缺乏餐馆运作经营经验，店内生意从一开始就不怎么好，主要通过朋友介绍来发展顾客。

2000年年底，潘村发现吃素食的年轻白领越来越多，而且作为标志，他的素食餐厅也开始赢利，他和合作伙伴产生了以素食馆连锁加盟的方式来推广素食的想法。但是，当他以这个问题向一位素食专家请教，专家问了他两个问题：你的店现在经营稳定，是百分之百的赚钱吗？你如何保证加盟商赚钱？一番质问，潘村无法回答，只得将连锁计划暂时搁置下来。但他并未就此放弃，一方面积极培养人才，为加盟做准备，一方面到全国各地去了解素食市场。

到了2005年下半年，当餐厅稳定赢利5年后，潘村感觉连锁扩张时机已经成熟，开始制定加盟的一系列细节，并申请注册"膳缘居"餐饮商标。

不到一年的时间，就有数十位投资者上门考察，很快，潘村就在广东、广西、福建等地发展了6家加盟店。

随着人们生活水平的提高。现在人们对吃是越来越讲究，由吃饱、吃好向吃出健康的方向发展。人们的饮食有这样的需要，餐饮服务者也要适时调整服务方向。一家素菜馆的前期投资情况大概如下所述：

（1）店面装修约2万元；

（2）门面租赁1.8万元（半年租金），因为开在都市，餐桌宜规范小巧；

（3）流动资金 10400 元（广告 2400 元，8000 元进货）；

（4）前期证照 1000 元左右。

另外还有员工工资等，整个投资 5 万多元。

素菜馆自然是主营素菜。目前素菜分两种，一是常规的家常素菜，二是佛门素菜。佛门素菜要做出特色和品味，很难，得请专门的佛门素菜制作厨师，且店门的装修费用较大，投资受限。可先做家常素菜，若有必要，以后可以再向专门的佛门素菜发展。做家常素菜就要求经营者紧紧抓住素食比荤素更加宽泛这一特点，小麦大豆、蔬菜瓜果什么都可以做。

针对"新素食主义者"嗜素的原因在于吃腻了肉类，改为从素食中取得营养，所以关键还在于菜品的科学合理搭配。菜谱也必须请营养方面专家来订制。这样，一份餐食就可以针对不同的品味作不同的搭配，包括分量大小，内容安排，口味浓淡，冷热相拼，营养配备等。

要想打造一家与众不同的素食店，不应该坐等机遇而是应该主动出击，多从顾客角度出发，多为顾客着想，做足周到热情的服务。选几样大家公认好的，或者以前比较好卖的、颇具代表性的品种放在小碟子里供顾客自己品尝、自己挑选，货真价实才能让消费者放心。而对于一些食品的某些特性要会引导顾客，如大多数魔芋制品不宜放冰箱，因冷藏会影响其品味，服务员就应记得主动提醒顾客。

不管怎么说，服务周到才能赢得"上帝"的微笑，这一点可是颠扑不破的真理。

臭豆腐店，"臭"也纯天然

"臭豆腐"这个名字听起来虽然很俗气，但它却外陋内秀、平中见奇、源远流长，是一种极具特色的休闲小吃，有近千年的古老传统，一经品味，常令人欲罢不能，一尝为快。臭豆腐大多闻起来臭，吃起来香，这是臭豆腐的特点。老人常吃臭豆腐，可以增加食欲，还能起到防病保健的作用。

素有"臭豆腐大王"之称的李家街道创业明星徐光清又在兴工街附近开了两个

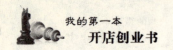
家常菜馆。从"一元钱擦鞋店"到"鸡蛋臭豆腐"又到家常菜馆,她把创业之路牢牢扎根在社区大市场上,走出了多条致富路。

2000年,徐光清下岗了,迫于生计她自己当起了老板。在几个项目相继失败后,她看好了刚刚在外地兴起的"鸡蛋臭豆腐"项目。在进行了市场考察后,徐光清发现当时市场上不少臭豆腐都是用化学原料兑成的,对人体十分有害;而"鸡蛋臭豆腐"却是纯天然绿色食品,一定能受到人们的欢迎。在李家街道的帮助下,徐光清的"鸡蛋臭豆腐"红红火火开张了。

为了这个项目,徐光清和丈夫吃了不少的苦头,他们用了3个多月的时间把南方几个做臭豆腐比较好的城市转了个遍,他们曾经挤在潮湿的工棚里,天不亮就爬起来"偷艺"。可能有人会说好项目多的是,没必要这么折腾自己。可徐光清却说绿色食品对人有益,社区居民需求很多,一定能干出名堂。由于独特的加工工艺,再加上投资较少的优势,徐光清的"鸡蛋臭豆腐"不到两个月就发展了18个加盟店,在18个社区扎根开花了。

不久,徐光清又和5个下岗职工每人出资2万元,合伙开了两家徐大姐家常菜馆,靠着"徐大姐"的招牌和薄利多销、服务周到的服务宗旨,这两家店开业没多久就"火"了起来。徐光清说,很多人都认为在社区做小本生意很难赚到钱,可她却觉得社区是个很大的市场,只要扎根社区、处处为社区居民着想,社区会给你带来无穷的回报。

臭豆腐这种风味小吃,大多数人都很喜欢吃,其主要特点:"吃着香,闻着臭。"臭豆腐成本低廉,利润大,投资小,回报快,既可流动经营也可固定开店,市场调查结果表明,市场前景还是十分广阔的,而且无论流动经营,还是开店经营,生意都很不错。

开家港式甜品店,让你甜甜蜜蜜地赚到钱

这边厢,台式甜品在厦门风头正劲,那边厢,港式甜品也悄悄地露脸了。这是一个很不错的赚钱机会,对港式甜品感兴趣的你,不妨开一家这样的小店来试试你的手气。

思明路有一家港式甜品店,芒果椰子西米露、杨枝甘露、芒果班戟,这些"听上去挺美"的甜品,能不能把吃惯烧仙草、超级芒果冰的年轻人拉过来呢?

这家店是由3个快乐的大男孩合伙经营的,开张仅有两个多月。一个男孩想出了店名,一个想出了"享受快乐,享受生活"的主题,一个负责设计甜品兼下厨。

这三个大男孩中负责设计甜品的那个男孩就是王先生。他是个地道的香港人,一口浓重的港腔普通话成了吸引客人的金字招牌。几年前,王先生到厦门大学读书,毕业之后,一直想把港式甜点引到厦门。几个月前,他把这个想法告诉了他的两个朋友,3人一拍即合,小店就这样顺利地开张了。

港式甜品,在香港也叫港式糖水,在上海、南京、杭州等地广为流行。港式甜品通常分为两大类,一类是滋补类,一类是休闲类,王先生的店做得很"小资",属于休闲类。店内挂着几幅表现香港风貌的老照片,用杂志封面画装饰墙面,再加上灯笼一般的吊灯,在柔和的光线中享受美食,真是惬意极了。

据王先生说,有的顾客对港式甜品不熟悉,以为是传统的蛋糕店,进店就要吃糕点,实际上港式甜品是以新鲜水果和西米、糯米等调制出来的。为了让顾客有一个适应的过程,王先生把风靡厦门的"台式刨冰"吸收进来,先吸引那些喜欢吃刨冰的朋友,再让他们慢慢熟悉并爱上港式甜点。芒果班戟是店内的"明星"产品,"咬一下,里面有三层,第一层班戟皮,第二层,不发胖的淡奶油,第三层,芒果。班戟皮制作起来比较费事,皮不能太厚,也不能太薄,班戟嫩而软香,加上芒果的淡香、淡奶油的清香,既不用担心发胖,还可以满足口腹之欲。"王先生介绍起来头头是道。

质量关是甜品店的关键。王先生说,小店要保证所有的甜品一律采用新鲜水果制作,口感好,才能够赢得越来越多的回头客。

这家小店一个十分引人注意的地方就是,小店提供免费无线上网,这对年轻的顾客很有吸引力。

常听人说,女孩子每到吃甜品的时候,就会多出一个胃来,再多也能够吃得下。这话没错,但也不全对。面对甜品的魅力,女孩子的确难以抵抗其诱惑,其实,不只女孩子,甜品是男女老幼皆喜欢的美食。看香港近年极受欢迎的甜品自助餐,开在大街小巷的甜品店,光顾者总是络绎不绝,可知甜品早已攻陷香港人的心了。

在香港寻找甜蜜滋味,可供选择的方式有很多,港式、西式、日式以至东南亚风

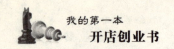

味的甜品也有。十年下来，芝士蛋糕、朱古力软心蛋糕、台式绵绵冰，等等，轮流风靡香港甜品界，港式口味仿佛永远停留在二三线。

其实，只要你稍微留意观察，你便会发现港式甜品从来稳占香港人最爱甜品榜的榜首，老字号甜品店经过数十个年头依然屹立不倒，即使是主打创新口味的甜品店，也要加入简单又传统的港式甜品吸引客人，可知其地位的不一般。

如果你打算开一家港式甜品店，你要做好如下规划：

（1）店面首期租金：5 万元

（2）店面装修：10 万元

（3）首次进货、设备费：15 万元

（4）盘店费用：7 万元

（5）其他费用：20000 元

（5）总计：40 万元左右

按照一个 100 多平方米的店，每天销售额约为 3000 元，节假日营业额还会上升，一到两年就能够收回成本。

创意生日餐厅，她的生日她做主

虽说做"嘴巴"的生意好赚钱，但大街上餐厅林立，如果你的餐厅没有一个明确的主题，就很难吸引顾客去光临你的店，更别说是留住回头客了，想要进军餐饮业，在餐饮业中捞一把的你一定要有自己的创意，做主题餐饮店而不是一般的普通餐饮店。工作和生活节奏的加快，使越来越多的人没有时间在家里自己庆贺生日。若开设一个以生日为主题的餐厅，在形式上突出生日的特色，肯定会受到消费者的大力欢迎。

张先生于一次很偶然的机会看到一本书的介绍，根据概率来推算，在一个万人居住的社区里应该天天有人过生日，所以觉得投资生日餐厅很有前景。在选址上，张先生将餐厅选在大学的附近，主要是考虑年轻人更容易接受生日餐厅。

餐厅开了快一年了,当初前期投资有近30万元。张先生说,生日餐厅开业后,他在校园内做了大量的宣传,刚开业就取得了"开门红"。后来,由于生日餐厅出了名,当有学生过生日时,其朋友、同学也不好意思有别的借口,都会一起来生日餐厅举行小型生日宴会。

眼看着生意一天比一天红火,张先生的心里真是那个乐啊,每天都笑逐颜开的。

我们利用数学上的概率来进行推算,在一个万人居住的社区里应该天天有人过生日,这不能不说是一个潜在的大市场。对于我们每一个人来说,生日一年只有一次,其隆重程度不亚于任何法定的节假日,其中以新生儿和老年人的生日庆祝尤甚。作为中年人,为孩子和父母搞一个隆重的生日宴会更是爱心和孝心的表现。对于青年人,和好友在一起搞个浪漫的生日聚会,既表达亲密的友情又显得温馨浪漫。

工作生活节奏的加快,使得越来越多的人无暇在家里庆祝生日,若开设一个以生日为主题的餐厅,在形式上突出生日的特色,肯定会受到人们的欢迎。经营一家以生日为主题的餐厅,关键是要有足够的细心。比如新生儿一周岁时,所摆设的宴席在菜品名称上要突出健康成长,前途无量等特殊的含义,要为孩子准备好寓意吉祥的小玩具和婴儿车等设施。为老年人摆寿筵,要准备好寿面、寿桃等传统的祝寿食品,菜名则要体现福寿无疆等意义,环境上的装点则以万寿无疆寓意为主。年轻人多喜爱西方的生日聚会,就应该为他们准备生日蛋糕、蜡烛和新奇的生日用具,还可以帮助设计生日宴会的节目,这是他们最感兴趣的娱乐方式。情人过生日多喜爱营造两人世界的浪漫气氛,浪漫情调的小屋,烛光下的对酌细语是恋人喜爱的氛围。

如果你想开一家以生日为主题的特色餐厅,就需要你多了解古今中外的生日典故和庆贺形式,让消费者感到在此过生日不但有意义,还能获得一定的知识和趣味。

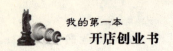

第四章　人靠衣裳马靠鞍：
这样开服装店最有"钱"途

自古以来,穿着打扮最能够体现一个人的文化修养和审美情趣,是对一个人的身份、气质、修养的无声的介绍。从某种程度上来说,服饰是一门艺术,服饰所能传达的情感与意蕴远非语言所能够表述清楚的。在不同场合,穿着端庄得体的人,总会给人留下良好的印象,而穿着不当,则会降低人的身份,损害人的形象。因此,开一间服装服饰店也是一个很不错的选择,但怎样开这样的店才最有"钱"途呢?

秀出与众不同的你,张扬个性的T恤收集店

T恤衫因为其简单大方,很多人都爱穿,尤其是那些能够凸显个性的文化衫更是受到人们的欢迎。开家个性T恤店的确是一个很不错的选择。

李阳的妈妈是做服装生意的,高考之后闲不住的他便到店里帮忙。几天下来他发现T恤衫卖得最火,特别是有个性化图案的文化衫,尤其受到年轻人的喜爱。于是,李阳说服妈妈自制个性T恤衫卖,家里电脑、熨斗是现成的,只需再买一个中档照片打印机。抱着试试看的想法,妈妈同意了。

谁知一试,效果很不错,产品竟然真的非常受欢迎,特别是那种独版的T恤衫在夜市上最好卖,而且业务范围也从预先的T恤扩展到帽子、牛仔裤、布包等。李阳准备再购进一台扫描仪和一部数码相机,这样顾客可以自己提供图案或指定景观,做出的T恤更贴近消费者,更具个性化。

自制 T 恤流程比较简单,不需要什么特殊的工具,大致包括电脑、打印机、扫描仪(可选)、数码相机(可选)、电熨斗、熨衣板及相关耗材等。其中电脑无须太高配置或者二手的也行,只是做一些简单的图片个性化处理,能运行 Photoshop 软件就可以了;相对来说对打印机的要求则较高一些,因为要打印一些高质量的图片,所以最好是照片级喷墨打印机;有条件的用户可以将电熨斗换成烫画机。

下面我们来分析一下开这样一个小店的投资和收益情况,你会发现一本万利的确不是一句空话:

(1)电脑(二手):2500 元左右(可能更便宜)

(2)扫描仪:600 元左右(可选配)

(3)照片打印机:1000 元左右

(4)电熨斗、熨衣板:300 元左右

(5)店面租金:视情况而定

一件 T 恤 15 元左右,A4 热转印纸 15 元 / 张,加上打印制作,每件 T 恤成本在 35 元左右。如果顾客自己提供 T 恤,每件可提取手工费 5 元至 30 元不等。至于成品价格方面,目前纯棉的主流价位稳定在 50 ～ 120 元之间,收益的确很可观。

小资衣饰专门店,瞄准"小资"月利上万

在现代这个社会里,人们都有着各自不同的生活方式,依据自己的素质、修养、品位、与学识的不同体现着各自人生的价值。小资就是其中的一种生活方式。所谓的小资首先要有个硬件水平,并不是什么人都可以称之为小资的。大部分小资是有文化、会休憩调养的人,他们一般都受过高等教育,受过一些欧美文化的熏染。作为一个真正的小资他是时尚、流行、经典的结合,是具有一定的生活品位、思想水准和艺术鉴赏能力的人。小资们虽然不太富有,但他们都是很会享受生活的人,如果你想开一家这样的衣饰店,再加上经营得法,那是稳赚的。

2002 年,广告公司老板的韩女士觉得开广告公司事务太过繁杂,生活方式也与

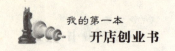
自己的兴趣爱好相去甚远,于是渐渐有了转行的打算。刚开始韩女士想开个咖啡馆,但由于对这一行不熟悉,搁置了开咖啡店的计划。由于以前做过广告公司,对市场消费有一定了解,自己又喜欢旅游、喜欢小东西、喜欢交朋友,韩女士打定主意开家瞄准"小资群体"的衣饰专门店。

深圳还没有专门面向小资的衣饰店,这就是空间。韩女士于是在体育西路租了间100平方米的铺面,投资6万元开了这样一间衣饰店。

既然开了店,就要有满足"小资"们的需要。刚开业那段时间,以韩女士多年积累的经验,根据平时的观察与了解引进了一批很有小资情调的服饰。她用心揣摩,用优质的服务,良好的态度,真挚与诚信打动了每一位来小店光顾的客人。

小资衣饰专门店实际并不大,韩女士说:"选择衣饰更看中'小资'们的心理与爱好。所以,当自己引进的物品遇到知音时,这个人就一定会成为买家。这种以自己的感触打动别人的感触的交易也更容易带来熟客。"韩女士还说,小资衣饰专门店从开业到现在以来,基本上一直都在赢利,很多客人后来还成了相互来往的朋友,逢年过节的时候经常收到顾客送来的礼物。

韩女士认为经营这样的特色衣饰店,货品的选择和地段特别重要。店里的货采购时要很好地揣摩,是否能打动"小资"们的心,能否赢得"小资"们的青睐,以此达到"精品"的要求。另外由于货品种类多,每样货品一次不宜进太多,一般不超过10件以上,否则易引起资金周转不灵。

在地段选择上,韩女士认为,人气太旺未必就是好。可尽量选择靠近写字楼、白领较多的地方。店内如果人太多,有时会影响氛围,那样生意倒不一定会好。

通常来说,小资们喜欢的服饰很个性,包括休闲个性和工作个性,休闲个性是小资们在工作闲暇时对生活质量的要求,虽然不能像中产那样奢侈,但也得有自己不俗的主张,无论是品牌、价格、款式都有自己独特鲜明的要求。而工作装更是不能马虎,即使看上去很随便的衣衫,也有很大的讲究,仔细观察绝对是件件正宗,款款深情。他们要的就是这种不经意间体现出来的品位。

小资衣饰店最大的卖点就是特色,所以,店主对"小资"的口味一定要有很深的感受,否则商品很容易积压。同时,货品要"常卖常新",卖得再好的货品也不能超过半年,如果店主没有这样的兴趣和爱好,就很难经营好。这个行业讲究的就是独特,所以与外界的竞争不是很大。以 80 平方米的店铺为例，如果经营得好，每月纯利可达 1 万多元。

开家亲子服装店，体味"缘来一家人"的温馨

社会越发展，人们就会越忙碌，家庭关系就会变得越脆弱，弥补家庭关系的渴求就会越猛烈，对于亲子装来说，它的市场会更大。如果你顺应时势，开家亲子服装店将大有可为。

生意做了 1 年，直到有一天老赵的亲子装小店才偶然间迎来了一个好的机会。这天，一对貌似夫妻的年轻人光临了小店，看到五颜六色的情侣装十分开心，立即选购了两套；快到付钱时，女性请求他亲自为他们定做一件亲子装——在她看来，一家三口穿上一样的衣服，那才叫一家人呢。

老赵留下了那对小夫妻的电话，即刻与服装集团联系，没想到的是，集团也在扩大卖出量，做了很多服装样板，一口气答应了老赵的要求，三天以后，宝宝 T 恤就到货了。

老赵从此受到了启发，亲子服装既然这么受欢迎，为什么不多进一些货呢？于是，他对外打出了"DIY 亲子服"的横幅广告，联系服装集团做出了众多样本图片，很快吸引了众多的年轻家庭。那个月算下来，利润居然多出了 2500 元。

在这之后的一年，老赵不再局限在服装上的"DIY"，而将订货领域延伸到了家居物品与首饰上。一段时间，选择原创礼品的优势就被体现出来了。老赵的进货商原来做的正是原创产品，很乐意按照顾客的心愿，重新打造一些特色产品，而他们的生产流水线也能根据实际情况去调整。

2008 年的秋天，老赵店里再次走进了具有"里程碑"意义的顾客，一位要去美国留学的男子想向老赵定做一款"双时针"手表，以便他出国后既能知道当地的时刻，也能知道中国的时刻。老赵辗转找遍了所有进货商，居然没有人愿意承接这一活计。

后来，还是儿子上网搜寻帮了大忙，查到了一家在广西的日资钟表集团有相似

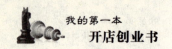
产品提供。老赵登门拜访后,发现了很多新奇的情侣表,立即采购了一批回小店出售,不但满足了留学男子的需要,还在小镇商街刮起了一股卖出量旋风,店里的熟客更多了。

亲子装是什么呢?也就是父母和儿女穿着同一款式、同一色彩的衣服,父亲和女儿穿着一个款式、一种色彩的衣服,另外还有兄弟姐妹之间、夫妻之间、情侣之间,等等,也像这样穿着一样款式、一样色彩的衣服。

不知曾几何时,因被忙碌的工作、学习和诸多事务所缠身而疏离了的家庭关系,又被重新整合在一起。亲子装的亮相,立即赢得市场的好感,给服装市场增添了一道靓丽而鲜艳的风景线,同时显露出这种服装概念和赢利模式的巨大潜力。

亲子装的鲜明概念、独特的创意、实用的功能、普遍的市场价值,使得它一出现就极受人们的欢迎。母亲为了弥补对孩子在情感上的缺失,最好的办法莫过于星期天和他(她)一块儿逛商场,给他(她)和自己买上一套靓丽、鲜艳、时尚的母子装,然后,一块儿去逛公园、看电影,让孩子通过与母亲穿着一模一样的衣服,亲切地感受到他(她)和母亲之间的距离是那么近,他(她)是妈妈不可分割的一部分,他们之间就像鱼和水一样亲密无间。尤其令孩子感动的是,妈妈(还有爸爸)一直没有忘记自己。也许,对于父母来说,此刻用这样的方式表达对儿女的爱,胜过千言万语。除此以外,子女对父母的爱,丈夫对妻子的爱(或者妻子对丈夫的爱),情侣之间的爱,都可以采取这种表达方式。它不需要表白,不需要解释,一切尽在不言中,一切无声胜有声。所以,开一家亲子装服装定做店十分有利可图。

对于亲子装来讲,每款服装目前主要为 8 个尺码,远高于通常的服装尺码数,在每个销售季节大约更新 200 个以上的款式,因此,尺寸多、品种多是亲子装的基本特点。

在经营亲子装专卖店时要注意如下几点:

(1)货源

①刚刚入行的店主为了省事可以选择加盟亲子装品牌。加盟的好处是服装品牌可提供从产品到管理的全套服务,缺点是亲子装品牌较少,选择范围小。从而导致店中款式不多,但是每款的数量大,可以概括为用销量来赚钱。

②具备服装设计功底的店主可以选择个性亲子装服务。例如,手绘亲子装、定制

亲子装等。好处是，个性、时尚、与众不同，店面中每款的服装数量很少，但是款式却非常多，因此，可以概括为用款式赚钱。缺点是从产品设计研发到店铺管理销售都需要亲力亲为。

（2）选址

亲子装专卖店的选址除了繁华街区、大型商场之外，还可以选择在妇幼医院、幼儿园、小学附近。

（3）目标客户

由于完全是新型概念的服装经营，亲子装面向的消费人群为当地城市生活条件较好的现代家庭，不针对低端消费，这样的消费群体的消费能力毋庸置疑。

（4）营销技巧

①亲子装强调的是亲情，几乎所有的亲子装商家都把亲情作为最大的卖点。同时，亲子装和童装类似，是少数购买决策者和消费者分离的品类之———决定购买的是父母，而消费的主体是孩子。因此，亲子装的营销既要从母亲的感受出发，也要充分照顾宝宝的感受。

②按照台湾的成功经验并结合国内的市场实践，建议亲子装专卖店以 50% 来经营亲子装，另外 50% 主要经营童装。从几十元的饰物、包到几十元至几百元的服装，品种一定要丰富。

尽管从市场条件与基本投资要求看，亲子装比较适合小投资来运作，但是投资者对此也不可大意，要想在亲子装领域掘金，最好还是要有一定的服装营销经验。

从市场现状来看，亲子装只是属于"破壳而出"的最初阶段，在这样一个阶段掘金，有开拓的风险，既需要眼光，也要有一个会分析的头脑，再有就是热情。也许带着赚取梦幻般暴利的愿望的你可能会失望，但是尽力经营一个自己的特色店却是现实的。

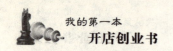

孕妇服装店，准妈妈的购衣天堂

虽然 2008 年遭逢了经济危机的洗礼，但与"大肚子经济"有关的孕妇产业却逆势增长。据国家统计局数据显示，2009 年我国全年出生人口 1615 万。相关专家分析认为，假设每位准妈妈只消费 300 元孕妇装，根据市场需求现况及未来发展的分析，这将带给孕妇装每年 50 亿元的市场份额。有记者调查市场发现，中国的"大肚子经济"使得孕妇装产业成为服装行业中快速发展、不容小觑的新生力量。

"十月妈咪"孕妇装到现在已走过了十多年，目前公司在上海拥有近 3000 平方米的营销中心及设计研发中心，在杭州拥有 5000 平方米的仓储物流基地，并已在全国一二线城市的核心商圈建立了 130 家直营店、200 多家加盟连锁店，销售网络遍及全国各地，覆盖各主流百货卖场。2005 年销售额突破 8000 万元，2006 年实现销售额突破 1.2 个亿，市场占有率达 12%，为业界排名第一，且销售额领先跟随者一倍以上，成为国内首个创亿元销售的孕妇装。

2008 年"十月妈咪"再次获中国驰名商标殊荣，并引起媒体和风险投资基金的极大关注。而且"十月妈咪"的时尚孕妇装也已成为众多白领时尚妈妈喜欢的时髦服饰，还出口到日本、澳大利亚、中国香港等国家和地区。

孕妇装是女人一生中不可或缺的服饰。据说，目前中国每年的生育率为 1%，全国孕妇人数 1300 万~1400 万人。可以说，这是一个不容小觑的市场，有着庞大且固定的客户群体。有专家称这一行业为"大肚子经济"，他们认为，这个市场的潜力很大，前景十分被看好。

联合国曾发布报告称孕妇、婴童用品产业是 21 世纪的朝阳产业。相关统计显示，美国 2003 年孕妇装市场的销售额高达 12 亿美元；在只有 420 万人口的新加坡，Mother Care 单品牌已实现孕妇装年销售 3000 余万新元；在不足 690 万人口的中国香港，也有 60 余家中型以上孕妇服饰专卖店，每家营业额超过 1000 万港元。

投资品牌孕妇装专卖店与投资普通品牌时装专卖店相比，门槛相对较低，但利润却相对地要高一些。据了解，开一间 40 平方米左右的孕妇装品牌专卖店，首期总投资约 8 万元左右，如果适销对路，月营业额达到 6 万元并不是一个梦想。

经营孕妇装品牌专卖店不一定非要选在繁华的闹市区，但最好是临近医院且人流量比较大的街铺，还有一点值得注意的是店前一定要有车位。大多数品牌孕妇装专卖店都是集中在市医院、妇幼保健院周围，而成行成市的衣服市场却难觅孕妇装身影。

开设孕妇服装店除了优质专业的服务，也要注意布置温馨舒适的购物环境。假若要想留住客人，店面不能太小，至少要 40 平方米左右，另外由于孕妇身形臃肿，店堂摆设也不能太过拥挤，且最好能备有休闲桌椅和洗手间，让孕妇在这里选上 2~3 个小时都不会觉得累，这样你的生意才会越做越红火。

宠物个性服装店，让每个宠物独一无二

在人类居住的这个蓝色的星球上，人并不是唯一的生命形式，也不是唯一具有情感的生灵。各种各样的动物是人类最亲密的生存伙伴，有了它们，世界才那般丰富多彩、情趣盎然。精心呵护、人性关怀同样体现在动物身上。最近几年来，随着物质生活水平的提高，人们越来越注重休闲生活情趣的培养，而可爱活泼的宠物正好能为处于紧张的现代生活中的人类排遣孤独、缓解压力。因而，越来越多的人将感情投注在宠物身上，而人与宠物间的依赖关系，将随时间的流逝而日益亲密。"人性化"的宠物消费已经在市场上悄然走红，要想把宠物打扮得花枝招展，少不了宠物服装的花样百出。开一家宠物个性服装店正当时。

梅美开了一家卖个性宠物服装的小店，生意很不错。"你们家孩子几岁了？男孩还是女孩啊？"这是梅美招呼顾客时问得最多的话。店里的专职狗模特身着粉红色连帽 T 恤，头戴凉帽和粉酷墨镜，卧在高贵的粉色"贵妃床"上，骄傲地为梅美的小店做着代言。

有一年的夏天，店主人梅美逛服装店时发现夏装粉红色大热，为自己添置

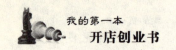

了新衣后忽然突发奇想：如果能和心爱的狗狗穿上同款同色的"亲子"服在街上走走，回头率一定会很高吧。当时装界粉红夏装火热上市，梅美亲手设计制作的粉红宠物新衣，也让北京的宠物服装市场率先遭遇了粉红风暴。

个性服装产品适合情感型消费者，式样简单的服装适合中低档消费者，普通家庭购买宠物服装主要是以保护小动物为主，这个庞大的群体不容忽视。

梅美的店只有10多平方米，却让顾客惊讶地发现她的店里拥有大大小小200多种款式的宠物服装。如芭比冬衣、印花蝴蝶运动背心、唐装和服、樱桃服，各式各样的宠物服装时装琳琅满目。开业四年来，小店生意一直红红火火。今冬宠物服装流行个性化和环保面料，梅美又开始设计这一季的宠物服装了。

原来，梅美从小就喜欢养狗，觉得自己面对的是一群特殊的顾客，她对狗狗日常的生活习性十分了解，很多宠物家长都成了梅美的回头客。

如果你有兴趣开一家宠物服装店，首先你要对宠物这个行业有一定了解。有了这个基础，对你在开店后对服装的定价、产品进价等都会有一定的帮助；其次，店主人或所请员工必须要懂一些裁缝技术，这主要是为满足宠物主人对衣服的一些修改和加工要求；最后，店主人还应该对服装设计有一定了解，它能帮助你在自己生产宠物服装时，让你的产品能够紧跟时代潮流。

猫狗等宠物有好动的天性，它们身上的衣服一般不会穿很长时间才换洗。通常来说，一个为宠物买了衣服的主人，绝不会为自己的宠物只买一件衣服。宠物衣服的销售量还是很大的。在这种情况下，你的产品一般不会被囤积，能够加快你的资金流动。

不管怎样，有一些潜在的风险你不得不注意，由于宠物服装店是一个门槛相对较低的投资。当更多的人看到这是一个赚钱的门路后，就会有很多人加入进来。最有可能的是那些宠物美容店，由于宠物服装都不大，也不需要在店中摆设"宠物模特"，那些开宠物美容的店，只需要进一些宠物服装即可。竞争必将带来淘汰，在这种前提下必定会有一些宠物服装店倒闭。

有竞争也不一定就是坏事。你的产品有特色，你的服务好，你的质量好，这些仍然可以让你的小店在风雨中破浪前行。产品有特色能为你吸引客人，服务好能将一次性消费者转变为回头客，质量好必然笼络客人。在激烈的竞争中，你做足这些，你就能让自己立于不败之地。

家家都有小宝贝，开家童装小店

现在的很多家庭都是一个孩子，因为就那么一个宝贝孩子，父母恨不得把自己的一切都献给孩子，让孩子吃最好的，穿最好的。这样看来，开一家童装店的确是有利可图，童装利润大致都在 30%~40%，与家电、成人等行业相比，这个行业的利润空间是相当可观的。

张女士四十多岁了，本身又没有什么特长，找一份满意的工作是很难的，倒不如自己开家小店做老板，反正闲着也是闲着。正是看中做童装生意有发展前景，于是便在自家附近的广场裙楼租了这个铺面，做起了童装批发。

走进张女士的店铺，你会发现，这和大多数的小本创业者的店铺没什么两样，20平方米大小的铺子，没有太过华丽的装修。与众多的服装店摆设一样，里面密密麻麻地摆满各式各样的童装，款式可谓应有尽有。张女士说，只要这 20 平方米的铺子初期能够维持收支平衡，那就算是一个很好的开始了，算是成功了一半了。

由于张女士的铺子是在新开的童装批发市场内，她刚进来做的时候，这里还只有很少的铺子租出去，顾客也不多，显得很冷清，但她始终相信这一市场还是有较好前景的，便坚持了下来。"两按一租"的入场费，还有铺面租金，店面装修，进货成本，开个小店十万八万是少不了的。努力经营了一年多，张女士的铺子已经从原来的一间变成了两间，目前她在批发商场的二楼和三楼各拥有一间铺面，生意还是挺不错的。由于是初试牛刀，为了节约成本，张女士只请了一个工人，两间铺子分别由她和丈夫看管。所以每逢有客人来提货，夫妻俩就跑上跑下。而进货的担子，自然落在夫妻俩的身上，通常要跑到东莞或深圳拿货，样样事情都是亲力亲为。

经过一年多的经营，张女士发现，随着市场的逐渐完善，店铺的位置在生意经营之中显得是越来越重要了。她的第一家铺子位于三楼，当时属于早期进场的业主，铺租也比较便宜，因而就选择了在三楼开业。后来裙楼又开设了负一层，竞争对手一下多了四分之一。很多顾客逛完楼下几层，采购得也差不多了，很少有人再往三楼来，于是张女士决定把二楼的一家铺子顶下来,争取更多的生意。

张女士开始并没有想过很快就能够赚回成本,以现在的情况,每月能够做到收支平衡就已经是很满意的了。二楼这间铺子是三个月前才跟别人租的,小小的一间,每月除了铺租3000元,加上地税、国税和各项开销,每月成本大概要4000元左右。对于她们这种小本经营的人来说,还是比较贵的。但张女士认为,尽管如此,但二楼的客流量还是比较大的,生意还是会比三楼好做些。

话说回来,三楼由于前期经营的时候竞争对手较少,尽管现在竞争对手比较多,但是已经形成了自己稳定的客源。曾经有一位阿拉伯的客人,基本上每三个月就会来进货一次,最近过了半年才看到他,张女士就问他为什么这么久没有看到你来?客人说,上次他来的时候你们已经下班关门了,所以没碰上。这次又特意来张女士这里进货。当时张女士听了非常高兴,自己总算有些相对稳定的顾客了,而且人家还时常记得要回来光顾,这对初次做生意的人来说,可以说是一个很大的鼓励。

目前,在广州的外贸服装市场上,中东、俄罗斯的买家是主要的客人,童装市场亦是如此。而在面对这些客人的时候,张女士坦言,最大的问题还是自己的英语不行,平常自己只会一两句,遇到外商的时候,有的客人自己有带翻译还比较好沟通,没有翻译的,只能用计算机讨价还价,用手比画,沟通不好,有时甚至还会因此失去一些生意。

有时张女士也会遇到一些国内的客人,他们会要求店铺给服装的样板图片。张女士后来发现,这些客人其实是做贸易的,他们不需要铺面,只要有一台电脑在家里上网就可以做生意了。有时张女士感觉他们从她这里进货卖出去的价格,比自己从厂家进货回来赚取的利润还要高,于是很是佩服,但是自己对电脑又一窍不通,觉得很可惜。不过贴心的女儿知道后,也给张女士在淘宝网注册了一个网址,尝试着用另一种方式开拓市场。

偶尔也会有买几件衣服的客人,张女士也照样会卖给他们。慢慢地知道这里可以零售的人越来越多了,尽管靠零售业在这里赚不了多少钱,张女士对此也是来者不拒,不过价格会比批发贵点。对于零售的价格的便宜,她笑言这算是薄利多销吧。张女士说,跟那些大商店相比,她们的价格当然是很便宜的,而质量绝对一点不差。但是,做这一行,想赚钱,零售不过是算"副业",只有多做批发才是硬道理。平时一个月有几单两三千元的生意就已经很不错了。

作为家长,最关心的就是自己的孩子,童装市场的消费正呈现大幅度增长之势,此时若介入童装业,开一家童装店,应是赚取利润的大好时机。童装业虽然是做小孩子的生意,但却是大有作为。

如果你想开一家童装店,有哪些是你应该注意的呢?

(1)办理手续

①门市销售类企业注册要有30万元的注册资金;

②要有合法的经营场地;

③你需要多准备几个企业名称以备工商查名;

④前往经营所在地的工商登记部门咨询,在查名完成后,一般30个工作日可以拿到工商营业执照。在完成工商注册后,进行税务、卫生等方面的登记工作。

(2)店铺选址

①你的店铺最好选择在商业气氛较浓、客流量大、人气旺的高档综合商场附近;

②你的店铺选择在知名度及客流量大的商业街(客流需求要满足目标顾客群特征);

③你的店铺选择在知名度高的店铺或商场附近(如麦当劳、肯德基、华联、华堂附近);

④你的店铺选择在规模大的社区、住宅区附近。

(3)店内布置

童装店招牌以及橱窗,最好能展示商品的价格或服务的项目。要注意的是,与实物有差距的错误展示通常会导致客户不满,使客源减少。也可试着改变商品陈列的方式,使人有焕然一新之感。季节变化、开学、节庆以及假期等,都是值得考虑的主题。打折品的摆设也要用心安排,主要的畅销品,应放在店内不显眼处,而刺激顾客购买欲的商品则应摆在前面。这种摆设方式可以吸引顾客走进店里,同时也可以提高前方商品的曝光率,增加销售量。

(4)进货

目前,中国最主要的童装销售基地有广东佛山、白马,福建石狮,湖州织里等地。广东佛山是童装最为集中的地方,在那里可以找到任何价位的童装。杭州服装批发

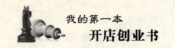
市场也正在崛起,成为辐射长江三角洲以至全国的批发基地,像四季青等批发市场吸引了越来越多的服装商。这些批发市场是你进货的首选来源。另外,选择距离自己店铺路程较近的批发市场进货,这样可以减少运输费用。也可选择熟悉的、讲信誉的批发商,用银行账号汇款给批发商,让其异地发货,这样做不仅可以节省进货的时间,还节省了人员往返的费用。

(5)经营

经营儿童服装要注意款式、色彩的选择与更新。做父母的都喜欢自己的孩子穿得漂亮、可爱。除此之外,儿童服装的质地也十分重要,任何父母都十分关心孩子的健康,纯棉内衣和袜子是父母的首选。同时,在店里准备一些儿童玩具往往会带来一些意外的收获。成功的店主会时刻注意孩子关注的动画片,这样能够更好地了解孩子的心理。

另外,据了解,随着市民消费水平的提高,低档童装的市场变得十分有限,中高档童装开始渐渐受欢迎,因此,在进货时应注意选择价格适中的中档童装,而不是价位极为便宜的童装。

开家精细化袜子专卖店,走出一片新天地

只要用心去发现,商机便无处不在,只要花一点心思,长短厚薄总相宜的袜子会给你带来意想不到的效果,追求风情的女子总会在不同的季节,用"丝情袜意",吸引所有人的眼球。开家精细化袜子的专卖店,必将吸引那些追求风情的女子到你的店里观光。

1979年,谭碧辉在江西萍乡一个农民家庭里出生了。高中毕业后,她来到广东珠海打工,应聘到一家公司当业务员。几年下来,她虽然没赚到什么钱,却收获了一份宝贵的爱情——2003年夏天,她和一位名叫阿刚的大学毕业生开始了恋情。

有一天,阿刚带着谭碧辉来到珠海情侣路,一边看海一边闲逛。走着走着,谭碧辉突然感觉自己的脚奇痒无比,便脱下高跟鞋和长丝袜,让自己的脚也"呼吸呼吸"

新鲜空气。细心的阿刚发现她的脚趾发出一股怪味，便问她是怎么回事。她很不好意思地说："我做业务，天天到处跑，脚趾不烂才怪！"阿刚听了，心疼不已……

不久，搞电器营销的阿刚利用到上海出差的机会，给谭碧辉买了两双精致漂亮的五趾丝袜，说："这种袜子穿起来健康、时尚，有露趾的和裹趾的两种，露趾袜子适合夏秋季节穿，裹趾袜子则适合春冬季节穿。穿五趾袜子的好处，就是脚趾与脚趾之间有袜子隔着，不会产生摩擦，每个脚趾都能活动自如，而且透气性好，可以防脚气。"谭碧辉不仅为男友的温柔体贴感动，而且还萌生了一个大胆的想法：如果自己开一家袜子专卖店生意肯定错不了。

有了这种想法后，谭碧辉便着手准备工作。可她还没有开始，就遭到了男友的大力反对。阿刚说："我在外面跑了不少地方，也见过不少袜子批发店，就是没见过袜子专卖店。一双小小的袜子，能赚几个钱呢？你就别做梦了吧！"

但是谭碧辉并不这样看，她要开的并不是一般的"袜店"，喜欢时尚的她想开一家"五趾袜子店"。因为她知道，珠海是一个具有小家碧玉风格的城市，浪漫是这里最动人的情调，而五趾袜子与这种氛围刚好吻合。为了证明自己的想法，她来到珠海的各大商业中心和广场考察，发现那里经常会有促销活动或露天舞会，一些模特小姐经常在那里表演"美腿 Show（秀）"。经过一段时间的市场调查，她还发现珠海竟然没有一家专门卖诸如五趾袜子之类的"袜店"，虽然几家大型商场也有零售，但都不成气候。

谭碧辉在说服了男友阿刚后，便将自己调查的内容进行整理，草拟了一份创业计划。她认为：人们的生活水准提高后，袜子已不仅仅具有防寒、防晒、防尘和舒适这些最基本的功能，它还是人身上一件不可或缺的时尚饰物。以前，袜子仅仅是一块麻布制成的，现在却已经有尼龙袜、包芯纱袜、天鹅绒袜、棉袜、羊毛袜和毛线袜，等等，产品可谓是十分丰富。男人也许只会在要穿袜子的时候才去买，但女人不同，她们会把袜子当成一种时尚用品，甚至为买不到合适的袜子而犯愁。因此，要做袜子生意，一定要抓住年轻女人的心，紧跟时尚和浪漫……

有了明确的定位后，谭碧辉便开始上网搜索有关五趾袜子的相关资料。她发现，浙江诸暨市中华袜业有限公司和浙江义乌小商品批发市场均可以提供各种类型的五趾袜，一双五趾袜子批发价约 5～10 元钱。考虑到资金有限，谭碧辉第一次只订了

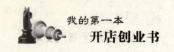

1万元的五趾袜。

在店铺选址上,一开始朋友建议谭碧辉选择一般的地段,因为繁华地段的租金太高,一个小小的"袜店"恐怕连租金都赚不回。谭碧辉却认为,她开的"五趾袜子店"是面向时尚白领一族,如果位置太偏了,又有谁去买呢?

2004年年初,她大胆地在珠海市前山明珠南路,即市内繁华的商业街,租了一个10多平方米的门面,月租金2000元。之后,她又花钱购买了一些摆放袜子的架子,并到工商局注册了营业执照,然后对小店进行了一番装修。很快,她的"碧玉五趾袜子专卖店"在珠海开张了!

在繁华的闹市开"袜店",弄不好会亏本。谭碧辉的"五趾袜子专卖店"刚开张时,生意并没有想象中的好。为了体现"个性",她干脆将个性鲜明的五趾袜子直接挂在小店的玻璃橱窗里,以此吸引顾客。不仅如此,她还按春夏秋冬四季,将五趾袜子分季节出售。

2004年2月,珠海的天气不冷也不热,但经常会下些小雨,这样的气候不适合穿露趾丝袜,也不适合穿很厚的天鹅绒或毛线五趾袜,所以,她进的五趾袜子大都是纯棉或尼龙纱的薄五趾袜。此外,她还根据顾客的不同性格和当季的主题颜色,购进了大量可爱的卡通船袜、"乖乖兔"袜和公仔图案袜等五趾袜。这些袜子穿起来既时尚又保暖,深受户外运动一族或者喜欢逛街的白领一族的喜爱。这样,小店的生意慢慢有了起色。她第一个月基本保本,到了第二个月,销售量就达到300多双,除去成本和租店的各种费用,净赚了1500多元。

到了4月份,珠海开始变得风情万种。谭碧辉发现,女孩子喜欢在这个季节买一些看起来与众不同、又有品位的"小玩意儿",以便让自己的着装与众不同,走在时尚的前沿。谭碧辉想,时下流行的五趾袜子肯定也会受到她们的青睐。她特地跑到浙江义乌小商品批发市场,购进了一大批色泽淡雅、款式颇具创意的五趾袜子。果然,这些五趾袜子一下子吸引了许多时尚女性的眼球,销量相当不错。

2004年"五一"黄金周,珠海街头美女如云,谭碧辉小店的生意也异常火暴。5月5日那天,有3位从外地来旅游的美女来到小店,每人看中了一双五趾丝袜后,便坐下来要试穿一下。其中一位美女脱下鞋子后,因为有脚气,不好意思地说:"哎呀,老板娘,请问你这里有水吗?我想洗洗脚,不然把新袜子弄脏了……"谭碧辉把那位美女带到洗漱间，给她打了一盆水，见她脚趾甲长了，又替她找来一把指甲刀，让她自己修理一番。美女洗完脚，穿上崭新的五趾丝袜，笑着建议说："说实话，这种露趾头的袜子真漂亮，可我总觉得露出来的脚指头和时尚的袜子不协调啊！老板娘，要是有指甲油，那整体看起来肯定更加美观了！"到了晚上，店里安静后，谭碧辉仔细琢磨那位美女的提议，心想：对呀，何不在顾客买袜子的同时，提供洗脚、修剪趾甲和涂指甲油之类的服务呢？

那时，谭碧辉仅零售袜子，生意再好，一个月的营业额也只有6000多元钱，除去成本，纯利润只有两三千元钱。为了增加赢利，谭碧辉经过一番仔细考虑后，觉得这个主意完全行得通！因为顾客买袜子后，肯定想试一试，万一不合脚还可以换一换；更重要的是，漂亮的五趾袜子必须有漂亮的脚趾相配，才显得风情万种。再说，逛街的人走累了，也可以趁此机会在这里歇歇脚。因此，她想，只要价格合理、技艺得当，配套做脚趾美容服务同样可行。那样既能推销自己的袜子，又增加了另一种赢利方式，岂不是一举两得的好事？

说干就干，她招聘了3名服务员，并在店门前打出脚趾美容的服务广告："要想大方地穿上露脚趾的袜子和凉鞋，而不让粗糙的老皮和不洁的趾甲使自己过于尴尬，就请你来'碧玉五趾美容店'吧！"那时，她的五趾美容分为"五部曲"：第一步，用热水浸泡顾客双脚5分钟，待脚部皮肤柔软时，开始修剪趾甲；第二步，用软皮甲油除去趾甲边、脚跟等经常与鞋摩擦部位的死皮；第三步，用脚部磨砂膏按摩脚面，使双脚由灰淤变成白滑；第四步，涂脚部润肤膏，以保持皮肤弹性及柔软度；第五步，穿上本店专卖的时尚五趾袜子，并涂上指甲油，一双光泽润滑、美丽无限的玉足就呈现在眼前了。

谭碧辉推出五趾美容的时候，正值珠海美女们"美腿Show"的夏季。这时，许多女孩子喜欢穿着裙子、凉鞋展示自己的个性魅力，可有些女孩却苦于双脚又干燥又有死皮，只能穿长袜子、皮鞋或运动鞋。这样，无论化妆及衣服搭配多完美，也显得"脚上无光"。谭碧辉正是抓住了女孩们的这个"弱点"，不仅让那些喜欢穿凉鞋的女孩来做脚趾美容，而且就连过去常穿皮鞋或运动鞋的女孩也会伸出她们的脚趾。

就这样，在谭碧辉的五趾美容店内，时尚袜子的万种风情和脚趾美容的独特服务相映成辉，小店的利润随之上涨了，店还是原来的店，但利润却翻了一番。

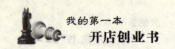

谭碧辉靠脚趾美容赢得了一笔不菲的收入，同时也带动了五趾袜子的销售。这时，人们见这个行业有利可图，便纷纷仿效，尤其是珠海街头的一些足浴中心，也推出了脚趾美容服务。为此，2004年9月，谭碧辉在提高脚趾美容服务质量的前提下，大打价格战。一般的足浴中心美趾甲一次，少则几十元，多则上百元。可在谭碧辉的小店里，做一次脚趾美容只需10元钱左右，再加上买一双时尚的五趾袜，总共也不过三四十元钱。谭碧辉觉得，这个价位比较适合大众时尚消费，可以让年轻女性在享受超值服务的同时，真正"买得开心、美得舒心"。

结果，那些爱美的上班族和普通白领女性成了五趾美容店的常客，她们每星期都会来这里做一至两次脚趾美容。有时，她们不一定买袜子，但她们却给小店带来了人气，许多原本只想买双袜子的顾客，看到络绎不绝的人来做脚趾美容后，也禁不住坐下来"享受"一番。久而久之，她的顾客群越来越多，生意也越做越红火了。

2004年11月，珠海的气温逐渐降低，谭碧辉发现，光了大半年"赤脚"的女士们，又开始穿厚袜子了。于是，她也跟着改变"战略方针"：在袜子的选购上注重那种能保暖防寒的五趾袜，在款式上追求新潮个性，诸如咖啡五趾袜、"彩虹妹妹"毛袜、"花姿花伴"毛袜、"柔情似水"毛袜和"青涩之恋"毛袜等；然而，尽管五趾袜仍然销得不错，但由于秋冬季节的袜子不再露趾，顾客对涂指甲油等美趾服务的需求大幅降低。于是，谭碧辉结合街头美容店和足浴中心的经营管理方式，将服务重点放在足浴上。经过一番"战略调整"后，谭碧辉的生意即使是在秋冬季节，也依然火暴。

后来，鉴于五趾美容店的名气越来越大，顾客的需求也越来越多，她又开始兼营一些指甲油和与足浴相关的产品。同时，在经营的过程中，她还要求自己和手下的人多学习服装搭配知识。因为她觉得，袜子虽小，但选择什么样的袜子与衣服搭配，对一个人穿着的整体效果会产生极大的影响。如果搭配得当，袜子完全能做到"扬长避短"，甚至起到"画龙点睛"的作用。

2005年元旦前夕，谭碧辉每月就能赢利1万元左右。为了让小小"袜店"新年换新貌，谭碧辉在扩大店铺经营面积的同时，又重新换了一幅店面招牌，把原来的"碧玉五趾袜子专卖店"改成了"恋上你的脚"。这样，小店更时尚了，也更能吸引年轻女性了。

不仅如此，谭碧辉还特别注重在一些特殊的纪念性节假日进行有针对性的让利服务。2005年情人节那天,她对外宣传承诺:"男士带恋人前来小店购袜一双,并做脚趾美容一次,可免费获得一次脚趾美容!"没想到,这种广告效果奇佳,那天前来消费的情侣,在店门前排成了长队!自然,她当天就有1000多元的收入进账。

如今,谭碧辉的"袜店"在珠海市掀起了一股脚趾美容的热潮,她的月收入也因此高达1万多元!

鲜亮的嫩绿,令人心动的粉紫,生机盎然的鲜红,袜子在细节上充分吸取时装上的流行元素,活泼好动的条纹、时兴的花朵、冷血爬行动物的图形,让袜子的表情变得越来越丰富。

据中医学考究穴位研究,足部的穴位会影响到全部人体甚至内部器官,因此,脚对每个人来说都是非常重要的,为了呵护它们,人们常常花费不菲的价格去购置鞋子,做足底按摩,却常常漠视每天与脚密切接触的袜子。因此,店主可以选择一些健康材质的袜子,例如,竹炭的或者其他有防御疾病功效的袜子,对人体具有保健作用的袜子,脆弱的婴幼儿和考究养生的中老年人会是这些袜子的忠厚客户,他们宁可花几倍的钱也愿意把健康穿在脚上。

袜子这个东西是个不分季节和年龄,男女老少都需要,如果能够找到好的进货渠道,开一家有质量保证、品种齐全的袜子专卖店,不失为一些上班族一边工作一边赚外快的好选择。一方面投资不高,大约在5万元以内;另一方面,店面易于打点,只要找到好的进货渠道,特别是如果能寻找到一些出口到日韩等国的外贸袜子转内销或多余的订单、货品质量有保证的进货渠道,并且开到人流量较大的地段,这样的袜店想不赚钱都难。

爱情不打折,做足情侣的生意

爱情是一个常谈常新的话题,自古以来歌颂爱情的诗词不计其数。因为爱情,灼伤一些人,产生了一些怨男怨女,但不管怎样爱情始终都是一件令人向往的美好事情。如果你打定主意做情侣的生意,你就必须有独特的经营模式,这是你成功的保

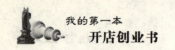

证。如果你不喜欢顾客讨价还价，你可以利用爱情不打折这个理念去打消人们砍价的念头。

走进上海北京路上的一个叫"诺雅尔"的店铺，你很快就会被里面的产品所吸引。因为在这里，几乎所有的产品都以成双成对的样子出现。店铺主人张红成功地经营着爱情的生意，而进入店铺的很多消费者都会铭记这位店主"爱情不打折"的生意经。

从情侣装开始的生意——张红最初的设想是开一家情侣装专卖店，主要经营情侣帽、情侣衣、情侣鞋、情侣袜子、情侣手套等产品。可是，通过调查，她发现服饰市场上可供她选择的产品非常少，很难满足追求个性和特色的顾客，于是，她开始另觅经营之路。

2007年5月，通过网络，张红发现广州有一家叫纳唯斯服饰有限公司，里面的情侣服装、饰品、摆设、日常用品等非常有特色、个性，于是她就决定到广州地区进行实地考察。

通过对广州总店的实地考察，张红觉得总店生意的确十分火暴，里面商品也能吸引情侣们的眼球。考虑到情侣饰品专卖店与自己当初设想经营"爱情"的初衷并没有相违背，张红开始了自己的创业之路。

经营爱情不打折——由于店铺中的产品总是以一双一对的形式出售，不少消费者觉得它的销售价比较贵。当消费者询问产品能不能打折时，张红总是回答："爱情是不能打折的。当然，价格优惠点是可以的。"

情侣并非专属年轻人，虽然当前店铺中顾客的主力军是一些年轻人，但是，张红认为情侣不应该是年轻人的专利，她店铺的顾客群应该更广。虽然店里的产品特色鲜明，但是，张红并没有秉承"物以稀为贵"的原则，将店中货物定上一个不菲的价格。由于将利润定得比较低，虽然每天都卖出相当多的产品，但是张红觉得自己的收益并不是特别好。不过，经过一个多月时间的经营，张红认为自己薄利多销的策略还是相当正确的。

除了消费能力以外，张红觉得当前手工编织产品还属于市场开拓阶段，还需要得到更多消费者的认同。通过出货量的优势，来吸引更多的消费者，让更多的人接受这种产品，生意反而更容易做。

恋人们相互赠送礼物来表达对彼此的情意已成了生活中司空见惯的事情,可就是这平常的事却让相爱的人们颇费脑筋。都市情侣们总会在一些与爱情有关的日子到来之前备感烦恼——情人节、结婚纪念日、爱人生日、相识纪念日、恋爱纪念日,等等。"送来送去,就是钱包、衣服、领带、皮带、打火机、手表、首饰之类,很实用,但也没有什么特色。"时下情侣们道出了类似的心声。表达心意,当然要有创意。于是,情侣创意用品,正成为时下的消费新宠,让想表达感情的时尚恋人们有了更多的选择空间。

两只不规则形状的杯子,组合成心形,杯子上还印上情侣的照片;两个一模一样的手机挂件,合在一起也是一颗心;黑玛瑙的心形吊坠,一条空心,一条实心,其实它们是同心坠;就连筷子也有花头,两双颜色各异的树脂筷,配上两只精巧的鸳鸯筷托……去情侣创意生活馆里走走,你会发现,恋爱能够融进生活的点点滴滴。

有关专家指出,如今经济迅猛发展,民众收入不断增加,恋人们有了更大的经济能力来打造自己的情感之路,他们喜欢通过各种不同的方式宣扬爱情、见证爱情,情侣礼品就是这样的一种"信物"。统计显示,中国 13 亿人口,情侣礼品的主要消费群,即 16~40 岁的人就达 3 亿多,这些沉浸于情感之中的人们往往较少考虑价格因素,舍得为爱人花钱,消费能力不容小觑。假定平均每人为对方赠送 150 元的礼物(仅是一双鞋或者一件衣服的价格)便有超过 450 亿元的市场,按全国 2000 个县市计算,每个县市将有达 2450 万元的庞大商机。

服装定做专门店,为每个人量体裁衣

服装定做,其实算是一个很传统的行业了。从开始有裁缝的历史起,服装都是根据个人量体裁衣,然后由裁缝根据尺寸定做的,不同的人都有不同的做法,所以,一般来说,定做的每件服装都很个性化。但是,自从 19 世纪中叶出现"成衣"这个词,裁缝店也就慢慢淡出了服装的制作舞台,虽然没有消失,但占服装业的比重是大大地降低了。最近一些年来,服装量身定做又开始在城市中出现,并重新占据了一个重要

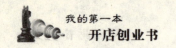

的位置,跟以往大不相同,现在的它主要服务于都市白领、城市新贵,针对讲究品位和个性的人物,这些人大都有钱有闲有能力,也有地位。服装定做已经作为提升自身形象的一种方法,也成为区别他人的一种标志。作为新富阶层的一种时尚。所以,如你有意想开家服装定做店,那将是一个很不错的选择。

30岁的刘小姐,身材高挑,气质不俗,是人们常说的"衣服架子",什么衣服穿在她身上都好看。可是,刘小姐还是喜欢到裁缝店做衣服穿。她喜欢自己设计一些新的款式,市场上买不到的,然后请裁缝制作。刘小姐说自己一年要做七八十套衣服,平均下来一个月要做6套,数量不小,做的衣服款式也很多,有旗袍、长裙甚至是貂皮大衣。在她的影响下,她身边的很多朋友也会简单地设计衣服,然后拿到裁缝店制作,这样就不怕走在大街上和别人撞衫了,大家觉得定做衣服穿挺时髦的。

现在偏爱定做衣服的女性中,以三四十岁的中青年妇女为主,她们一般家庭生活优越,追求时尚和与众不同。她们特别喜欢旗袍,定做的衣服还会加上个人的设计想法,比如如何包边、如何设计纽扣,等等。她们拿到新衣服后,很有自豪感和成就感。

"我去裁缝店做衣服,不是为了时髦、好看,而是为了方便。"家住市区的王先生说。王先生身高不到170厘米,可是腰围却有130多厘米。每次他到商场买衣裤,常常买不到合适的,这让他非常苦恼。"别人的裤子都是前裆比后裆小,他的裤子是前裆比后裆大。每次和老婆逛街买裤子都很不容易,有的时候逛了整个商场也买不到。后来他想,与其这样不如定做。家附近就有个裁缝店,进去量一下尺寸,过不了几天,取回来就可以穿了。"

像王先生这样身材肥胖的人是裁缝店顾客中数量较大、也较为稳定的群体。不仅是胖子,长得特别瘦的人也会到裁缝店里定做衣服。但是,这样的衣服很不好做,给胖子做衣服,要显得人家苗条一点;而给瘦子做衣服要让人家看上去圆润一些,所以难度较大。

在定做衣服的人群中,还有一大类就是要摆喜宴的新人,希望能做一套合身的礼服在婚礼上穿。要结婚的人,一般都会选择特别喜庆的布料、颜色和款式,一般穿一次就不再穿了,所以很多年轻女性定做结婚礼服留做纪念。这样的服装有一个特点,就是费时、工艺烦琐,普通的旗袍,一天可以做两三件,结婚穿的旗袍两天才做一件。

定做服装,向来是奢侈而诱人的,如今在都市白领中大有风行之势。从面料提供,到根据体态样貌进行个性设计,再到和设计师在面料、款式、价格、货期等各类细节问题上达成共识,一直到一套很合心意的服装上身,时尚白领们要的就是一对一的个性服务。定做服装的第一个大特点就是彰显个性。因此,时刻掌握最新的流行趋势成为开办服装定做店者的关键所在。

据了解,服装定做店要根据所有客户的身材特点和个性化要求进行定制,所以要与客户之间建立一个较为紧密的关系。

如何把客户群越做越大是摆在所有服装定做店面前的一道难题。目前服装定做的客户群很狭窄,很难拓宽。所以,对于服装定做店来说,维护好老客户的关系显得特别重要了。据了解,服装定做店的回头客在整个客户量中占据了一个较大的比例。约80%的客户都是回头客。

另外,从长远的方向上进行考虑,服装定做店的服务范围可以向相关领域延伸。比如为客户提供一些与衣服搭配的饰品以及鞋子方面的服务等。这样,你的生意就更好做了。

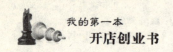

第五章　商机无处不在：
街头巷尾便利零售店的赚钱经

几乎每一个人都有自己创业当老板的想法，看见别人做生意赚钱了，我们眼里羡慕、心中着急，自己也想创业，可就是苦于找不到合适的项目。其实，只要你用心去发现，处处都有商机。所以，停止抱怨"你想到的别人也都想到了"吧，你看那街头巷尾的零售店，虽遍地开花，但同样挡不住它们的风风火火。

小型便民超市，在传统零售中显真功

各种各样的零售店在街头巷尾林立，如果没有市场，这些零售店早就不见踪影了，但它们却顽强地屹立在大街小巷。只要你经营得当，这些立足于街头巷尾的便利性零售店在为人们带来便利的同时也会为你带来财源。小型便民超市，既保持了传统零售的特色又紧跟时代步伐，可以说是社区的另一道靓丽的风景线。

2009年谢永强大学毕业，苦于找不到合适的工作，他在家人与同学的支持和帮助下自筹资金创办了"新乡福玛特连锁超市"。小谢正在忙碌的这家超市自试营业以来，他和他的团队所倡导的"服务社区、天天低价"的经营理念，就受到了广大顾客特别是辖区居民的广泛赞誉，其营业额也芝麻开花节节高。

初出茅庐的谢永强曾就读于郑州大学西亚斯国际学院，学习工商管理，并在此期间同时取得了美国堪萨斯州州立大学的工商管理学士学位。对于拥有着"双学位"的小谢，他的父母也对他的将来抱有很大的期望，期望他要么出国读研，要么子承父业从事房地产开发这一热门领域。然而，小谢却对超市和零售业情有独钟，他说他喜欢零售业巨头"沃尔玛"的经营理念，他希望将来通过自己的拼搏与努力，打造他们新乡的零售业龙头企业，更好地服务于社区居民，服务于家乡父老，争取在三年之内将"新乡福玛特连锁超市"拓展出八家分店。

目前，小谢和他的经营团队已发展到 80 人，这其中大中专以上学历的员工就占到了近半数，他用自己的实际行动帮助着一样怀揣"创业梦想"的大学生们，也通过自己的努力向着既定的目标迈进。

在决定开超市之前，一定要熟悉你周围的环境，是否已有菜市场之类的，如果有，建议你在创业初期暂时不要考虑经营生鲜类商品，因为损耗太大，弄不好会让你陷入艰难的境地。

对于商品的选择，一定要以民生类为主，食品主要是以粮油调料、水奶饮料、冷冻冷藏商品为主，酒、休闲小食品为辅。100 平方米以内的超市，一定选对经营品种，并不是品种越多就越好的，相反，你可能积压的商品更多，所以首先就应该选对你的商品。日常用品以内裤、袜子、毛巾、拖鞋、厨房清洁用具、卫生巾、纸巾、电池、排插、灯泡为主，至于洗发水建议考察周围的市场环境再考虑，但沐浴露、香皂还是可以经营的，同时此类商品的选择也很重要，不要经营过多的品牌。

小超市的进货渠道是个很重要的问题，一般小型超市，供货商是不会主动找上门的，只有你经营到一定规模以后才有可能，所以，你的主要供货渠道还是来自于你的现采，等合作了一段时间以后供货商才会考虑账期结算。

关于超市证件的办理，超市除经营许可证、卫生许可证等常规证件以外，如果你经营烟草，你还要到烟草公司办理烟草许可证，这个要具体情况具体分析，所以你要打听清楚。对于一家小超市，除了现钞收款外，有一台普通的 POS 机可能会更好。

如果你打算开一家小型便民超市，具体来说，你应注意如下几个方面：

（1）错位经营商品

以顾客的需求为主要目标，所谓错位经营就是指和竞争门店的商品经营错开。而与其他大型竞争和小型竞争者之间实行错位经营，从而防止过多的竞争一致影响到毛利率的提升。

（2）增加消费者的入店次数

比如，有一部分人喜欢在周日进行统一购买，有一部分人喜欢在周三进行购买

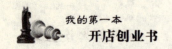
等,固定的消费群体以及固定的消费使得顾客已经形成一种潜在消费时间段。那么,就要突破这种消费的模型,使周围的消费者变每周一次为两次,这样就要前边两项的支持和配合才能把消费者吸引到你的超市中来。

(3)增加经营项目

应该把增加经营项目列为首位目标,正是因为小型便民超市的种种局限性和发展的空间。一定不要用惯有的方式进行。应该把一些以前没有但周围群体需要的经营项目纳入到新的经营当中来,从而达到提升整体经营业绩的目的。

(4)提高有效商品的引进

一般来说,中小连锁超市的商品定位都是一样的规模。而这种模式正是制约和影响其在社区发展的主要问题,应该突破这种经营方式,进行统一连锁地区划分的经营变化,使门店在不同的社区范围内形成各自的特色格调,从而成为社区内的小型购物中心。

日用品10元店,从蝇头小利中"赚"大"钱"途

日用品又称生活用品,虽然它很普通,但却是必需品,因为人人都需要。正因为日用品的不可或缺,街头巷尾的日常用品店也在人们的日常生活中起着不容忽视的作用。

李兆吉的小店地处恭王府花园外,而且附近没有便利的公共交通,除了各地游客来了又走,这里的人流量其实不大,似乎更适合卖一些旅游纪念品。而一家专卖日常生活用品的小店,是靠什么在这里站稳脚跟的呢?

在李兆吉的小店里,一边的货架上摆放着各式各样颜色鲜艳的日用品供顾客挑选,另一边则别出心裁地开辟出一片实际使用日用品的开放式厨房区。没有顾客的时候,李兆吉就用厨房区的日用品自己做饭,而每逢周三周六的"理家会",这个厨房就成了他指点会员如何使用日用品产品的现场教室。这样李兆吉不仅能"看店理家两不误",更重要的是,其直观的展示作用,让顾客对产品的接受程度非常高,"开业

当天营业额就达到了小两万。开办大型理家会的时候，收入也会增多。"

除了向顾客介绍日用品的知识和使用方法，李兆吉还会把自己收集的营养知识、保健方法、减肥菜谱，等等，在闲聊中或是用邮件传达给自己的会员，或者哪怕只是进店随便看看没有购买的人。

由于小店的口碑甚好，很多会员都给李兆吉推荐来亲戚朋友，一些离小店较远的顾客也特地赶来。甚至有的顾客住家附近就有日用品店，并且已经成为当地的会员，却还是舍近求远地来找李兆吉选购产品。

还有很多不方便来店甚至外地的顾客，李兆吉就通过网络或是电话与他们联系，有需要的产品就免费给他们快递上门，成本并不是很高，但却为这些顾客解决了一个购物的便利性问题。通过这种方式，李兆吉也从来往恭王府的游客中吸收了不少的会员，"即使外地顾客也会呼朋唤友地在他这里购买日用品产品呢。"

就是这些看似细微的点点滴滴，"老顾客会带来新的顾客"，弥补了周边居民市场太窄、购买力有限的缺陷，使得这个开在不起眼地方的家居用品小店，把它的触角伸到了更广阔的方向。

其实，日用品的范围还是很广的，大至面盆、小至勺子，都是家庭必须之物，而且损耗率高；每个家庭每隔一至两个月，就要添置一些新的日用品。现代的大都市，都拥有大大小小的百货商场，里面货品齐全，包括家庭日用品，都是应有尽有。但是，在百货商场买日用品，一般来说是不实惠的，因为其售价较高，一般中等及中下等家庭的主妇并不愿这样花费。所以开一家这样的小日用品专卖店会有不少客源。店铺面积要求很低，10~15平方米足够了，但最好选择人流量较大或者居住区附近。有3~5万元就行了。

店内的装修要保证光线充足，货物架之间的距离要一米以上，以免顾客感到拥挤而放弃选购。易碎的用品如碗碟、花瓶之类，应集中在一角，并铺上地毯。如果只是在显眼处贴上"货物如有损毁，照价赔偿"的标语，会起到提示作用。但万一顾客损坏玻璃物品，要顾客作出赔偿，等于失去了一个顾客，让其他顾客看见，也可能会担心无意间发生损坏，所以不愿进去选购。

为了尽可能地减少店铺的损失以及顾客的利益，将物品放置妥当，并加上安全措施是必需的。在店的另一角设置廉价摊位，可吸引更多顾客，这是针对人们贪便宜

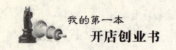

的心理。将本来难以出售的物件集中在一起，作削价倾销状，反而易于脱手。

鉴于一般百货商场的日用品售价较昂贵，而旧式的日用品店不方便，因此日用品专卖店生意有市场空间。只要针对消费者喜欢多选择的心理，日用品种类齐全，加上以赠品作宣传，这种生意就很有赚头。

如果你想开家 10 元日用品店，你应注意如下几点：

(1)选址

选址很重要，因为经营的是日杂商品，消费群体主要是居民、单位，把店面选在居民区、学校、大中型企业集中的地区附近是首选，或者选择人流量大的市场附近。

(2)店面安排

日用商品杂、品种繁多，要分门别类摆放，货架前最好有标示图，便于顾客有目标地挑选，要把有限的空间都利用起来，如果条件允许，可以采用两层货架式，即墙上一层，地下一层，这样货物能摆放的品种多些，品种齐全也能吸引更多的顾客。

(3)特色经营

培养潜在顾客源。如果日杂店还在筹备中，一定要抓住开张时的有利时机，多采取一些促销措施增加顾客光临量，吸引消费者眼球，只要顾客进店，没准就能就手买上一两样，就算不买，对日杂店也有了印象，需要买时自然就找上门来了。

(4)微笑服务

服务态度一定要好，这样才会有顾客源。只要顾客一进门，不管买不买东西，都是笑脸相迎，给人一种亲切感，顾客源就会好，人们都爱去这样的店买东西，说说话。

(5)送货上门

对一些老顾客、学校、单位可以送货上门，月底结账，方便了顾客，也扩大了业务量。好多老顾客互相都产生了信任，他们会把你的店宣传给其他人，等于给你免费做了广告。

(6)会员制

会员制可以培养固定消费者，通过会员卡积分返利，可以刺激消费者购买商品的欲望，达到扩大销售的目的。

当然，做生意最重要的是信誉，商品一定要质量好，不能以次充好，这样才能真正树立起商店的形象，赢得消费者的信赖，生意才会细水长流，日进斗金。

创意格子店，卖的不只是格子

格子店又叫格子铺、格子屋，是一种寄售式的小店，店内摆满货柜，货柜分成许多尺寸不等的小格子，根据柜子的位置和大小向店主缴纳租金，每个格子的出租价格在 100~300 元不等。租下格子间后，就把商品摆放在此出售，平时主要由店方照看经营。只要花上一两百元，就能在市区繁华地段的商铺里租用一个格子寄售东西，这种销售方式根本不用雇营业员。

在南宁，地处闹市区某商场的一家格子店铺已经开门营业，该铺由蒋芳洁和一个朋友阿周共同创办。

在这家 13 平方米的格子铺里，他们可以看到，200 多个 30 厘米×30 厘米×40 厘米左右的格子里摆设的商品虽算不上应有尽有，但也有上百种，除了钱包、化妆品、饰品、蜡烛、玩具公仔外，很多小件商品都能在这里找得到，可以说就是一个小型的百货商场。

据悉，格子铺的租客多为 30 岁以下的年轻人，包括学生、白领、原创手工艺者，此外也有一些试图用另类途径推广新产品的厂家。"这 200 个格子就是 200 个迷你的商铺。"铺主蒋芳洁介绍说。这种格子铺就是一个浓缩的袖珍版市场，这不禁让人想起芭比娃娃的商店，小而精致，就是这么一家店铺月净利润过万元。

一种经济实惠的新兴零售模式——"格子店"最近悄然出现在市面上，一些热衷于尝鲜的年轻人也争相租用"格子"过过当老板的瘾。这种起源于日本、流行于香港并快速在中国内地蔓延的新零售模式——格子铺，正在慢慢改变人们的经营方式。

格子铺和普通店铺不同的是不需要自备资金备货，所以无须准备进货资金，余下的基本都是店面转让租赁以及装修所需的资金了。

在市区地段稍好的地方开一家格子铺，以折中的办法计算，2 万元转让费加上 3 个月约 3 万元的房租，再加 3 万元装修，这样算来，8 万元左右可以启动一个一般规模的格子铺，如需扩大宣传力度则多加准备宣传费用。

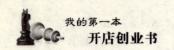
开格子铺还必须面对工商和税务部门，一是营业执照，二是按时缴税。营业执照方面，应当按照一般店面办理商品销售执照，并尽量多申请几个经营范围，比如饰品、服装服饰、工艺品、文具，等等。

开格子店选址很重要，这是决定经营是否成功的首要条件。从铺主的角度来说，店铺的选址和装修十分重要，店铺一定要选在人流旺、年轻人经常聚集的地段，如学校、商业区等，而这些地方租金一般都很高。另外，由于格子铺所经营的商品种类繁多，店铺面积太小对日后的经营影响很大，这也给经营者带来了压力。

由于格子铺主要负责格主产品的销售活动，仅进销存记账一项就已很复杂，而不少店主依然采用手工记账方式，很可能造成账目混乱。

除此之外，由于格子铺的格子繁多，为了能使格主的产品顺利完成销售，端正铺主和销售人员的经营态度。格子铺的店主，并不是收了格主的租金就完事，而要用心地尽量熟悉每样商品的用途、功效、使用说明等。铺主及销售人员要把所有商品都当成是自己的商品来销售，商品出现任何问题要及时联系格主，缺货时要及时通知格主补货，这样才能留住客人的脚步，留住更多回头客，也使得格主对铺主更有信心。

作为格子铺主，一定要对格子铺这一模式有充分了解，否则，格子铺很可能就是一个鱼龙混杂的地摊，而非时尚精品店。

在租"格子"的格主多为以下几类人：一是开有网店的经营者，格子铺作为实体店，方便同城交易，起到宣传推广自己店铺产品的作用；二是手头有某些优势商品的人，也有个别"格主"是想经销一些新兴东西，但不知道市场前景如何，值不值得投资，于是就先租个格子当"试验场"；三是DIY手工艺制作者、闲置二手商品的个人；四是兼职的上班族；五是一些新成立的公司，租赁格子间作为展示柜。

专营难寻物品店，让你财源滚滚来

商机难寻，其实，有时候商机就在你的身边，意识到它的存在，就有可能从此走向成功。相反，如果你忽视它的存在，你可能在屡屡碰壁中将自己的信心与勇气磨蚀殆尽。

北京东四的难寻物品商店只是一间面积18平方米的小屋，墙上贴着本周的热卖商品：防噪声耳塞、超声波驱鼠器、防辐射衣服、智力竞赛抢答器，等等，所有的商品都是在一般市场上都是找不到的，在这里却能够以出厂价买到。

北京市难寻物品商店建立于1994年4月，在1997年的时候又上了互联网。如今，难寻物品商店从卖十几元的耳塞发展到每天几万元左右的订单，最近将有110万元左右的合同和首都时代广场签署，合同的项目是阿姆斯壮棉板。

王金桥建立难寻物品商店的思路起源于填补市场空缺，这和他亲身的经历有着密切的关系。1993年，王金桥供职于北京科利公司，主要负责销售工作，在接待顾客的过程中，他发现很多人不能如愿以偿地购买到自己想要的物品，于是，建立一家商店专门出售在市场上买不到的东西，成了王金桥的强烈愿望。由于有了明确的市场定位，王的商店于1994年4月经过北京市工商行政管理局注册成立，注册资本为6万元人民币。

这家店6万元资金中的两万元用于18平方米的店面租金，租期为一年。其他的基本上是用于固定资产、人力成本等。那时由于没有互联网络，所以还有相当一部分开支用于购买专用书籍，以便找到客户所需物品。商店的广告宣传费用也列入其中，方式主要是媒体广告。随着品牌的逐渐推广，商店从单一的客户逐渐发展到拥有相当一批法人单位客户，订单也从零散订单发展到具有规模的订单。如果不出意外，他们还即将和首都时代广场签署110万元的合同，为时代广场提供天花板材料。

仅仅18平方米的小屋、几张桌子、两台电脑和6个人，如此简单的设备如何招徕生意？难寻物品商店的经营方式是，商店刚开张时，主要依靠一种"有诉才寻，有求才应"的服务模式，老顾客口口相传，信息则依靠平时的积累和参加各种展销会获得。这是一种相当原始的经营方式。

1997年互联网的兴起，一下子使"难寻店"的营业额成倍地增加。通过互联网，他可以把"难寻店"的产品放到搜索引擎上，同时也把商店的联系方式写入网页，通过互动王先生成功地在网上进行信息资源整合，同时把"有诉才寻"的单线营销模式发展成"有诉才寻"和"知而后寻"两条线。比如主动代理一些他人不经营的特色商品，如商店柜台里的护胎宝（防辐射衣服）已经是相当成熟的品牌，许多人就是慕名而来

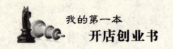
寻找购买的。互联网带来的另外一大优势就是把客户和供应商的范围都扩大了,市场从北京一个城市扩大到全国范围,供应商也扩大到100多家,同时成熟的品牌也迅速扩展到30多个。

市场容量不大是难寻物品的特点,容易被人忽略,但是通过资源整合,却会发现全国的市场容量还是相当可观的。通过几年的发展经营,难寻物品商店就可以走出一条相当成熟的赢利之路。相信今后市场上会出现更多的难寻物品商店,也会有更多的开店者投身其中。

借鸡生蛋,开家二手店让顾客供货源

目前,国家大力倡导节能环保、低碳行为,让市民家中闲置的二手物品流通起来产生效益,有望成为一个热门生意。如果你有门路,开家二手店,专卖别人用过的名牌用品也是一项不错的选择。

方晶和叶薇在解放碑的二手店自2006年6月开张,经过长达半年的"赔本期",终于迎来了赚钱的曙光,到现在为止,已成为重庆已知的资格最老,赚钱最多的二手店,每月纯收入有四五千元。二手店做的基本上是"无本买卖",不需要进货的钱,货源都由他人提供,二手店卖后提成,行业规矩通常是提成20%。开这样的店,只需要付每月的房租、水电、物管费。像解放碑这家店,装修和家具做得较贵,总投入也不过2万元。

在香港、澳门等地区,有不少名牌手袋二手店生意兴隆,店主以低于货品原价30%~50%的价格收购客人的名牌包,再转手出售,客人也可以把自己用过的包放在店中寄卖。由于货品的全新品售价昂贵,而喜好的人能以大的折扣买到名牌产品,当然是乐不可支,等看厌了又可拿出来寄卖。如此循环,令二手店的生意长做长有。由见于此,开设二手精品店是可行的,它具有投入资金少、回报快、易于操作、效益稳定等优势。

这家店的店面积约20平方米,月租金不超过2000元;店面简单装修需3000元左右;雇请员工 2 名,月工资各为 1000 元;流动资金 2000 元。入货资金免;总投资在 10000 元左右,二手精品店就可以开张大吉了。

在具体投资方面的建议,成功的二手店主们提供了如下几条经验:

(1)老板在客人所定的货品底价的基础上,上浮 15%~30%作为货品售价,个别比较贵的货品可再上浮 5%~10%之间作调整;上调的差价即为利润。

(2)这类店的经营选址最好选择在人流较多的二级路面,或者是消费水平居中上层的成熟社区或地段,如淘金路一带。

(3)除经营二手精品外,店面许可的还可兼营咖啡、时尚书籍等,这样更有利于建立该店的亲和力。

二手精品店的货源是店中最有特色的精华所在,基本上可以说是独一无二的,因为它们是客人在店中寄卖的,大多数来自于顾客的私人珍藏,包括衣服、饰品、小摆设,也可以是老板和客人从各地收集回来的有趣的玩意儿,不一定是名牌,但保证质量,价钱合适,让顾客爱不释手、流连忘返。

无公害蔬果店,没有吃不到,只有想不到

不管是在大型商超还是菜市场里,真正的无公害绿色果蔬是很少的,根本无法满足百姓生活的需要。如果你有兴趣开家无公害蔬果店,那将是一个很有利可图的生意。

现如今,人们的生活水平提高了,百姓对蔬菜水果这些入口食品的安全性有了更高的要求,都希望能吃到无农药残留、无污染、无激素的安全、优质又营养的新鲜蔬菜。

在山西太原市政府附近曾有一家专门经营无公害蔬菜的小店,店里挂着通过有关部门检测的证书。据店主介绍,他卖的蔬菜来自农业厅建在交城的一个无公害蔬菜生产基地。顾客品尝后,都觉得果蔬的口感好。印象最深的是那个头很小、颜色鲜红的草莓,吃到嘴里酸甜适口,远比市场上那些个头很大、但吃起来没有味道的草莓

好得多。于是,便有很多人绕过自家门前的菜店,特地来这里买菜,小店的生意因此红红火火。

后来,据说店主为了将生意做大,离开了僻静的小巷,搬到另外一个相对繁华的街区。而原来在这里买菜的顾客因为找不到新店址,只好回到菜市场采购。从这家小店的经营中不难看出,有一定消费能力的顾客,还是愿意选择无公害果蔬,这其中蕴涵着的巨大商机显而易见。

开这样一家店,投资额不大,非常适合下岗后自主创业的"40""50"人员。家家餐桌上都离不了蔬菜,这是一个能长久做下去的生意。而绿色无公害蔬菜,不仅市场需求大,又很少有人经营,投资者如果能把两者很好地结合起来,找到无公害绿色蔬菜生产基地,并与其签订长期供货合同,既可在保证蔬菜质量的前提下,又降低了供货价格。只要经营得法,一定会有良好的市场回报。当经营一两年有了丰富的市场经验后,甚至可以考虑开连锁店,把生意做大。

开无公害蔬果店,应注意如下几点:

(1)必须让消费者知道,你这个是真正的无公害果蔬食品

为了能够让消费者知道你的店里的蔬果是真正无公害的,你需要定期公开采取抽奖的方式选拔一些幸运顾客,到店面产品供应地去参观,了解无公害果蔬的相关知识,并且,最好与媒体的宣传相配合。

(2)尽可能增加品种

因为消费者都知道,要吃最新鲜的果蔬必须付出比不新鲜的果蔬更多的钱,所以他们应该能够接受相比一般菜市场高一些的价格。而且还可以增加一些居民的日常消费品,比如各地土特产之类的。

(3)保持店面干净整洁

因为顾客买蔬菜和水果都有选择的可能,常会让果蔬店店员感到无所适从。一天卖下来,整个果蔬店可能被翻得一团糟,这是很忌讳的。所以要随时保持店面的清爽整洁。

(4)适时推出优惠措施

以超市的营销方式来对待这个果蔬店,虽然它很小,但公关方法不能少。比如今天什么价格降了,什么有优惠,什么价格上升了,都应该要么在小黑板上公示,要么

直接印制成传单，到一些相关社区去发放。

快乐创"皂"梦

DIY 是在 20 世纪 60 年代起源于西方的一个概念，它的原意是指不依赖或聘用专业的工匠，利用适当的工具与材料自己来进行居家住宅的修缮工作。如今，DIY 已成了一种不可抵挡的潮流。但是，你知道香皂也能 DIY 吗？如果是第一次听说，你一定会感到很惊讶，不过只要你善于把握商机开家 DIY 香皂店，你就会走上快乐的创"皂"之路。

香皂也能自己做。将原材料切成丁—加热—滴入色素和香精—搅拌均匀—冷却—将皂液倒入模具中—从冰箱中拿出脱模。就这样，10—15 分钟之内一块可爱的透明水晶鱼香皂就呈现在惊讶的顾客面前了。这是位于北京西单文化广场地下二层的"星尚创皂馆"里每天都上演的画面。

北京女孩李襄是小店的老板。创"皂"馆是把国外流行的 DIY（自己动手做）理念运用在香皂制作中，在这里客人自己设计、制作香皂，店主教给顾客制作方法并提供原材料和设备。手工香皂的造型、颜色、香味和功能多种多样，顾客可以充分发挥想象力制作"自己的香皂"。

一位八九岁的小顾客把流氓兔做到香皂里；一个小伙子把女朋友的照片镶进香皂中；一位大学生甚至把香皂做成朋友的脸谱；还有人把钻戒做进香皂里求婚或把礼物放在不透明香皂中，美其名曰"惊洗"。虽然不足 5 平方米的店面位于商场僻静的角落，但李襄说这并没有影响到生意的红火。从上午 10 点一开业，她和弟弟基本就没有空闲时间。这得益于 DIY 的理念。亲手做的香皂融入了感情，甚至让人回忆起童年时代，顾客基本上都能满意而归。她的顾客并不限于时尚人群，最小的顾客 3 岁，最大的顾客 70 岁，外国顾客也不少。

现在店里生意很好，成本也早已收回，李襄又在考虑新的问题。她的近期目标是发展加盟店、拓展营销渠道和改进技术，未来她还要注册公司，创建自己的网站，开

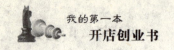
拓其他 DIY 产品。

这个行业是"七分产品、三分服务"，只有用心为顾客着想，客人才能满意，回头客会带来更多新客人。时尚的东西更新特别快，有思想的人才能做这个。如果你没有创意，只是一味让顾客临摹，顾客很快会失去兴趣。技术并不是最重要的，难在激发客人的创意。而她现在还在学习与香皂有关的各种知识。

DIY 香皂，一个新近流行的时尚新品，其制作方法简单易学，一般顾客在 20 分钟左右即可完成，对于成年人来说，能丰富他们的业余生活。对于儿童，可锻炼他们的智力、想象力和创造力，不啻为休闲娱乐的好项目。

你听说过手工香皂吗？若没有，可见你有点落伍了。手工香皂是一种很富艺术气息的日用品，它融创意、天然、艺术、香熏于一体，采用天然的植物精华，绝无动物油脂，极富想象力的艺术造型和神奇宜人的植物香熏精油，经过手工香皂爱好者的创意、熔铸、造型、修饰、入模、出模、包装等一系列工序精心制作完成，每块透明皂的制作过程就是一件件赏心悦目的艺术品的诞生过程。

虽然手工香皂的效用和大家日常所买香皂并无二致，但其不仅具有实用性，还有独特的观赏性和趣味性，所以，很适合喜欢自己动手创作的朋友们参与。瞧，由于它顺应时下正流行的 DIY 潮流，有人就此发现商机，开办起手工皂吧，市场前景的确很不错。

竹炭制品店的独门心法

竹炭作为 21 世纪一种新型的健康环保产品，在日本、台湾等国家和地区已受到广泛的青睐。开家竹炭制品店可以说是一项另辟蹊径的赚钱之道。独具慧眼的你，想到了吗？

2004 年，正在杭州旅游的小程发现了一家出售竹炭制品的商店，而此时的他和很多人，看见这些黑乎乎的东西，不知道这些玩意儿是啥东西。经过营业员的介绍之后，他为自己因为出汗而有盐花的鞋子买了一副竹炭鞋垫。让小程十分意外的是，鞋垫的效果在使用之后的第二天便得到了明显的体现。这时，一直正在苦苦寻觅创业项目的小程仿佛一下子找到了方向，决定代理竹炭这个当时上海市场没有的产品。

回到上海之后没过多久，小程的商店还没有开起来，他就接到一笔6000元的大生意。原来，那也是一位想取得"竹炭"在上海代理权的创业者，只是因为晚来一步，成为了店主开张之前的第一位大客户。"那时他的货都还没有发到便已经有了生意，让他悬在嗓子眼的心终于放了下来。事后回顾自己的创业过程，如果当时略有犹豫，也许就没有今天的'某竹炭店'了。"小程说，"而且他觉得与其将来花钱买药，不如今天花钱买健康，随着人们对健康的日益重视，这种健康绿色的产品肯定会有市场的。"

"自己起步能省则省"这是店主的创业原则。这也在他装修店铺时得到了最充分的体现。为了可以吸收来自"宜家家具"的客流，店主选择了其旁边的店铺。随后，为了20平方米的店铺，他在建材市场各种材料的比较选择中，忙了整整一周。

在眼花缭乱的墙壁装饰中，店主为体现竹文化的风格，原本打算选择竹帘作为装饰，但在400元/每平方米的价格下，他用效果相差无几的竹篾墙纸取而代之，而用70元便可以买到5.3个平方米；多余的墙纸边角料，店主也没有丝毫浪费，将其自制成店堂中的五个吊灯灯罩；在购买货架材料时，他选择了价格仅为玻璃1/10的木头，并通过自己在设计上的优势，在最终的利用上没有一点的浪费，为了130元的优惠，店主选择自己将这些既沉重又不方便搬运的木料自行运回店铺；就连店堂中别致的竹片饰品，都是他用拆下的脚手架竹竿制成的，而成本总共只有5元钱。

在精打细算下，店主只花费了2000元，一个精致古朴而又非常实用的店铺在他手下诞生了。

尽管开张之初，"某竹炭店"取得了一笔大生意，但由于众多顾客初见竹炭时对其功效将信将疑，使老板犯起了愁。"那个时候在店铺里唯一的工作就是做顾客的解说员，有的顾客听了之后面无表情地就走了，有的顾客带着出于对他怜悯的表情买走了一两样商品。幸好，竹炭是一个比较争气的产品，只要用过的人，很少有人觉得不好，这也是顾客多为回头客的原因。那时候，他觉得让别人知道竹炭是什么？有什么好处？是一件打开销路当务之急的事情。"

于是，店主计划通过多种渠道推广竹炭。在"宜家"后面的新楼盘交付之后，店主

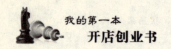
就背着四五十斤的炭包开始在小区内一层层爬楼梯进行推销。"推销的效果并不好，半天也就只能卖掉一两包，但他的目的并不是为了卖，而是为了让人家知道竹炭，知道他的店。"果然，推销手段使用一段时间之后，加上潮湿天气的到来，生意一下子就火暴起来，曾经有一名业主一次就在"某竹炭店"购买了7000元的产品。

现在，店主正在计划其他两项营销的手段。一是在暑期前后雇用百余人统一穿着有"某竹炭店"标识的蓝印花布，挑着扁担在大街小巷进行随机销售，增加市民对竹炭的认知；二是增开一家样板展示店，将店堂完全布置成家庭的模样，而在居家的各个角落都有用得着竹炭的地方，这样无须语言，顾客便能对竹炭的功用一目了然。

现如今环保不仅是一种公民意识也成了一种时尚。竹炭产品涉及各个领域，包括竹炭工艺品，家居用品系列，碳粉系列，炭珠系列，个人护理系列，竹炭衣服系列，防电磁波系列，炭布炭纸系列，床上用品系列，竹炭汽车用品系列，建筑用炭系列，电脑培训系列，等等。

由于竹炭的用途广泛，功能多样，竹炭越来越多地受到各国消费者的喜爱，甚至登上了国家外交部赠送外宾的大雅之堂。然而，目前在国内的大中城市，竹炭制品还是一种比较新奇的产品，现阶段经营这一产品的人还不多。因此，如果能够抓住消费者崇尚保健的心理，不失时机地开一家竹炭制品店，不仅能成为时尚消费的引导者，还能为自己带来丰厚的利润。

加盟一家竹炭制品专卖店的前期投资在2万元左右，主要为10000元的首批存货。此外，加盟者根据总部的图纸自行进行具有统一标识的装修，预计在3000元左右。"某竹炭店"位于华石路总店的营业面积为20平方米，而位于南京西路的一个加盟店的营业面积仅为8平方米，可见，经营竹炭制品对于营业面积的选择弹性较大，可根据自身条件进行选择，建议选择10～20平方米之间的店铺，房租为在3000元／每月左右，按付三押一计算，首期房租在9000元左右。如此下来，投资一家竹炭制品专卖店的前期资金准备，差不多要在2.5万元左右。

目前竹炭制品专卖店经营中，最大的支出便是房租，每月需要3000元。雇用2个员工，工资及其他福利每月支出在1600元左右。加上250元的装修摊销以及税收等其他开销，每月的经营成本至少要超过5150元。据店主透露，竹炭制品销售的毛利大约为66%，那么要达到盈亏平衡，只需要每月的营业额超过8583元即可，平均下来,按 30 天计算每天得有 286 元的营业额。显然,目前"某竹炭店"竹炭制品专卖店每月一万多元的营业额已经超过这个数字。

竹炭制品作为一种比较新奇的产品,在国内,现阶段经营的人还不多,目前主要以产品出口为主。所以,消费者对竹炭产品的认识还比较少,是影响产品销售的主要原因,也是目前经营竹炭产品的最大风险所在。因此,除了保证产品的质量以外,用优质的服务树立自身品牌在消费者心目中的良好形象,显得十分重要。

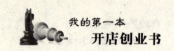

第六章　从"心"开始：
服务类店铺也能做好做大

现代人的生活水平越来越高,也越来越重视美容、养生类的服务。爱美已不再是女人的专利,男人也开始"臭美"起来了。明眸皓齿、纤纤玉手,年轻的女白领们在工作之余更喜欢去享受美齿美甲等的服务,这类的美容更能够为她们的美丽与魅力加倍添彩。由于人们注重养生的考虑,又使得一些足疗足浴保健店的生意极为红火。而现代人在工作、生活中的巨大压力又需要通过一定的渠道去排解,"心灵氧吧"之类的小店在这种情况下孕育而生了。

开家"美男"工作室,专攻"白领男"

现在的美容行业可以说是蒸蒸日上,但最红火的还是女性美容行业,这时加入女性美容行业的大军,竞争肯定是十分激烈。相较而言,男性美容业的市场还有很大的空白,如果能开家"美男"工作室,其市场前景还是十分看好的。

爱美之心人皆有之,美容行业的红火现状也就成了事实。但从护肤、修眉、化妆、按摩等一系列美容项目中可以窥见,现在的美容行业是女性的"天下"。上海姑娘马云鹤从中看到了创业的契机:男士也需要专业护理。经过一系列的市场调研,"云鹤男子美容工作室"热热闹闹开张了:专为男士提供美容护理、化妆造型等服务。工作室坐落在交通便捷,人流量极高的繁华街道上。

经营思路决定营利与否。现在市面上的专业女士美容用品至少有3000种,男士专业美容用品却少得可怜,很多时尚男士只好使用从国外采购回来的"舶来品"。实际上，一些欧美国家的美容用品并不适合亚洲男子的需求。于是，为顾客检测肤质、找到最适用的美容产品，成了美容工作室的基本工作。

马云鹤的工作室刚开张的时候并不顺利。按照马云鹤当初的设想，媒体、娱乐业男性从业人员美容、化妆造型的需求比较高，因此工作室的顾客群定位在这些行业。但是，她忽略了这一行业的忙碌现状，很少有哪个记者、主持人会有时间从容地享受一两个小时的美容护理。开业两周后，马云鹤迅速调整了顾客定位：为所有的时尚男士们服务，尤其是那些需要以最佳状态面对工作、谈判、酒会的男性，经过1个多小时的美容护理，可以使他们看上去年轻好几岁。

马云鹤是上海戏剧学院"造型化妆"专业科班出身的，她认为自己就是工作室最宝贵的财富。这个行业一半靠专业，一半还要靠好的感觉。扎实专业的美容、化妆、造型设计技术和丰富的行业经验，都是工作室必须具备的基本条件。时尚男士们眼界可高呢，可不是好糊弄的。

说到投资回报率，马云鹤预测：3个月左右达到收支平衡。这样预测的依据是目前美容行业不低于30%的利润率，而且顾客多是"白领"男士，估算工作室每个月的营业额可达3万～4万元，扣除一定数量的税金、费用之外，3个月后赢利并不是不可能的事。

据业内专家分析，由于男士美容意识的觉醒，越来越多的男性加入到美容消费中来，目前已凸显出供求矛盾。对于商家而言，男性美容市场就像一个有待开发的"金矿"，蕴藏着无限的商机。商家应该从男性消费心理及消费特点入手，积极开发针对性产品，完善配套服务，满足男士美容时尚的需求。相对女性美容来说，目前男士品牌和产品品种都较为稀缺，仅限于少数商场有销售，大多数零售店缺乏男士化妆品，即使有也只有洗面奶、面霜等极少数的几个品种，至于专业美容院更是凤毛麟角。事实上男性除了在防晒、收缩毛孔、祛痘消炎、滋润抗皱、运动护理等功能上有很大的需求外，对面部、眼部、手部、足部等身体不同部位的护理需求同样很大。

中国的男士美容市场无论从市场容量还是目前的实际情形看，很像10年前的女性美容市场，还存在着十分大的潜在发展空间。有关资料显示，在欧美国家，男士护理用品的市场份额已占到整个化妆品市场的30%以上。近年来，法国有约四成男人使用高档护肤品，有1/3的男人在美容方面投资，男性在美容上的花费

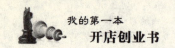

占全部美容市场份额的 10%以上。英国男性每年化妆品的消费额达 1 亿英镑,美国男士化妆品年消费额高达 23 亿美元。而中国男士化妆品的市场刚刚起步,是一个非常具有潜力的巨大市场。中国香料香精化妆品工业协会预计,今年男士化妆品的市场份额将达到 4 亿元,到 2010 年将发展到 40 亿元。

从整个国际范围来分析的话,男士美容早已成为国际流行趋势之一;在欧美国家,男士进美容沙龙护肤,已不是什么稀罕的事情,染发、烫发、做 SPA 也十分平常;据《美容财富广告杂志》统计显示,目前每 10 个美容的人中就有一个男士。由此数据,我们不难发现男性市场将是一个新的掘金空间。

牙齿美容,时尚向"钱"冲

拥有一口漂亮洁白的牙齿是很多人梦寐以求的事情,即使先天条件不好,也要想方设法对牙齿进行美容。开家时尚牙齿美容店无疑是顺应很多人爱美的心里,顾客自然会源源而来。

韩姿为自己的牙齿贴上水晶饰物,然后在人流量很大的北京路上装作打手机的样子,面对人群轻启红唇。很快,两个年轻的女孩站在韩姿面前,好奇地观看,一个女孩羡慕地赞叹。不到 10 分钟的时间,就有 4 个年轻女孩问她牙齿在哪里做的美容,饰物会不会脱落。韩姿心生一计,说自己带了一阵子效果还不错,至于那个牙齿美容师,自己有她的手机号码。那几个人当即索要号码,细心的韩姿发现,除了刚才询问的那几个人外,还有好几个围观的人也记下了号码,有个心急的女孩当即就开始拨电话了。韩姿心头大喜,看来牙齿美容大有可为。

这是韩姿在北京路上做的一个关于牙齿美容的市场调查,这个新奇的灵感来自于韩姿表姐的婚礼。医学院毕业的韩姿开始是在广州的一家牙科诊所做见习牙医,2003 年国庆节韩姿表姐结婚时韩姿陪她去美容院化妆,做头发、做面膜、修指甲……韩姿开玩笑说:"表姐,美国鬼子武装到牙齿,我看你今天就当了一回美国鬼子。"表姐一笑:"韩姿,你说话真逗。不过,你恰恰说错了,我全身上下都'武装'了,唯独没有

'武装'牙齿。"这时美容师插话说:"现在还没有给牙齿美容的项目。再说牙齿这地方,除了牙齿病变要去医院整形外,怎么好美容呢?""难道牙齿真的不可以美容?"医学院毕业的韩姿心想。

　　婚礼结束后,韩姿到处查找资料,最后从互联网上发现一条不足100字的信息——爱斯基摩人在雪地进行狂欢舞蹈时,都要在牙齿上贴一些闪闪发光的饰物,他们认为这样会使自己更漂亮。信息没有讲用什么方法在牙齿上贴饰物,于是韩姿委托在英国留学的朋友打听。同学告诉她,在英国有一个牙齿美容店,就像爱斯基摩人那样在牙齿上贴饰物。工艺并不复杂,所用的材料也很简单——一种特殊的醋酸、一种无毒树脂、一种无毒黏合剂和各种颜色的水晶饰片。饰物一旦贴上就和牙齿融为了一体,刷牙都不会导致饰物脱落。同学把观摩到的操作技术都详细告诉了韩姿。

　　韩姿仔细分析之后信心十足,她想自己具有专业的医学知识,又有牙科手术经验。牙齿美容对自己来说,没有任何技术上的困难。只是不知道这个美容项目中国人是否会接受?于是,便有了韩姿在北京路上自己做模特的一幕。

　　2003年11月初,韩姿花了2万元中介费在环市中路转租了一个文具店,花了2.7万元购买了一批水晶牙饰、黏合剂、树脂,相关的洗牙设备和手术器械,又办理了有关证照,一切准备就绪。韩姿给牙齿美容店起了个非常吸引眼球的名字——"小猪猪牙齿美容店",周围点缀着猫、狗、猪等小动物的卡通图案。这些小动物个个都是一副"龇牙咧嘴"的滑稽相,牙齿上贴着各种颜色的水晶牙饰,向过往的路人展示藏在牙齿中的美丽。

　　开业那天,店里弥漫着舒缓轻扬的音乐。一个21岁的领舞女孩勇敢地走上操作台,做了第一个顾客。女孩要求在上下两颗门牙上分别贴上湖绿色、银灰色的水晶牙饰。韩姿告诉她,牙齿美容以颗计算,不管装饰什么颜色,每颗的价格都是150元。

　　韩姿用医用漱口液清洁了女孩的口腔。然后,用卫生棉签蘸上醋酸,均匀地涂抹在上门牙表面。一分钟后,用专用的电吹风吹干牙齿,在牙齿上涂上黏合剂,再点一小滴流动树脂在黏合剂上,把牙饰放在流动树脂上,轻轻压紧,树脂稍稍包住牙饰,再从牙饰边缘光照30秒。一颗时尚的牙齿就做成了。接着,韩姿又给女孩的下门牙"增光添彩"。

　　女孩微笑着起身走到落地玻璃镜前,张开红艳的双唇仔细打量,精美的牙饰闪

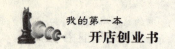
闪发光。女孩心满意足地转过身子，对着围观的人灿烂一笑，所有的人都几乎眩晕了，惊呼："哇!好靓啊!"

美容业不断发展，人们对于美的追求也是越来越严格和细节化。现在消费者的目光不仅仅是集中在自己的脸部皮肤上，而是逐渐地注意自己身上的每一个细节，好像丰胸、瘦身之类，以及足部或者手部美容，甚至还有肚脐美容，牙齿美容业在这个时期渐渐在行业市场上悄悄地兴起。

由于市场上这一需求的产生，商家们费尽心机地迎合消费者。说到牙齿，我们很容易想到的就是牙膏，我们在市场上不难发现，如今各大品牌都相继推出了具有美白功效的牙膏，而且都有各自的亮点，可实际上其效果并不是十分明显，往往让消费者有点失望。据有关专家介绍这是因为美白牙膏说到底还是保持口腔清洁，其美白功效是添加了特殊的摩擦剂或过氧化物，只对抽烟、喝咖啡等引起的轻度牙齿变色者有用，即个别人群，而对四环素牙、氟斑牙等深层着色者基本上没有什么作用。

正是因为如此，不断追求美的人们开始将注意力转移到了一些专业的牙齿美容机构，去专业机构美容牙齿也就成了一种潮流与时尚。像有的机构会建议消费者使用美白牙贴膜、牙齿美白液等美白产品。

假若你是四环素牙，错位牙及龋洞或牙体缺损大的牙齿。做一次 VIP 级的护理这是目前比较高档的美容修复，其硬度、耐磨性与天然牙极为相近，不易破碎，且色泽美观，与牙龈相容性较好，但因造价昂贵而使其应用受到限制。

不管怎样，开家牙齿美容店将有很广阔的市场前景。

手是女人的第二张脸，开家时尚美甲店

爱美是女人的天性，无论年龄大小，女人总喜欢把自己美的一面展示给世人。女人的一双纤纤玉手很显女人的风情。如果再在那漂亮的指甲上绘上各种美丽的图案，方寸间的妩媚不仅能够带来万种风情，更让美甲行业的生意红红火火。

家住江苏南京的苏晓也是众多美甲师中的一位。起初她只是出于爱美与好奇，将自己的手指与脚趾装扮得漂漂亮亮,后来发现自己开一家美甲店不仅可以装扮自己,而且还可以赚钱。机灵的她同时意识到如果开一家和别人一样的美甲店,很可能会因为市场竞争激烈而被淘汰。

2006年10月,苏晓发现市面上出现一种多功能数码美甲机,这种机器可以将图片印制在鲜花、手机、饰品、MP3、鸡蛋等上面,完全超出了传统的美甲的范畴。早有准备的她不失时机地开始了她的创业计划,她将店面选在南京新街口与汉中门一个7平方米的店面,连店面装修一共花掉一万多元。由于店面与白领聚集的商务写字楼、中医学院、实验中学、电影学院以及旅游学校相邻,苏晓的会员制小店一下子就吸引了大量的学生成为她的主力客户,就这样顺利地赚到了第一桶金。苏晓投资金额12000元,为一双手美甲成本2元,根据南京城市收费均在30~80元,一天做10个客人,利润就在280~780元,月收入不低于9000元。假若是选择在人流量大的地方,当月就可以收回投资。苏晓的数码美甲店开业仅3个月,月毛利就达到1万元左右。

目前,数码时尚美甲吸引了很多爱美的"新新人类"。这种数码美甲使用数码美甲机,只需短短5分钟,便能在一只手的五个指甲上绘出精美的图案。一台数码美甲机里面备有近千个图案可供选择,包括卡通、脸谱、明星、星座、花卉及风景画等。如果顾客不满意现有的图案,还可将自己扫描好、拍好的相片或图案存进数码美甲机的电脑内,甚至可把自己的玉照一并弄上去,绝对做到独一无二。

数码美甲机适合于商场、超市、美容院、精品店、专营店、娱乐场所、旅游景点等以美甲沙龙或自助娱乐方式经营。一般有数千幅常备图案供选择;可自行添加并存储多达数十万幅图案;可现场拍照并选择背景图案合成;可调节图案的色彩、大小、方向和位置;支持屏幕触控点选图案;支持键控光标选择图案;支持编号输入直选图案;支持预选多幅图案;LCD显示屏+触摸屏(V4);灯光控制;可连接硬币/纸币识别器实现自助经营;提供USB、Audio、PC键盘、鼠标接口;语音、文字操作提示及背景音乐;可查询打印计数;提供密码管理功能;可软件校对打印位置;可设定投币模式;支持多国语言选择;支持音量调节。

开店的模式大致有两种,一种是加盟,这种模式要交纳不菲的加盟费,由加盟店配送设备与耗材,省事不省钱,第二种是自己配置设备,可以节省几千元的费用。如果自己已有电脑,买美甲机及耗材等的费用只要5000~8000元就够了,期初投资尽

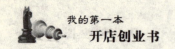
量少一点，以减轻经营压力。

由于美甲主要针对的客户群体是中高收入阶层，因此最好把店址选择在人流量较大的闹市区，或是环境优雅的购物中心、酒店或者高档住宅区。一般来说，数码美甲店不需要专门的临街房，可以向商场、购物中心等租一小块经营面积，安置自己的美甲工作台即可。数码美甲店虽不要求店面面积，但一定要有特色和自己的风格。店铺设计要温馨、舒适而不失前卫，要从装修风格、布局和服务上都体现自己对时尚的把握和对客人的关怀。开业后的美甲店需要一些必要的宣传，比较经济的做法是制作印刷精美的传单，在附近的小区投放，发展会员，用优惠券等吸引顾客。只要有了第一批客人，就会带来更多的客户。

虽说数码美甲行业前景看好，但创业也有风险，如果想开家这样的店还是需要注意如下几点：

（1）把握消费群体的特性

如对向学生的美甲消费，学生虽然不是高消费者，但只要价格适中，许多学生还是愿意消费的，毕竟美甲是时尚的潮流。

（2）掌握宣传攻势

如印刷精美的手册、配合企业宣传、体育营销、新闻软文营销策略、开业酬宾等。如世界杯时，不妨选择一些足球的图案来满足一下球迷的喜好。

（3）用赠送的手段吸引顾客

这种方法通常与商场超市合作来完成，顾客在商场购买商品可以送一片指甲贴片，不要小看这一片指甲贴片，它会给你带来源源不断的客户，因为用户拿到的指甲贴片，大部分会选择做一个图案时尚一下。就如江浙一带商场中送珍珠一样，顾客拿到珍珠，自然而然地找人帮他钻孔一样，商家就是赚的加工费。

（4）借助名人海报宣传

如明星的美甲图片，往往会吸引大批的追星族的附和。

（5）多种经营手段并存

多功能的数码美甲机可以在手机上、水果上面彩绘，可抓住季节性，做手机美容与水果彩绘，有人在圣诞节期间做的"平安果"上印字，一天销售300多个，利润竟达1500多元。

毕业生形象设计店，赚取求职"包装费"

一个人的形象是他的精神面貌、性格特征等的具体表现，并以此引起他人的思想或感情活动。形象就像是一种媒介，存在于人的主体和客观的环境之间。每个人都是通过自己的形象让他人认识自己的，而周围的人也会通过这种形象对我们做出认可或不认可的判断。现如今，形象包装设计已经成为现代大学生就业的一种新时尚，开个毕业生形象包装设计店顺应了时代的潮流，必定蕴藏有无限的商机。

随着知识经济时代的到来，用人单位对招聘人员的要求越来越高，加上目前我国下岗职工日益增多，大学毕业生多如牛毛，就业形势十分严峻。作为只有一纸文凭而缺乏实际工作经验的大学毕业生，要在如此激烈的人才市场竞争中打败竞争对手而谋取一份理想的工作实在很不容易。因此，每一位大学毕业生在求职前考虑把自己精心地包装一下以增强与对手的竞争能力是至关重要的一环。所以，办一家大学毕业生形象包装设计店，为大学生塑造一个良好的求职形象最适合大学毕业生最迫切的需要。

曾先生看准了这个商机，开了一家毕业生形象设计店，专门赚取求职"包装费"。月收入3000～6000元，收入非常可观。

毕业生形象设计一是仪态包装，主要是指对美容和发型的设计。要根据毕业生的性别、年龄和打算去应聘的职业性质设计出相应的仪态，设计要显示出当代大学生的精神风貌和气质特征。二是衣着包装。衣着包装是一种形象策划，而不是出售服装。这种设计，男士西装革履以表现去潇洒、稳重、有风度，女士穿裙子则显示美丽、大方、有气质。服装设计的大小、款式、颜色等都要具体的人具体分析。三是自荐材料设计。一般情况下，用人单位在招聘人才时，除了对应试者面试之外，最主要的是从毕业生的推荐材料中来了解其人。因此，能设计出一份精美而充实的自荐材料是大学生迈出成功就业的第一步。自荐材料设计包括对材料的封面、目录、求职信、个人简历、课程设置与专业介绍等的设计打印，也包括对各种证件、证书和发表的文章等

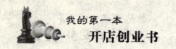

原件的复印。毕业生只需花费100元左右,把原件交给设计员,设计员将会非常熟练地为你设计出一份非常精美的自荐材料。

形象包装设计已经成为现代大学生就业的一种新需要、新时尚,不但毕业大学生,就是越来越多的下岗职工要实现再就业也必须进行适当的包装。开个形象包装设计店顺应了时代的潮流,其中的"钱"景是相当广阔的。

毕业生形象设计店选址宜设在大学校园内、两所及多所高校结合部或人才市场中心附近。从业人员只需懂得电脑,会理发美容和有一定的服装欣赏水平就可。经营场所需30平方米左右的门面,内置一台电脑、打印机和复印机,一部电话,一套美发工具。这种包装店实际上是"四季店",淡旺两季可以改头换面交替使用,淡季可以理发、打字复印,可以经营公用电话,而在每年大学生毕业找工作的时候又转为形象包装设计,真是一举两得,经营十分灵活。

足疗足浴店,从边边"脚脚"上觅财源

脚是人体的"第二心脏",是人体健康与否的阴晴表,能够很准确地反映人体的健康状况。最近几年来,各地大型的足疗保健休闲场馆如雨后春笋般涌现,进一步引导了现代人的休闲消费,使足疗保健真正发展成一个全新的休闲行业。

朱国凡从卖弹簧刀起步,干过烤羊肉串、倒香烟、卖服装、贩鸡鱼、开餐厅生意。在太多的失败、痛苦中,一次次地挣扎,一次次地脱胎换骨,最后终于修成"正果"。如今,朱国凡又站到了一个新的起点上:"良子"不仅成为全国著名的连锁企业,而且还走出国门,在韩国、土耳其、马耳他和马来西亚等国开设了分店。这是他事业的又一次飞跃。朱国凡是个普普通通的凡人,但他的人生经历,确有不凡之处。

在1994年,朱国凡和当时还在新乡橡胶厂上班的方燕燕认识并结为夫妇。"认识她是我人生的一个转折点,她一直激励我往前走。"朱国凡说。

因尽其所能去还债,方燕燕面对的是一贫如洗的朱国凡。但朱国凡并没有气馁,他想办法开起了一家饭馆,紧接着又把餐馆开到了郑州。有一天,朱国凡回到家里对方燕燕说："我下午去洗了个脚，还做了一个足底按摩，感觉特别好。这行当有前途，我打算也去做洗脚店。"自那以后，朱国凡一发而不可收，一头扎进了他的"洗脚"事业。

经过多方努力，1997年2月7日，"良子洗脚"的第一家店终于在河南新乡开张了。"真没想到会这么火，店里一共有15名员工，一个员工一天要接待11位客人。"朱国凡坦诚地说。尝到甜头的朱国凡以其特有的胆量和敏锐的观察力，通过集体投资的方式，于1997年5月7日在山东济南解放桥开设了第二家"良子洗脚"店。那天正好是他的27岁生日。济南店生意依然红火，他们的投资只用了一个月的时间就收了回来。随即，青岛店、潍坊店、临沂店等相继开张。

这个时候的朱国凡踌躇满志，准备挥师进京。随后，"良子"总部也搬到了北京。这是朱国凡人生旅途中迈出的最重要的一步。

但是，他在北京的事业不如想象得那样顺利。1997年，在北京开"洗脚店"好像还有些水土不服，其名声几乎等同于色情服务场所。朱国凡没有意识到这一点，在北京海淀区知春里开了一家"良子洗脚"店。由于受到有关规定的严格限制，不到半年时间，北京地区的"洗脚店"纷纷关门，"良子洗脚"也不例外。但机灵的朱国凡因势而变，将"良子洗脚"改名为"良子健身"，堂堂正正地继续做他的洗脚生意。洗脚店是保住了，但由于店面大、房租贵，每天至少需要8000元的收入才能确保不赔钱。但开始经营的一段时间，洗脚店每天只能收到5000元。这回朱国凡急了。在愁眉不展时，他突然发现，"良子健身"生存和发展的根本出路在于改变人们对传统洗脚的认识，同时提高自身的技术能力。为此，朱国凡一方面在宣传上下工夫，让人们对"良子健身"有了全新的看法和理解；另一方面，在不断培训和提高员工技能的同时，还专门成立了四家技师培训学校。半年之后，"良子"的正规服务逐渐得到了人们的认可，"良子"知春里店的生意也逐渐扭亏为盈。卧薪尝胆，天道酬勤。"良子"在经历过阵痛和波折后，接下来的发展极其迅速。到2000年，全国已经有了70多家"良子"连锁店，最高峰时有700家连锁加盟店。

"良子健身"意想不到的一夜"暴富"，让朱国凡有点手忙脚乱。由于管理理念严重滞后，员工的技术水平跟不上，"良子"的经营效益出现了新一轮的滑坡。2003年的"非典"，对"良子"来说更是雪上加霜。朱国凡成功的奥秘在于，每当身处困境时能够

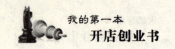

冷静思考,把握时机,退一步进三步。在"非典"让"良子"损失惨重的时候,早已意识到知识欠缺的朱国凡,毅然决然地走进了北大的EMBA,跨进了长江管理学院的大门。他深有感触地说,是"非典"给了我认真思考的时间,也给了我停下来歇歇脚的机会,这样可以把脑子里的事放一放,因为"放下"也是一种获得。在经过反复思考、缜密调查的基础上,朱国凡来了个急转弯,决定给"良子"瘦身,只暂留25家直营店,其余全部脱钩,并且不再发展加盟店。朱国凡这一招,既可以规范管理,又可以让全国各地的假"良子"原形毕露。朱国凡现在走的是一条精品发展之路。"非典"过后的一年时间里,他在北京只开了一家集洗脚、桑拿、松骨等于一身的"良子皇太极"店,也就是他的"旗舰"店。修成"正果",凡人不凡。

朱国凡出身贫苦,成功后不忘回报社会。到目前为止,他共资助了300多名贫困失学孩子上学,还在贵州山区捐建了一所希望学校。资助贫困失学儿童已成为他工作和生活中一个重要的组成部分。

一方面,现代人快节奏的生活方式和激烈的竞争带来的工作压力时时刻刻都在威胁着人们的健康,人们需要释放压力,解除身心的疲劳;另一方面,随着物质生活的日益丰富,人们的现代休闲理念也更加成熟,对喧闹的、无益于健康的庸俗休闲方式越来越排斥,足疗保健作为健康的高品位的休闲方式正好迎合了现代人的这种休闲消费需要。

足疗保健作为服务业中的一个休闲行业出现,也只有几年的时间。之前街头巷尾上的"洗脚房""足疗店",一方面由于条件差,技术不规范,经营规模小,甚至经营管理不规范,所以难成气候;另一方面,消费理念也不够成熟,社会认知度和认可度较低,即使有少数正规的足疗保健品牌一直在致力于市场培育,但由于缺乏品牌的群体效应,所以也难以担负起作为行业发展的重任。

由于发展的时间短,缺乏统一的行业标准,足疗保健行业还不够成熟,正处于行业上升阶段,因此,从投资角度看,足疗保健行业目前拥有大量的投资机会。俗话说,"女怕嫁错郎,男怕入错行",做投资选择时,首先要考虑的是选择哪个行业。成熟行业由于有成熟的行业标准和行业规范,再加上其中原有企业根基深厚,因此投资门槛高,竞争更激烈,利润更透明,很少有投资机会;刚出现的新奇特项目,由于缺乏成熟的市场认知,需要很长时间的市场培育,变数太多太大,投资风险难以预测和控制,更需谨慎进入。唯有处于快速上升阶段的行业,既具备了巨大的市场潜力,又形成了广泛的市场认知度,竞争也远未达到成熟行业那么惨烈,而利润空间也没有成熟行业那么透明,同时由于市场又近在眼前,无须培育和等待,几乎没有不确定的可变因素,因此处于上升阶段的行业才是最稳妥的投资选择方向。

那么,怎么样才能开好一家足疗店呢?

(1)足疗店越高档生命力越强,足浴店可分低、中、高三类

高档足疗店场所面积大、投资资金超过数百万元,因此其生命力较强,利润也较高;中档的一般,投资多在 50 万元左右,是目前为数最多的类型;小型足疗店不仅面积小、投资小,连所提供的服务也时常打折扣,往往在激烈竞争中最先出局。

(2)足疗店的选址和美容院等类似,大型居住小区、写字楼群间以及人流密集的道路较合适。

(3)足疗店的经营方式

足浴店多为包厢式的,两三人的小包、多人的大包一应俱全。经过几年的发展,足浴的名目越来越多,不仅可以选择中药足疗、日式足疗、牛奶足疗、香熏足疗、汉方足疗等不同疗效的项目,还有修脚等其他服务。有些考究的店铺,甚至还提供茶点、自助餐等配套餐饮服务。

(4)足疗店的资源配置

从足疗店需要的资源配置看,首先需要的是足疗技师。据了解,目前足浴行业从业人员超过 2 万人,足疗技师的基本月收入为 1500～2000 元,且还有较高的提成,而且由老板提供"包吃包住",因此吸引了大批外来务工人员。但其中真正经过专业培训的足疗技师却不多,培训足疗技师的行内技师则更少。不过,足疗技师的技法直接影响顾客的回头率,所以大型足浴店经常花费大量成本在员工培训上。足疗店另需管理、后勤人员若干名。设备配置中,除了必要的足浴桶、药材、足浴床,电视机、空调等休闲娱乐设施也需要。

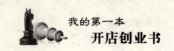

解酒服务店，抢占"醉汉"市场

中国的酒文化可谓是源远流长，饮酒过量而伤身的事情是经常发生的。照这样看来，解酒服务的需求人群还是相当广泛的。

唐先生曾经是一家纺织厂的工人，下岗后就开始以做些小生意来维持生机，但都没有多大的起色。在一次和朋友聚会中有好几个人都喝醉了，他看到了那些人丑态百露的样子，他想有一个能很快解酒的地方多好呀！于是他突发奇想：我能否从中找到商机呢？

他知道无论是平常，还是在春节期间，人们都免不了应酬，而在中国的饭桌上，要看感情深不深，很多人都用喝酒来衡量。如此一来，很多人为了"感情"二字，免不了就会发生醉酒的事，而春节期间人们的饭桌礼尚往来更是频繁，于是，发生醉酒的事肯定就会更多一些，醉酒不仅会让人尴尬，更重要的是还会误事。但在调查中发现，在多数地方都没有提供解酒服务这一项目的，鉴于此，他抓住商机在春节期间开了一家解酒服务店，生意还挺不错，由于经营范围的扩张，现在年收入在30万元不等。由此，他便开始了自己的创业路。

随着肝保健知识的慢慢普及、人们对肝病越来越关注，消费者对"饮酒要护肝"的消费意识也在逐渐提高，整个市场正在不断的升温；另外随着消费意识的提高，消费者之间对"饮酒要护肝"的消费理念的谈论和认识也在不断地提高，并不断地影响其身边的潜在消费者，整个目标人群在慢慢地扩大。

目前，市场上尚没有安全有效的治疗肝病的良药，肝病对工作和生活都有十分不利的影响，让不少人"谈肝色变"。而另一方面，平时的工作和生活的需求又让他们中的很多人肝脏严重受损，需要借助一些保健的手段来进行预防。为解酒护肝专门设立一个服务站正是适应了这个潮流。

根据当今社会的发展，解酒服务的重点主要集中于饭店、酒店、歌厅、度假村、培训中心、机关、团体、单位，因为豪饮者用它可放怀而不俗，商家则沾沾而窃喜，既满足了消费者的需求，又赢得了利润的回报，可谓双赢。

"心灵氧吧",出售我的时间陪你聊天

由于物价的飞速上涨,现代人的精神压力特别大,很多人都需要定期地缓解精神压力,开家心灵氧吧,在为别人疏解心理压力的同时,也将为你带来滚滚的财源。

兰禾是位青海女孩,毕业于西北一所著名的医学院,后又到美国加州大学留学,接触了国外心理医学研究领域的前沿知识。取得硕士学位后,她应邀在全美知名的私人心理研究机构SSVE工作,年薪8万美元。这种收入别说在国内,就是在纽约也算得上"白领"。她住在绿树掩映、鲜花盛开的小公寓里,环境舒适而幽雅。节假日,还能开着私家车邀上朋友四处旅行。一度,她对自己的异国淘金生活曾十分满足。

有一次,国内著名心理学专家李玉斌先生到"SSVE"访问,他告诉兰禾,近年来深圳、上海等前沿城市,随着人们生活节奏的日趋紧张,竞争加剧,心理问题与日俱增。尤其一些商务人士及职场白领,因长期被压抑、焦虑、失眠、神经衰弱、强迫症等所困扰,七成以上的人都处在"亚健康"状态,需要催眠师的"心理按摩"。在美国,这种深受白领喜爱的放松方式,叫"催眠心理疗法",它是应用一定的催眠技术,使患者进入催眠状态,并通过积极的暗示,控制患者的身心状态和行为,解除或治愈患者身心疾病的心理疗法,效果非常理想。很多美国丽人都叫它"心灵氧吧"。可是国内因缺乏专业的心理催眠师,目前这方面的服务还是"一片空白"。

兰禾马上敏锐地意识到,这是多么大的一个"精神消费"市场啊,它背后蕴藏着惊人的财富。可是面对这么一座金山,竟没有人去挖掘,真是太可惜了!

不久,纽约发生了震惊全世界的"9·11"恐怖袭击事件。接着,全美处于高度紧张状态:市民要"装备"防毒面具,地下室里还要储备足够的饮水和食品;人们接到信件不敢拆阅,怕有炭疽之类的致命病菌;平时外出不敢到酒吧、超市等人多的地方,怕遭炸弹袭击。在这种恐怖气氛中,国内的家人、朋友都为兰禾担惊受怕,纷纷劝她回来。

在异国打工,连生命安全都得不到保障,挣再多的钱有什么用?2002年,已拿到美国绿卡的兰禾决定离开纽约,回国创业。当时她听从李玉斌教授的建议来了深圳。

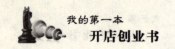

蓝天丽日下的深圳很美，宽阔的街道两旁绿树成荫，绿茵茵的草坪和鲜花更是随处可见，整座城市如置花园中。兰禾说，在街上逛累了，走进路边的咖啡屋，品尝一杯浓郁的热咖啡，那种香浓醇厚的味道，真的让人感觉心情很"阳光"。

兰禾在深圳的几位朋友都有较高的文凭，有的留过学在外企工作，有的是大公司的骨干，每月大都有七八千元甚至上万元人民币的收入，按说实际生活水平不比美国人差，可是在接触中兰禾发现，这些精英总是显得闷闷不乐。有的一下班就往酒吧跑，不到凌晨一两点不回去，常常醉得一塌糊涂，与白天的高级白领形象完全相反。

她想，这可能与特区竞争激烈的就业环境，以及高压下较脆弱的心理素质有关。而且凭直觉，兰禾认为这帮朋友已经处于严重的亚健康状态。她同一位男士聊起这个问题，那人说："你讲得没错，如今我的收入虽然越来越高，但压力也越来越大，工作、生活、情感上的都有。我每个月拼死拼活，除了付出精力，压力还令我在精神和心智上受到许多不为人知的损害，常常会感到很疲惫很烦躁！"

他还说，身体疲惫了可以按摩放松，可是职场上的压力整天纠结在心里，谁能帮助你"按摩"呢？听到这里，兰禾更加坚定了自己在深圳创业的决心。她决定开一家店，让特区人认识并接受一种新的生活时尚——心理催眠师！

经过几个月的筹备，2003年春天，兰禾的"心灵氧吧"终于在福田开张了。这里有许多大型高档商务楼，是成功人士和高级白领云集之地。兰禾相信，他们都是自己的潜在客户群体。果然，广告打出去不久，就吸引了大批白领丽人光顾。其实，最初她们都是带着好奇心理过来"看热闹"的，对催眠这种时尚的心理减压方式并不了解，有的甚至半信半疑。愿意花钱尝试者自然很少。

但她们也承认，因工作压力过重，自己确实经常出现失眠、头晕、狂躁、抑郁等现象。兰禾决定免费为白领们做一次心理催眠。她关掉室内的音乐，拉上窗帘，让20多名女孩坐在休闲椅上围拢成一圈，自己站在中央，对她们进行集体催眠。安静下来后，兰禾让大家闭上眼睛，把身体调整到最舒服的状态。此时，室内如秋夜的田野，显得一片静谧。女催眠师开始用柔柔的声音对这些白领进行诱导暗示："平心静气，什么事都不要想。现在你的视觉疲倦了，眼睛蒙眬起来了。"接着她又念念有词："感觉你的双脚就像大树，深深扎入大地……感觉你的左手托着一本非常大的字典，重得抬不起手……感觉你的右手拿着一个气球，越升越高……"这样的语言重复了几遍后，被催眠的人开始真切地感受到催眠师描述的这样一种假想的场景：自己的双脚真的深深扎入大地，和大地融为一体，怎么都拔不出来，而自己的双手已因为"字典"和"气球"的作用而一高一低。30 分钟过去了，当催眠师说"醒来"的时候，很多人甚至一时回不过神来。事后白领们普遍反映，身心很轻松很舒服。这方法太神奇了！接着就纷纷报名，成了兰禾的会员。这位女催眠师解释说："容易接受催眠暗示的人，能很快进入被催眠状态。甚至在更深的催眠状态中将自己的内心世界完全打开，就像有另一个自己在观看自己。这样能帮助人们面对压力和困难的时候得到转机。"

在第四级催眠中，兰禾用的催眠暗示非常简单："专注于自己的呼吸……专注于自己的内在感觉和声音……想象自己的眼皮被无形的黏胶粘住……"这样的简单语言被不断重复之后，被催眠者大部分都斜靠在自己的椅背上，似乎已经在更深的催眠状态下，把自己的内心完全开放，没有任何抗拒和防卫，一个个渐进睡梦的样子：嘴巴微微张开，头一点点地往下磕。

一位在公司负责销售的沈小姐说："我原来做美容排解毒素，感觉身体很放松。但工作上的压力还是纠结在心里，很难排解。我听了朋友的介绍，就到这里来做'心灵按摩'。没想到感觉很舒服，当从晕晕的状态中醒来时，人马上轻松、精神了很多，就像刚刚睡了一觉。"开始她觉得心理催眠很神秘，有点像《哈里·波特》里"魔法师"的味道，后来才清楚，"催眠法"并非是什么"魔术"，只是类似睡眠的恍惚状态，可以修正精神上的失调，保持心理平衡、快乐！

做一次心理催眠，平均收费在 100 元以上，虽然价格不低，但其神奇效果还是越来越受到白领们的青睐。"心灵氧吧"开张仅几个月，在深圳就有了些知名度，生意渐渐火暴起来。兰禾说，这种新鲜的减压方式不仅适合成人，还能帮孩子治疗一些特殊的心理疾病。

如今继传统的逛街购物、美容和健身热之后，催眠在深圳白领中又成了一种时尚。兰禾每月的营业利润都在 6 万元以上，已超过了她在美国当白领的收入。如果能得到有关部门的批准，下一步她还准备"开馆授徒"，培养一批专业的心理催眠师。让更多因受压而脆弱的心灵在精神花园里起舞，让千千万万的人快乐起来！

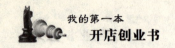

现代人由于种种压力的不断产生,心理出现了极大的"病态",甚至有过激行为的产生。同时在重重压力之下也让不少人做了不少傻事,因此心理问题也是不容忽视的。从学生到白领阶层,还有许多老年人这些都是服务对象。由此可见,开家专门进行心理辅导或心理咨询的机构,将会有很广阔的市场前景。

第七章　钱从书中出：
开一家文化类店铺也有钱可嫌

在竞争日益激烈的现代社会，人人都铆足了劲，唯恐一个不小心落在人后。人们在前进的道路上也没有忘记给自己充电。再加上急功近利、内心浮躁、冷漠麻木等不良情绪的影响，越来越多的人感叹没有可以真正谈心的朋友，但人的这种心理需要又必须满足，于是越来越多的人期望从书籍的海洋里去汲取所需要的养分。于是，市场上充斥着各种各样的图书，如果开家文化类主题店，在赚钱的同时也能够让自己浸染到文化的熏陶，可以说是一个一举两得的好事。

亲民的街头书报摊，于你方便于我赚钱

如果你有兴趣不妨开家亲民的街头书报摊，把书报送到那些交通相对来说不便利的地方，在为他人带来便利的同时也为自己带来赢利。

在广东江门市的大街小巷，有不少小书报摊，出售当地的报纸和杂志书籍。这种书报摊大都处于微利状态，月赢利能达到千元的算是不错了。为了增加赢利，有的便兼营公用电话、文具、饮料，通常赢利也不过2000元左右。但在江海路，却有一家名为"四海书报"的书报摊一枝独秀，这家小报摊专门经营书报，月平均赢利额稳定地维持在8000元左右。这不能不说是一个小小的奇迹。

郭东红自从2002年接管过姐姐的书摊，她那不寻常的创业历程就开始了。一天，东红的书报摊里进来了一男一女两个年轻人，他们开始翻看摊上的杂志，后来就一口气要了十几本，东红觉得很奇怪，通过询问，她了解到，他们是城郊工厂的工人，

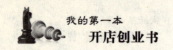

进一次城很不容易,于是工人们都纷纷托他们带书和杂志回去。所以两人每次进城都会买很多书。

那两个人走后,东红就开始琢磨:他们那里要买杂志愁买不到,我这里有杂志愁卖不出去,把杂志直接送到那里去卖,不就皆大欢喜了吗?

过了几天,她就用自行车驮了一大捆新出的杂志去到那家工厂,选择工厂下班的时候在厂门口摆起了书摊。果然,很多人从厂区出来,一看见她的书摊马上就围了过来,不到半个钟头,她带去的杂志就销出了大半,回来一清点,那半个钟头的营业额比守在城里看摊一天还多。

这件事使她发现了一个巨大的商机:这个城市市内没有大规模的工业区,工厂大多是零星地分布在郊区各地,交通不便,生活服务设施不全,这就为她的杂志零售提供了一个广大的市场。由于这些工厂太分散,大的书商不愿意开展上门售书业务,她决定去开拓这片市场。后来把书报摊的营业时间改变了一下,上午在城里守摊,午后4点关门,轮流去各地工厂摆流动书摊卖书。这一改变很快就收到了明显的效果,书报摊的杂志销售额由最初的每月不足1000册一下子猛增到了将近3000册。

东红为经营好书报摊动了很多脑筋,吃了很多苦,但是她的努力没有白费,书报摊的业务在不断地扩大,从2001年开始,店里又先后增加了3名员工,一名负责看摊守店,两名专门到各地流动送货,她自己当起了小老板,把主要精力用于调查市场和组织进货。短短2年的时间里,文红的书报摊纯赚了近30万元。

像很多城市由于大工厂都在市郊区,分布零星,交通不便,没有更好的生活服务设施。那些工人们要想获得"精神食粮",要到很远的市区去,大型的书商们又不愿意去这些偏远的地方售书,这就无疑给那些小摊贩带来了很大的商机。而且,街头小书摊成本低,流动性强,可随时改变经营场所,经营方式灵活,所以有很好的发展前景。

"书柜"进社区，书店有奇招

社区居民的消费虽然有限，但只要你善于发现商机，真正做社区人需要的生意，比如"书柜"，你会发现在有限的消费人群中也蕴藏有无限的财富。

如今开书店的人实在不少，但真能做出点特色的却实在不多，而李建立就是其中一个。"书柜"的店名，让人进入其中有如置身自家书房打开书柜随便翻阅的亲切感和放松感；坚守小区经营，了解不同人群的消费需求，在"特"字上下工夫，更是李建立成功的关键。所以仅几年的时间，他就开了5家分店，且每一家都经营得有声有色。

第一间书店是2000年开的，李建立在天河区一间较大型的小区内开设了第一间书店，他把这间书店取名叫"书柜"。因为资金不多，店面很小，大概只有20平方米左右吧，所以名字也取得很小，当时的他不敢也不想贪大。

其实，李建立的"书柜"进驻这个小区之前，那里早就有了两家规模远大过"书柜"的书店，所以朋友和家人并不看好李建立的投资计划，不过李建立从一开始就胸有成竹，他已经反复对广州各个小区的书店进行过调查，发现基本上这些书店都贪图一个"全"字，里面什么书都有，其实，你再怎么全也比不过购书中心吧，所以一定要在特色上下工夫。

经过调查，李建立认为自己所在的小区居民多数是年轻人，时尚，前卫，因此他柜上的书有2/3是自助游方面的，另外1/3是休闲类杂志。一般的主妇、老人家、小孩子都不会进他的书店，可以说这个书店就是针对那些下班之后已经根本不想面对工作、面对所谓社会人生的上班族，要让他们的心有一个远游的梦想之地。

社区"书柜"是丰富居民文化生活、提高居民素质的重要阵地，是加强正面宣传引导、培养社会主义核心价值体系的重要阵地。社区居民通过"书柜"这个桥梁，大家一起读书，交流体会，学习了知识，融洽了感情，增进了和谐。像这样的"书柜"很受居民的欢迎，因此前景非常广阔。

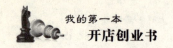
如果你想开社区书店,不妨参考如下几条建议:

(1)了解小区居民真正的本质性的需求,不要被表面现象尤其是不要被发展商包装楼盘的外衣所蒙骗;

(2)不要在装修上花费太多金钱,小区居民大多数追求实实在在的东西,回到家中,换上睡衣,谁还在乎什么格调,只要实惠就行;

(3)尽量找一手业主租铺面,这样较有保证,除非万不得已,不要考虑顶手经营,因为顶手费用是相当可观的,而且很多人会在顶手费上狠宰下家一刀;

(4)租铺前一定要搞清楚整个小区的规划前景,有时候你以为是好位置的铺面,说不定明年就在你门前挖条大沟。

小资情调众人向往,开家主打小资的休闲书吧

小资情调是很多人都很羡慕与向往的生活情调,开一家主打小资的休闲书吧,何愁那些整日以小资为情调的人不来光顾你的店呢?

在广州时代广场5楼,经过桌椅、花碟铺成的家居走廊后,有一个可以看看书、喝喝咖啡、歇歇脚的地方,称为"联邦咖啡书屋"。这里的图书总量不算多,仅有1000余册,以设计、旅游、文学、摄影等时尚生活类图书杂志为主,除了售书和租书外,还提供咖啡与茶的配套服务,特别是还有很专业的咖啡器具可以选购。联邦咖啡书屋有"商务晴港、白领天地"之称。一到下午,就经常有设计沙龙在此举行。

休闲书吧集图书馆、书店、茶馆的优点于一身,可以在人们喝茶聊天的时候翻翻时尚杂志或流行小说,也可以让人们在舒缓的音乐中,忘记工作的疲劳和学习的压力,放松身心,同时也是交流、聚会的好地方。开一家休闲书吧要求并不高,现在国内有众多类似的书店,但经营情况都非常好。

开个休闲书吧不需要太大的投入,门面面积在20~40平方米即可,因为消费者以学生和白领为主,服务价格不宜过高,同时租金不要过高,最好选择在文化气氛比较浓厚的大学区或商业区周围。以长沙为例,在大学附近租一个30平方米左右的门

面房,租金大概 2 万元一年。书吧装修以简洁明快为主,可以饰以名画、书法等文化气息比较浓厚的饰品,体现安静、休闲的风格。店面装修大概在 2 万元左右。此外,购买图书杂志以及茶具、食品、饮料等支出大概花费 5000 元,加上办理执照等费用,总共投入 4 万元左右即可开张营业。

在突出书店的个性方面,可以学习广州的学而优书店,这家书店无疑是个性书店的一面旗手,以其"学而优,可以仕,可以商,可以深入治学,可以自在悠游……"的信条而广受关注。学而优有两家店,新店和旧店都在中山大学附近,店门口经常十分热闹。画展、伊拉克战争专题展、考研现场咨询通报、新书海报等林立,常常有一种十分热烈的气氛。

书吧的特色必须在服务中体现出来,比如,在提供饮料、水果、点心等收费服务的同时,每位读者只收取 10 元左右的费用,还可为读者提供售书、订阅等服务。读者在翻看书籍之余,一定会有一些想带回去细细阅读的想法,因此看好了再买,可以让读者买到最满意的书,节省了他们的开支,也为书吧培养了潜在客户。此外,书吧最好及时收集各种畅销书的书讯,有条件的话可以自己编制一个畅销书排行榜,为读者提供及时有用的信息。

为了培养稳定的客户群,大多数书吧都有会员制服务,可以推出读者会员卡,持有会员卡可以享受 8 折优惠,可以在保持书刊整洁的同时免费借阅图书,或者年底享受相应的赠阅优惠,等等。目前,一些专业图书馆的借书证一年费用大概在 300 元左右,如果在书吧采取优惠打折的措施,对客人来说是非常划算的。

需要注意的是,书籍不同于食品、日用品的销售,店主没有一定的文化知识水平难以胜任。目前国内各大高校附近书店林立,但真正经营好的却又少之又少。原因有这么几个方面,其一是很多书店没有品牌和特色经营的意识,各个门类的书籍都有,但各个门类都不精不全,与其他书店相比没有任何特色可言。

其次,缺乏文化气息。买书的人看重的不只是书籍本身,还有书店的气氛和心得交流。如果没有特殊的服务,比如文化交流、名人座谈等吸引人气的活动,价格上又没有优势,就很难做出特色。

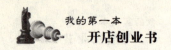
开家旧书旧报专卖店，让你从旧中迎"薪"

以往旧书在大部分人眼里都是不值钱的"破烂"，如今，随着社会"收藏热"的不断延伸，部分人从中淘到了宝贝、赚到了钱。开家旧书报专卖店无疑有着很大的市场需求。

在哈尔滨专卖旧书的曹先生是这个行业中的"老手"了，他认为从事古旧图书买卖的有上千人，像自己这样做得好的月收入超过万元。那么，旧书买卖利润到底有多大？旧书老板如何能成为"高薪"群体呢？

在哪儿能买到旧书？随便问任何一位从事旧书买卖的人士，他们一致的答案是：南直桥下的"破烂市"。以前，在道外十八道街、十九道街改造前，那里的旧物市场是哈尔滨旧书买卖者的集散地。如今，南直桥下的"破烂市"是旧书买卖最集中的区域，每周六、周日开市，热闹非凡。

旧书市刚一开市，众多淘书者便开始在旧书堆里"淘宝"。这些淘书人大都打扮得很体面，在"破烂市"的脏乱环境中很显眼，他们迅速地搜索着自己需要的旧书，熟练地和书摊老板砍价。

南直桥下的这个旧书市虽然环境比较差，但目前在整个黑龙江省都有影响，除了哈尔滨人，黑龙江各地的旧书买卖人几乎每周都会来，他们往往是周五就到哈尔滨，周六起大早来淘书。这里最大的特点就是摊位多，旧书量大，比较集中，已经形成了固定的交易时间和模式。

除了南直桥下，哈尔滨还有几处比较好的旧书市场，例如道外区"药六古玩城"附近、道里区安升街早市、哈师大胡同等，也都是淘书者的好去处。当然，旧书摊上的书也不都是宝贝，很多价钱便宜、无太大保存价值的旧书占大多数。能不能淘到好东西，一靠机会，二靠眼光，买卖做得好的淘书人眼光往往很独到，什么书只要一打眼，估价便八九不离十。

除了专门从事旧书买卖的人，还有不少知识分子也爱到旧书市场买书。他们多为大学在校老师、学者和研究生,买旧书是用于资料性研究和学习,也有部分普通收藏者是抱着对旧书的偏爱来这里淘书的。这些人群构成了旧书买卖行业的基础,并且在不断扩大。

从事旧书买卖的人也分两类,有的以收藏为主,专门收藏某一类书籍。在哈尔滨,有收集红色文献、地方志和文学类书籍的,这些人淘到自己喜欢的书籍一般不轻易出手。此外,就是专门"倒腾"旧书的了,也就是旧书贩子。这些人的学历普遍不高,但这并不妨碍他们把旧书买卖做得风生水起。

在哈尔滨卖旧书的李强干这行20年了,颇具直觉和眼力,一看到书就能估出价,他收10本书,起码有8本能赚钱。李强认为淘旧书肯定赔不了,利润至少能达到50%。李强有一次颇为得意的"淘宝"经历:三年前,他在南岗区一个早市花几十元买了一本样板戏的连环画,之后转手卖出上百元,价钱翻了好几倍。除了有利润空间,买卖旧书这个行业还有更大的魅力,那就是淘书的过程让人兴奋,看到好书像捡到了宝贝一样,特别兴奋。

由于旧书货源不一、收购价也不同,从业者收入差距很大,他们对于收入也不愿多谈。很多摊主还抱怨这个行业的辛苦。从事旧书销售的这批人,不仅靠地摊买卖,很多还在网络上销售,收入差距很大。做好了,一年赚十多万元没问题,做得一般的,一年也能赚到两三万元。

旧书买卖行当很讲究"收货",换句话说,货源渠道非常关键,基本上决定了收入的多少。据了解,即将动迁的区域、学校图书馆、资料室等都是旧书摊主们主要的货源渠道。在旧书行业,收货就跟炒股、买彩票一样,碰到一笔就发了!但风险可比炒股小多了。旧书摊主曹先生一语道破这个行业的"魅力"所在。2008年哈尔滨道外区动迁户特别多,曹先生他们提前去收旧书,那些小棚子里和居民家走廊都堆满了旧书,很多人着急搬走,都低价处理那些旧书,其中还有解放前的画报,很值钱的。后来道外区再次动迁,曹先生又去收旧书,又是满载而归。

除了城市大规模动迁,一些大企业和文化单位改制,也使大批旧书流入市场。有一年,亚麻厂清理旧书,曹先生提前知道了消息,拉着卡车去收,这些书在市场上卖了好多天。还曾有一家单位清理资料室,曹先生花2000元收了几百本旧书,其中要是有一两本能卖上价钱,本钱就回来了。即便这些书没有一本值钱的,把它们稍加整

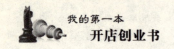
理分类,拿到市场上出售也能赚钱。

旧书市场伴随着风生水起的新书图书销售市场,其市场占有量呈现出梯级上升趋势。一份资料明确显示,像成都市旧书专卖市场以平均10000本每天的速度在增长。不谈正规的旧书商铺,仅地摊"游击式"旧书市场,就占了整个旧书市场的30%左右。

总的来说,四川书市是旧书市场的主营地。有人在现场看到,在街头旧书摊前来选购旧书的人真不少,一拨接着一拨,几分钟之内,就有数十人进入旧书店选购旧书。售书大姐说:"近来旧书的销售量翻了一个跟头,比以前好卖得多。"随后发现,销售者借势在价格上也做了调整,比以往的旧书定价要高一些。

除了四川书市,在高校附近也有旧书卖。四川师范大学北门,旧书经销商就有好几家。这些地方的经营范围比较杂,主要以小说为主,可供租售。据悉,旧书店依托学校的方式普遍很好,这主要是服务于周边的在校学生。据了解,租赁小说押金一般在10元,租金每天8角或1元,企业管理、杂志方面的书籍,租赁押金一般5元,租金每天5角。如果要买的话,价格依情况而定。在这样的形式下旧书市场能没有好前景吗?

开家女性书店,赚足女人的钱

女人,永远是社会消费的主流。很多商人都把眼光紧紧地盯在了女人的钱包上。女人问题,不但女人自己喜欢研究,就是不少男人也很想打探。开家专营女性问题书籍的书店,市场发展潜力还是相当大的。近年来,国内书市上以女性为主题的书系、杂志纷纷亮相,且种类繁多。有心者不妨开家女性书店,市场前景相当广阔。

美国第一家女性书店"亚马逊书店"(Amazon Bookstore,此书店与"亚马逊公司"之网上书店非同一家)于1970年在明尼苏达州的明尼阿波利斯正式成立。后来又涌现出许多类似的书店。此类型书店大半由女性合伙经营,往往老板兼店员。这些姊妹们希望打破传统资本主义下以男人为主导、阶级分明、弱肉强食的游戏规则,而营造出一种和谐共生的氛围。同行相忌的现象在女性书店间少有发生,相反,守望相助、彼此打气的消息时有所闻。例如田纳西州孟菲斯的"美丽丝登书店"(Meristem Bookstore),在开业时除了收到众多各方姊妹们的贺卡鼓励外,邻州的一家女性书店还代为安排畅销书《紫色》(The Color Purple)的作者艾利丝·沃克(Alice Walker)到场签名助阵。

除了书种的齐全,女性书店更企图提供人性化的空间,以北加州柏克莱大学附近的"熊妈妈"(Mama Bears)女性书店为例,一进大门,就见右侧一张大布告栏,上面张贴着各式广告、节目单,再往内走是个咖啡区,平时供人休憩,假日则作为作者签名区或表演区,一旁的小风琴还能帮忙助兴,墙壁四周则流通一些妇女们寄售的艺术品。"熊妈妈"一如其名,像个温暖的大家长,给予社区贴心的服务。

最近几年来,以女性为主题的图书、杂志俨然成为国内出版界的"显学"之一,出版社纷纷以女性为主题,开辟书系、发行杂志,种类繁多,令人目不暇接。原因很简单——女人是当今社会消费的主流群体,商家理所当然将眼光紧紧盯在她们的钱包上。由此,探讨女人喜欢研究的话题,将之作为一个专营方向,不失为出版商的一大妙招。

据相关报道,在美国以女性为目标受众的出版物早已卓然有成,且市场发展相当迅猛。不仅如此,其更衍生出上百家"女性书店"——即由"女老板"掌控,且销售的书籍从学术类、实用类乃至娱乐类,基本都以女性话题为主的书店,同样经营有道。由此,就给了有心者一个启发,若将女性书店"引进"国内,市场前景亦有望看好。女性书店在国内能有所创收,发展前景非常广阔。不过专家指出,开办这类书店也要注意一些问题,并非跟风就能成功。

要想成功地经营一家女性书店,需要注意如下几点:

(1)店址选择有讲究

最好设在"女人街"、大型美容院或女士用品商场附近,形成系列服务,或与其他书店连在一起经营。店的面积不需很大,20~30平方米就可以。

(2)店面装修及书架的购买

对于店面装修及书架的购买,除了种类要齐全,女性书店更要提供人性化空间。

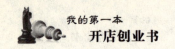

投资预算方面：房租在 1000～2000 元较合适。店面装修在 5000 元左右；购买书架 2000 元；初期进货 2 万元。总投资约 5 万元。

(3)女性书店的经营策略

经营策略方面，一是考虑读者"零损失"，即读者来书店既可买书，也可租书，只要保存完好，缴纳相应天数的租金即可，使风险和损失为零，这种特殊的销售战术能吸引众多读者。二是采取分期付款。一套定价百余元甚至几百元的书，不是所有读者都买得起。读者首期支付 50% 书款，押上本人有效证件就可将书拿走，余下部分一至两次付清，也会赢得更多顾客。

此外，可以旧换新，具体要处理好旧书的折价比率和旧书的出路问题。一般来讲，旧书可用来出租或设专柜出售。还可实行会员制，既可通过发展会员筹集资金，又能围绕书店形成一批固定的读者，保证书店的销售收入。

但要注意的是，采用会员制销售图书，书店对会员的服务和图书质量保证是最重要的，女性书店尤其如此。

书籍银行，帮人藏书自己获利

当下，因为需要，因为喜欢，或者是出于别的什么原因，人们购买的书是越来越多了，而如何收藏这些书的问题便一个个地产生了。鉴于书籍收藏难的问题，开家"书籍"银行，必定会有利可图。

崇州来蓉的王明明在某社区开了一家书店，和其他书店不同的是，王明明将自己的店定位为"书籍银行"。除了普通的卖书和租书外，读者可以将自己的藏书按 10% 的年息租给王明明，由她再租给读者。

开办这家"书籍银行"，只有高中文化的王明明说自己想得很简单，最早想开书店的时候，她也没想到要这么搞，只是想就简单地卖点书就行了。王明明在 2005 年 3 月，通过卖书认识了曾在新疆教书，退休后回到成都居住的赵老师。这位老师酷爱读书，家里四处都堆满了各种书，人也和气，她每次来买书，王明明都会给她打折。也许就是这样，一来二去，两人成了朋友。赵老师不定期地会送给她一些旧书，说家里放不下，放到她那里出租总能帮着赚几个钱。赵老师送的书保存得很好，外观上看上去都还不错。王明明把这些书摆到店里后，出租的频率很高，如果卖，有的书还能卖到原价的6折、7折。

看到这样的情景，赵老师为她出了个主意。"书籍不易保管，容易被鼠、虫所咬，占据空间又比较大，很多人家里都有一些闲置不用的书，如果能把这些闲书集中起来，搞个类似像银行那样的可以'自由存贷'旧书的生意，一定有利可图。"就这样，王明明的"书籍银行"就开张了。

书籍银行的主要赢利在于存入书与借出书的息差，也就是获得的借书租金减去存书的利息。一般情况下，存书的利息都在10%左右，对于特别好的书或者是读者急需的书，当然也可以提高利息。假设一个人在2006年1月1日存入一本价格为10元的图书，存期为一年，年利率为10%，即可以得到这本书的年利息1元，一年之后，存书人可以将书拿走；如果这本书1年内共租出去20次，按每次收0.5元的租金计算，则该书的年借书租金为10元，也就是说"书籍银行"得到的利润为：10-1=9元。

王明明说，如果她每年能收到这样的存书3000册，每本存书的年利润按9元计算，即每年的毛收入便有：3000元×9=27000元，如果再加上代售一些书籍，每年的毛利润便会在5万元左右。减去税金、房租和其他各项开支，每年的纯收益就可以有3.5万元。

从现在的情况来看，王明明每个月能收到存书120本左右，加上卖书，总体利润也不少。王明明已经很满足了。现在，她最想做的是总结一定的经验后，在成都再开两家这样的店铺。

"书籍银行"开张的第一天，书屋就存进了10本书，这让她很高兴。10本书都还不错，有《狼图腾》、《达·芬奇的密码》、《亮剑》……都是那种畅销但没必要收藏的书。

随着知识经济时代的到来，近几年人们对知识的学习有了更深的认识，书成了每个人生活中不可或缺的一部分，由此，人们购买的书也越来越多，而与此同时各种问题也接踵而来，比如，书籍不易保管，容易被鼠、虫所咬，占据空间又比较大等，为很多"读书"人带来许多烦恼。鉴于此，乘机而入，开个书籍"银行"，一定会有"利"可图的。

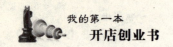

"书籍银行"的地址必须选择在居民集中区和文化区附近,租两间到三间房的门面便可以了。为便于与外界联系应安装一部电话,同时还需要购买一些如摆放书籍的书架和制作一些存书、租书卡等。开书籍"银行"初期大约需要投入资金 25000 元左右,12000 元用于购买第一批书籍(调剂书和出卖书)。3500 元用于购买摆放书籍的书架,8000 元用于付房租和简单装修,1500 元用于制作存书、租书卡。

那么,怎样才能让书籍"银行"有一个良好的开端呢?

(1)做好前期的宣传工作

可以通过在周边地区散发宣传单的形式,让人们知道一个书籍"银行"即将或已经开业了。

(2)存书时把好质量关

开书籍"银行"在选择存书时,一定要把好书关,没有出租价值的书一律不收存,同时对选好的存书,应相应按书的新旧档次付给"利息"。

(3)必要时提供上门取书服务

对大宗的存书户,可以实行上门取书服务,当然要收取一些相应的服务费(服务费可以从存书户所得的利息中扣除),而对于经常租书的租书者应实行一些优惠"政策",如办理月租书卡(月租书卡租书费用要低于日租书费)、节假日优惠租书等,如此,便会稳定一部分租书者。

把书籍银行开好的关键是选择存什么样的书。没有出租价值的书,外表残存得厉害、无法修补的书一律不收存。对于如何才能判定一本书是否有出租价值,这就要考验店主的"功力"。

做这个生意,就要求你不仅要了解书市的行情,还要了解很多的有关书的信息,光凭力气是做不好的。这样,这个书籍"银行"便有钱可赚了。

古董收藏店，传统的赚钱之路

古董是祖先留给我们子孙的文化遗产、珍奇物品。在这上面沉积着无数的历史、文化、社会信息，而这些信息是任何别的器物所无法替代的。因为古董可以作为一种玩物，所以后来我们也称为"古玩"。古往今来，一批又一批愿意出高价甚至不惜代价收藏古玩的投资者，造就了古玩业的长盛不衰。古玩收藏成了市场中一个可能让你获取超额利润的行业，许多投资者正是看中了这一点，而想尽办法要开家古玩店。

义乌市有一家古玩收藏品店，店里林林总总展示着形形色色的古玩工艺品，包括玉器、瓷器、铜器杂件、旧字画、书籍、砚台、绣花、古老挂表、旧门窗、竹木雕刻、各种银圆以及银饰品。这些让历史凝结成永恒的物像不但给人一种艺术享受，也让人仿佛看到中国古老的历史。

店主方金汉开古玩店时间已经有30来年了。他说，当初自己的亲戚中有人做古玩收藏这一行，在他们的带动下，他开始接触古玩收藏。最初古玩店主要经营内容是古玩收藏和黄金加工，那时候店里的古玩仅限于翡翠、银器、银圆之类。之后古玩的品种也不断增加。方金汉的古玩店没有店名，不过只要看看柜台上的那些物什，也能知晓这家店的特色。店面只有不足20平方米，展示的物品多是明清时期流传下来的传世作品，最早的是唐初的。店里的收藏品出售价格不一，有1000多元的画，也有几元钱的钱币。

字画长期存放在柜橱里或挂在墙上都不太好，最好是将所收藏的字画轮流挂，每个月换一次。瓷器比较脆弱，稍微一不小心就容易磕碰，在展示珍贵瓷器时可以用透明尼龙线固定其上部，避免晃动摔倒。硬木家具不宜用湿布擦洗，可以用带有一点蜡的干布抹。珍贵的铜器最好存放在密封或者真空的玻璃柜里展示。邮票、剪纸、年画等纸制品长期暴露在光线和空气下会褪色发黄变脆，应该装册保存，等等。

有时候他也运用亲朋好友的力量来收集古玩收藏品。现在店里已经有数百种古玩，不过方金汉还是感叹货太少。古玩店是集藏爱好者"淘"古董的地方，应该说店里

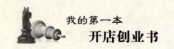
最忠诚的顾客就是这些集藏爱好者。收藏是一种投资，更是一种文化。方金汉认为，藏家购买或交换藏品的基础是"志趣相投"。因此，古玩商品交换的基础是价值发现，但更是一种文化发现。

改革开放30多年来，古玩业一路红火，平均利润超过很多行业。深圳古玩城有近100家古玩店，加上城外有证无证的店铺共达200多家，年交易额至少达3亿元。

收藏古玩是肯定要花钱的，小小的玉器挂件少则几百元，多则上万元；一块古瓷片也要几十甚至上百元。古玩店往往是一只手进古玩，另一只手售古玩，这一进一出，利润高的可达数倍！国家对古玩交易没有价格的规定和限制，全凭买家对古玩的鉴赏能力和兴趣来定价。

投资古玩很暴利，但千万急不得。民间有句话说古玩店是三年不开张，开张吃三年。这话有两层意思：一是要有耐心等待真正识宝，而且喜欢它的人来买；二是只有遇上识货的人才会肯出价。有人说古玩经营一夜暴富，也只是指存货出手卖好价而已，并非所有古玩天天都有人愿出高价买，因此投资古玩能营利，但却急不得，要耐心等待识货的知音出现。

古玩店必须遵守国家的有关规定，集中统一在专业市场内经营，在专业市场外经营古玩是违法行为，同时，经营现代工艺品的店铺，不能将工艺品作为古玩出售，否则是欺诈行为。

古玩店明文规定，商户在经营古玩和现代工艺品时，必须向客户说明其是古玩，还是现代工艺品，出售的古玩要有鉴定标记，任何一家古玩店顾客买的所有古玩，全部实行品质保证，如果顾客买到赝品，由出售古玩的店铺包退，如出现多次出售假古玩的店铺，将收回经营权。

古玩是富有文化内涵的商品，经营者应该具有传统文化的修养和一定的鉴赏知识。假若由门外汉或学艺不深的人来经营古玩艺术品，一般的集藏者不敢花高价购买这些"不知底细"的古董。开古玩收藏品店需要到各地淘古玩，这过程中有可能会遇到赝品，这就要求业主有一双"火眼金睛"，能结合平时积累的知识判断那些古玩是真还是假。

用文化理念开家普洱茶茶庄

中国茶文化的历史可谓源远流长。对于茶这种文化内涵颇高的商品来说,如果结合文化去经营,更能吸引人们流连的目光。

方舒雅的普洱茶茶庄就开在她家附近,因为装修得特别古朴,与周围现代化的建筑十分不搭调,所以也就很自然地进入了人们的视野。大多数人是揣着好奇心走进她的茶庄的,没有买茶的心思,但对各种各样质朴中透着奢华的包装很感兴趣。请客人品茶是一般茶庄都会做的事,也没有什么特别,但是,在古香古色的茶庄里,美丽的女老板加上精湛的茶艺,不得不说是一道亮丽的风景线。

让很多人没有想到的是,老板紧接着开始讲普洱茶的来龙去脉、讲普洱茶的文化,这让人们开始觉得她很不同,卖产品是每个商人的天职,传播商品的文化内涵,却不是每个商人都有耐心去做的,尤其是这种有些深度的内涵,自己要弄明白恐怕都要费些周折,更何况要传播。这种经营之道,对于茶这样文化内涵颇高的商品来说,很"匹配"。

方舒雅是从一个消费者变成一个经营者的。她是在云南工作时开始迷恋普洱茶的,第一次喝普洱茶,她就知道自己找对了茶。回到新疆后,她告诉自己要从事一种自己喜欢的工作,她选择了经营普洱茶。对于她这种衣食无忧的女性来说,经营一个茶庄,不光是赚钱那么简单,每天与自己喜欢的普洱茶打交道,卖茶、传播茶文化,然后以茶会友, 这是一件非常有意义的事情。她的茶庄没有卖过那种天价普洱茶,同样,她的茶也没有因为普洱茶价格的暴跌而低价甩卖,一直维持在一个很平稳的状态中。

开这个茶庄,方舒雅可没少费工夫,为了更好地体现普洱茶的文化,她专门将两个茶艺师送到云南去学习普洱茶的知识。在茶的包装上,她也是精挑细选,让每一块普洱茶看起来都像一件工艺品。她的茶庄还有很多印刷精美的小册子,专门用来介绍普洱茶的茶文化。

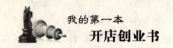

更独特的是,她用40岁的女子来形容普洱茶,她说:"好的陈年普洱茶就好比一个底蕴深厚的40岁女子,在经历了很多的人情世故之后,经过了时间的打磨,有了积累、有了对生活情感的沉淀,也就有了自己独特的风韵,她的好不再是一望而知的表象,而是需要慢慢地去品味。普洱茶也是一样,越陈越香醇,这不是仅用嗅觉就能感觉出来的,而是需要用味觉去细细体会,用心去感受。"

可能也正是有着这样的心境,方舒雅才会把传播文化内涵这样的理念在普洱茶的经营上用得这样纯熟。

普洱茶茶质优良,具有茶叶肥壮、叶质柔软、浓绿、芽头壮实、白毫显露等特点,冲泡饮用时色泽乌润、香气馥郁、汤色明亮、醇厚回甘,毛尖清香如荷、新绿可爱,内质外形兼优,不仅具有一般茶叶解渴、提神、明目、解油腻的作用,还有消食、化痰、利尿、解毒、减肥等功效。

清代学者赵学敏在其著作《本草拾遗》中提出普洱茶的药性及功能为:"普洱茶清香独绝也,醒酒第一,消食化痰,清胃生津功力尤大,又具性温味甘,解油腻、牛羊毒,下气通泄。"历史上,由于普洱一带交通不便,运输主要靠马帮。为了便于运输,"普洱茶"多制成团、砖、饼等形状的紧茶。紧茶千里之遥运输,途中经热湿及至寒冷各地段,茶内茶多酚促氧化自然发酵,茶叶变成黑色,味道陈香,有别于其他茶叶之味道,别具特色。

此外,这一区域栽植的茶树由于是大叶种茶,嫩芽有显著的白色细毛,故所制毛尖,略呈银白色的光泽,所制红茶色浓味厚,无印度、锡兰茶之辛涩味,颇合欧美人之饮茶习惯。在一些地区的茶树还因与樟树混生,故在品质上又另具特点,即与酥油极易混合,因而又特别受到藏民的欢迎,市场前景十分看好。

第八章 小本起家：
告诉你 5 万元以内的那些开店项目

在如今这个时代想一夜暴富的可能性几乎为零。我们每个人都想自己当老板，从此以后可以不再仰人鼻息，但有很多人往往因为资金的问题而迟迟没有走上创业的道路。起家不怕本小，只要你踏踏实实地做下去，你的事业总会从无到有、由小变大的。只要你有足够的信心与勇气，少说五年，多说十年，你一定会有一番大的作为。其实，只要有 5 万元，就已经足够成就你开店创业的梦想了，我们来看看那些小本起家的成功者是怎么做的吧。

5 千元把家用空调清洗店开起来

家用空调在使用过程中每年至少要清洗保养一次，否则内部因堵塞了大量灰尘污垢，会使其风力受阻，制冷、制热量下降，噪声增大或发出异常声音，压缩机功耗也会随之增加，容易损坏空调，直接影响到滋生温床，使其霉变产生异味和空调病等。目前，我国城镇空调的普及率达 40%以上，开一家家用空调清洗店，不仅有利于改善生活环境，而且可以给投资人带来滚滚财源。

以一个 50 万人口的中等城市为例，按 5 人拥有一台空调测算，总拥有量应在 10 万台左右；空调清洗每年按其总量的 70%计算，每台空调清洗服务费按 40~50 元消费，则其每年的空调清洗产生的价值就可达 200 万～300 万元。另外，通过空调清洗又可带动安装、加氟、维修等相关服务，每年的服务营业额又可提高 20%～30%，所以空调清洗市场潜力十分巨大。

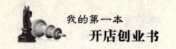

苏州空调清洗店主张女士,3年前突然失业了。作为一名下岗职工,她一直没能找到一份称心的工作。在闲暇读报时无意间了解到空调清洗市场潜力十分巨大。于是,她尝试着做空调清洗。一开始她不太懂经营,也没有固定的门店,所以生意一直比较冷淡。尤其是,因为空调清洗具有旺季和淡季的区别,生意没法维持红火。后来,她想出了一个办法,那就是拓宽服务项目。还根据客人需要直接销售专业清洗消毒产品,这就保证了店面的长期经营。

此外,清洗店的员工可以住得离市区不是那么近,因为他们的工作位置并不是那么固定,但是家电清洗店的店址很重要,最好在四环以内,这些人群聚积的位置生意更好。

创办空调清洗店只需10余平方米的店面就够了。店面应选择在人流量较大的临街地带,最好在经营电器商品较集中的地段或者家电商场旁边,店内只需简单装修,但要干净明亮,突出服务风格。创办之初必须聘请几名有电子、计算机等有关电器专业知识的员工,上岗前必须开展清洗业务培训。要建立清洗维护服务定期回访制度。根据用户的不同反映和要求,不断提高自己的服务质量和水平。

据张女士介绍,空调清洗主要是上门服务,无专门的门面也可,有一间普通的办公室(也可以在家里办公)、一部电话、2~4名工人就可经营作业。启动资金需1000~3000元,主要用于购买工具、专用清洗剂。

采用专用清洗剂清洗,不需将空调拆下,只要将清洗剂直接对着空调的室内、室外机就可清洗,同时清洗时不会污染墙面和地面。清洗一台空调一人只需20分钟。

现以清洗1.5匹挂机为例,每台的清洗利润:专用清洗剂成本(需0.2~0.25kg)1.5~2元,管理费1元,工人工资5~10元,税3元,宣传广告费1~2元,合计成本12~18元,每台按50元收取服务费,利润:50-(12~18)=32~38元。

一个工人一天清洗10台空调,其为公司创利就可达320~380元,两个工人就可达640~760元,4个工人一天就可达1280元以上,一个月就赚3.8万多元。

随着我国国民经济的发展和人民群众生活水平的不断提高,空调已由高档家用电器转化为生活家用电器,而步入千家万户;发展普及的速度之快大大超出了人们的想象。根据国务院发展研究中心市场研究所发布的调研结果显示,我国城市居民家庭的空调整体拥有率已达46.5%,大中城市均已达100%以上,比如,北京106%,上海104%等。

在卫生专家的眼中，两年以上未清洗的空调极不卫生，美日等国在20世纪七八十年代相继定法例，强制公共场所（医院、餐厅等）定期清洗空调，否则违法；在日本、香港等地区，由于相对较早、较多地使用空调，人们对空调致病耗能的机制意识很深，空调清洗业已十分发达；可在国内，因为空调刚刚大规模普及，"清洗业"尚是一片空白，空调清洗是新生事物，很多人在这以前还从来没听说过洗空调这回事，另外洗空调对人体健康、提高空调性能都很有好处，且效果当即可以见效，口碑效应非常好。与此同时，大家对生活质量的要求在逐步提升，各种媒体对空调对人体伤害的宣传（空调病等）日益加强，使更多的人意识到空调需要彻底清洗，简单地清洗过滤网和外壳已不能满足要求，市场越来越迫切需求一种能深层彻底清洗空调的清洗剂。

家用空调清洗主要是上门服务，因而无须门面，只需一间普通的办公室（作接待和仓库用）或在家办公，主要是要有一部电话，2～4名工人，工具费用每人只需20～30元，再有部分流动资金购买专用清洗剂即可，总投资可根据资金情况约需3000～4000元。

对于家用空调清洗，80%的空调用户均未加以重视，有的认为家用空调根本不需要清洗，空调长时间不用或已用多年没清洗的空调刚启动时吹出的风带有很大的异味（各种细菌也随着扩散出来，容易传播疾病）或噪声异常，制冷、制热量不理想时，均未考虑到空调要清洗保养，以为坏了，但送到维修部门又找不到原因。其实只要通过专业清洗，以上的一切问题就能全部解决。所以最重要的是要加以宣传引导，让广大用户充分了解家用空调清洗的重要性和必要性，引导人们改变观念，接受家用空调清洗保养这一新生事物。

开业期间在当地晨报、晚报、电视报上作些科普广告，以培养知名度；同时派人在居民小区散发传单，组织业务人员上门联系单位业务，再有可以与物业管理公司合作，由物业管理公司出面，承揽一些成片的家用空调清洗业务与其分成。这样在50万人口以上的城市平均每天至少可以清洗15～20台家用空调，每月清洗500～600台，利润可达1.6～2.0万元，每年至少可赚16～20万元。

开店要一切为客户着想，尽可能让客户满意，建好客户档案，定期电话回访，长期跟踪服务，巩固已发展的客户，打好服务牌，树立良好的企业形象，建立一个完整

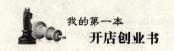
的客户群,由客户一传十、十传百,无限的市场商机就可尽在你的掌握之中了。

1万元开间家具收纳店

开家简易家具收纳店,在为他人带来方便的同时,也让自己赚得了财源。更主要的是开这种店的投资较少,一万元就能实现你创业老板的梦想。

在城市的街头,经常可以看到各种家具收纳小物件在各类精品店搭售。这种简约大方、实用性强、价格也很实在的小家具,这几年开始受到厦门人的关注。而其中的简易衣柜更是以高性价比,受到了许多刚刚工作或刚刚成家的年轻人的青睐。于是,聪明的商家发现了其中的商机。

王先生的"兄比"家具收纳小铺是开始正式对外营业时间并不长。"收纳"这个概念是几年前从网络开始炒作起来的,所以对于习惯上网的人群尤其是年轻人来说并不陌生。但是真正了解"收纳"尤其是"收纳"商机的人还不多,因此这个市场前景广阔。

在国外,大家都习惯了3年左右就更换一次家具,国内市场的收纳家具最早就是由国际品牌的大卖场带入中国的。在国内,根据王先生的创业经验,收纳家具市场目前竞争还不是很激烈。

布制收纳家具价格比较实惠,而这些家具用品实用性比较强,在外观上也符合现在的简约主义审美,只要是质量过关的产品,使用寿命达到3年左右一般不成问题。事实上,大卖场也知道收纳家具的商机,但因其自身管理系统的关系,并没有专门设置"家具收纳"这样的货架,而且收纳衣柜展示需占用大量展示货架,这对于拥有大量商品品种的卖场来说是奢侈的,而这也为家具收纳专卖店赢得了更广阔的生存空间。

不过,开收纳店的投资不高。例如在厦门,大约1万元就能开间家具收纳店。如果经营得法的话,2～3个月就能实现赢利。加上这种商品实用性较高,又不存在像服装款式会过时等问题,因此,就算是对刚刚工作没几年的年轻人来说,也是一项比较理想的低成本创业项目。

虽然收纳家具的顾客是住户，但是不要以为把店开到小区就一定合适。一些店主提醒创业者，现在很多小区因为餐饮生意做得很火热，所以店租并不比商业街便宜，靠近大学区和热闹商业区非第一排店面会是比较好的选择。另外，建议提供上门送货服务，并且提供帮助组装家具的服务。

收纳小店的初期投资在 1～5 万元，开店面积一般在 15～25 平方米最为理想，店面租金一般不高于 3000 元／月，一件商品的定价利润在 50% 左右比较合理，3～5 个月可以收回投资成本，实现赢利。

家居收纳店只需要 1 万元就可以启动生意，这可能让很多年轻人都为之一动，但是在房价高企的今天，很多大城市的商铺并非那么容易租下，如果是盘他人的店铺，转让费一般都不低，所以在选址的时候要特别注意。另外在进货渠道上也要谨慎选择，不少无纺布家具制造商的产品质量不过关，可能会出现配件坏损或者无纺布带有刺激性气味等问题。

2 万元开家颈饰店，风情万种觅钱财

颈饰的流行已经有很长时间了，很难界定这股风潮最早是从哪里开始的。项链是女孩子最钟爱的饰物之一，如果想经营美丽事业赚女人钱，千万别忘了展示女性风情万种的"颈上风景"颈饰品。

开一家颈饰店，必须对颈饰有一定的认识，能够给顾客提出独到的建议。如果顾客的脖子比较长，大可以用宽宽的颈圈进行修饰，甚至可以用好几条缠绕在一起，造成丰富的美感。

对于脖子比较短的人来说，平时用颈圈是挺少的，但是如果脸形不是特别的圆或者短，还是可以找到自己的样式的。比如一种细细的，可以挂羽毛的项圈，就会很漂亮。羽毛垂下来破坏了原来的圆弧形状，也就对脸形没有很大的影响了。

颈饰最配的服装是 V 字领的，其次是比较大的圆领，然后是合身的高领。比较尴

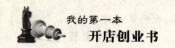

尬的是领子和颈饰的边缘模糊不清，或者有相交的。那样是比较难搭配的情况。而且，实际情况还不止这么简单，得因人因场合因季节而异，只有把握了这些原则，你才可以在颈饰市场赢得自己的立足之地。

现在人们一般喜欢适合脖子尺寸的颈圈，而其中以1厘米左右的宽度最漂亮，原料可以是藏银、珍珠、水钻、绳子、贵金属、珠宝等各种各样的东西，所谓丰俭随人，将顾客打扮得最美，那么你的生意也就最红火。

一家颈饰店最好开在娱乐场所、大学或是风景旅游区附近，这样能保证充足而稳定的客源。这样的地段房租费约2000元/月，装修费2000元，员工工资1000元/月（一个正式工，一个临时工），首次进货10000元，其他杂费500元/月，营业执照申请费用800元，合计一次性支出约2万元，每月固定支出约3500元。

3万元投资卡通餐

我国当下的儿童就餐市场很不乐观，一直以来被洋快餐占据了主导地位，儿童就餐结构明显得不合理。长沙的李女士瞅准商机专门做起了"卡通餐"，当起了名副其实的儿童快餐小老板。

目前，市场上的儿童餐多以洋快餐为主，缺乏营养，不够健康。但中式儿童餐在形式上与成人工作餐没有区别，无法吸引小朋友。在幼儿园工作的李娟却从中看到了很大的商机，首创了儿童"卡通餐"。2003年3月，李娟投入3万元开始创业。仅一年的时间，李娟的"卡通餐"就已经进入了长沙地区的多家幼儿园和小学，并与其中3所幼儿园和5所小学签订了长期的送餐合同，年营业额已达到100多万元。

2002年，李娟在长沙的一所幼儿园里当教师。在工作中，很多小朋友不爱吃饭成了让李娟头疼的问题。一次，李娟发现一名小朋友在吃饭时，将米饭和菜组合成了"一休"的形象，自己吃得津津有味。第二天，李娟主动地将饭拼成一个惟妙惟肖的"一休"形象，谁知，更多的小朋友都吵着要吃带有"一休"卡通形象的午餐。自从推出"卡通餐"后，小朋友们吃饭时欢天喜地，小家伙们也听话多了。"卡通餐"给李娟工作带来成绩的同时,也激发了她想自己创业的想法。

2003年2月,李娟辞掉了幼儿园的工作,决定一门心思制作"卡通餐"。要想做好卡通餐,造型的好坏是关键。李娟搜集了大量儿童喜欢的卡通形象,设计了蜡笔小新、樱桃小丸子、机器猫等"卡通餐"。形象定下来,李娟开始对用料进行了研究,最后决定用营养丰富且色彩鲜艳的蔬菜作为主要原料。

在自己的反复摸索中,李娟在"卡通餐"的制作上制定了两条标准:

标准一:用料上有严格的标准。李娟严格规定每盒"卡通餐"里都要有新鲜的蔬菜和肉类。比如,用白菜叶做裙子,用火腿切片做脸底,用海带丝做头发、用紫菜做眼睛等。因为"卡通餐"仅仅能够吸引儿童是不够的,还要有满足儿童生长所必需的营养。这样一来,既能保证每一道菜做到颜色自然丰富,又能做到每盒饭的营养均衡。

标准二:有严格的制作程序。为了避免因炒菜而使蔬菜改变颜色和营养流失,李娟先将生的蔬菜摆在煮熟的饭上,再上笼蒸约3~5分钟。这样做出来的"卡通餐",饭菜熟了,蔬菜也不会变色,还保证了营养,造型也漂亮。为了每次实现这个标准,李娟对各种菜在不同"卡通餐"里的形状与安放位置,都做了记录,画了图谱,自创了一本"卡通餐"制作的"秘笈"。

在熟练地掌握了"卡通餐"的制作方法后,李娟决定将"卡通餐"推向市场。如果自己开店的话,各方面的费用加起来会成为很大一部分的支出。而当时李娟手里只有3万多元钱,怎么办呢?经过一番思考后,李娟决定在家里制作卡通餐。这样虽然节省了费用,可是由于没有自己的店面,顾客也不会主动上门来消费的。那么,自己只能主动去找顾客。

渠道一:进入幼儿园

李娟首先想到了去幼儿园销售"卡通餐"。"卡通餐"最开始的制作灵感就来源于幼儿园,李娟对幼儿的教育情况也比较了解,知道现在家长很注重儿童配餐的质量和营养水平。

为了能够得到幼儿园的认可,李娟向校方展示了她制作的几款"卡通餐"并向校方介绍了"卡通餐"在国外的发展状况和其营养特点。同时李娟还承诺,自己的"卡通餐"不会影响幼儿园配餐的正常销售。幼儿园提供的配餐每份4元钱,李娟的"卡通餐"是每份8元钱,买哪种由小朋友自己来决定。而且每销售一盒"卡通餐",李娟给

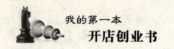
校方一元钱的提成。由于校方对"卡通餐"也是很感兴趣,再加上这些优惠政策,李娟取得了在幼儿园销售"卡通餐"的权利。

由于造型漂亮,李娟一下子就卖了几十盒"卡通餐"。一个月下来,李娟净赚了两千多元。没过多久,李娟就接到了另一家幼儿园的订购电话,要求李娟每天为该园送一百份"卡通餐"。

渠道二:为小学生提供午餐

在成功地打开了幼儿园这个渠道后,李娟决定扩大"卡通餐"的市场——开发小学生市场。为了拿下这块大蛋糕,李娟来到小学进行了市场调查。结果发现,许多小学生的午餐都在学校吃。学生对学校一成不变的配餐早已感到厌倦,而且同学们都表示很想品尝一下这样的"卡通餐"。最终,李娟选择了在离自己制作地点不远的"新华小学"进行销售。

因为小学生市场更大,李娟在销售上采取了"薄利多销"的策略,即每盒卡通餐给校方食堂2元钱的提成。由于这种"卡通餐"既有情趣又营养卫生,所以吸引了很多小学生前来购买,家长也对这种"卡通餐"表示认可。

顾客的满意就是最好的广告,李娟每天要为该"新华小学"配送500份卡通餐。此外,又有5家小学要求李娟为他们提供"卡通餐"。一个月下来,李娟为这6所小学提供午餐的营业额已经达到了10万多元。

渠道三:开发白领一族市场

李娟发现,很多写字楼白领的午餐都在外面的快餐店吃,不仅口味单一,而且没有营养。针对这类消费群体,李娟推出了既时尚又健康的"卡通餐"。

为了满足这些客户的高标准,李娟先对这个群体进行了抽样调查。得出的结论是,这个群体(尤其是女性)都希望能为她们提供一些高营养、低热量、卫生的快餐。这样既能满足自己对营养的需求,又能保持身材。根据这个调查结果,李娟在保留原有"卡通餐"风格的基础上,在食物的质量、口感与营养上做了新的改动。每盒"卡通餐"里增加了一些营养丰富且热量低的各种彩色蔬菜、菌类和海鲜。由于制作成本相应地提高了,李娟将这类"卡通餐"价格定为12元、15元、20元不等。

这种"卡通餐"正好满足了白领一族对快餐的要求,所以在试销后的第二天就接到了100多个订餐电话。随着业务的不断扩大,李娟决定让"卡通餐"走出长沙,让更多的人了解"卡通餐"。李娟决定采取以开发加盟店的形式来发展"卡通餐"事业,让其他的创业者也能够分一杯羹。

对于李女士开发经营"卡通餐"的成功,专家认为,关键在于她打破传统思路,没有围绕着传统的餐饮"内容"打转,而是跳出来,从另一个角度——饭菜的形式入手,从而开发出"卡通餐"这种新型儿童餐。并且,她在"卡通餐"的制作上,制定相应标准并严格执行,这是成功的秘诀之一,也是目前欲加盟"卡通餐"者所必须严格遵循的要点。李娟在自己资金少、人员不足、市场不好进入的情况下,取得了"卡通餐"的成功。成功之处就在于她找对了"卡通餐"的销售渠道,并且针对不同消费群体的特点,开发出相应的"卡通餐",是她取胜市场的关键所在。

4万元开家个性手表工作室

在化妆品、保养品都能"量身定做"的新时代,手表也要由自己做主,彰显出其个性。开家个性手表工作室,让人们在定制的手表中体验时尚,这也是一个很不错的生意。

在上海的共富新村内有一家专门定制个性手表的工作室——欧立文,是英文ONLY ONE 的音译,顾名思义,就是在这里定制的手表都是独一无二的。目前,这家手表定制工作室月营业额有数万元,毛利更是高达七成。

走进欧立文手表定制工作室,感觉与一般图文制作的门店并没有什么大的不同,都是电脑、打印机等一些相同的设备。但是,当欧立文的老板奚坚宏将工作室的成品呈现在顾客面前时,它的特别之处以及所带来的冲击是其他图文制作所无可比拟的。

它们是全新概念的个性手表,除了正常的计时功能外,由于表盘是单个设计制造,所以更加个性,更具人文色彩。表盘的题材涉及方方面面,甜蜜如见证幸福婚姻的爱情礼赞,可爱如描画家中宝贝笑颜的孩提童趣,还有仿佛记录人生轨迹的成长历程,以及彰显自我风范的个性写真,等等。而可供选择的手表的材质也是多种多样

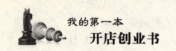

的，塑料、不锈钢、真皮、钨钢等，市面上常见的制表材料在这边都能找到。而手表的价格大抵也是根据材料而定，从38～258元不等。

目前欧立文手表定制工作室的顾客主要分为团购和散客两种，其中团购顾客已经占到70%的份额。而在散客中，以年轻学生、时尚白领等追求个性等至潮一族为主。他们购买的目的也各不相同。有的希望在情侣纪念日、同学临别留念、亲友生日等温馨的日子作为一种意蕴深远的礼品赠送，有的为表达感谢之意，馈赠老师、长辈、上司以及业务协作伙伴，还有的则是将自己珍爱的照片、邮票、书画等印制在上面，自我欣赏。

欧立文的老板奚坚宏一直都是一位用脑筋赚钱的创业者。与很多人不同，他人生的"第一桶金"是从自己最初工作的国有企业中赚得的。当时在上海一家国有手表企业担任销售经理的他，看到了企业在体制运作上的不足之处，主动站出来向领导表述了自己的改革建议，并提出将自己作为改革试点进行尝试。那一年，奚坚宏成绩斐然，用他自己的话说："一年可以开一部奥迪车回家。"

然而，随着国内手表制作的重心由上海向深圳转移，手表在上海正从一个朝阳产业渐渐没落。奚坚宏决定离开国有企业，走自主创业的道路。但是，国内手表的高端市场有进口手表顶着，而下面又有城隍庙和义乌的低端商品铺天盖地，如何在夹缝中选择一条生存之路，并怎样才能将这条路走长、走好，他又开始了新的思索。

最终给了奚坚宏创业灵感的是瑞士著名手表品牌斯沃琪的发展历程。"现在的斯沃琪是以它的时尚而知名，但是最开始它并不是以此发家的，它依靠的是做各种各样的题材，如奥运会、F1，等等，那么我也可以在手表的题材上做文章。"一天，奚坚宏看见电视上出现了一块价值1200万美元的天价手表，也正是它的表盘是由一名现代派画家微雕所成因而价值连城。这条消息让他决定："要做比斯沃琪还要斯沃琪的手表！"

为此，他花了将近两年的时间，攻克了将图片印制在金属表面上的高分子转印技术，开始开办手表定制工作室。

从2003年年底至今，尽管奚坚宏办妥了所有的开业手续，但欧立文一直都是以工作室的形式存在着，并没有自己独立的门店。曾经也有很多人建议奚坚宏开个门店，那样会有更多的人认识个性手表定制。但是就他个人而言，对于经营门店没有任何的经验，这毕竟和开办工作室是不一样的，增加一大笔店铺租金成本不谈，光是在店面的装修和设计上就是一门很深的学问。还有一个很重要的原因就是定制个性手表并不是立等可取的，它一般需要四天的时间，这对于一个门店而言就显得意义不是特别大。所以，他一直没有贸然尝试。

尽管对于开设门店缺乏经验，但对于未来店铺的选址，奚坚宏却是胸有成竹的："他认为他并不需要很多的门店，四家就够了。一家在现在工作室共富新村附近，一家在徐家汇，另外两家分别位于杨浦和松江大学城附近，这样既能保证宣传效果，还能紧跟目标顾客，原先的老顾客也不会流失。"

奚坚宏的生意做起来了，手表定制的创意也吸引了不少希望可以参与其中的人，但是他一一回绝了。奚坚宏也知道，发展加盟他能够获取一部分不菲的收入，但是从目前而言，他的高分子转印技术的壁垒并没有完全造好。所以，奚坚宏希望暂缓发展加盟这一条路，先将自己发展好，发展强大，这样也是对未来的加盟者负责。

而良好的信誉和优质的服务是奚坚宏认为壮大自己的必由之路。所以，为了设计一张让顾客百分百满意的表盘，他曾和顾客一道，边商量边修改直到天亮。他还向顾客承诺，在欧立文设计制作的表盘可以享受终生保修，即使三五年之后，顾客对原先的表盘图案感到厌倦了，也可以拿到欧立文进行免费调换。

现在，奚坚宏正尝试把自己手中掌握的这门高分子转印技术，运用到更多材质的更多领域上。铜版画、大理石广告牌以及不锈钢纪念版，这些都已经是试验成功的产品，正等待他的下一步推广。

从前，到裁缝店量体裁衣是为了省钱，如今到专卖店定做服装虽价格不菲，但人们追求的是那份尊贵与时尚。此外，体现个性的油画、DVD、VCD 和挂历，生意都不错。现代都市人偏爱个性、情感消费，花钱"玩"文化，逐渐形成一种新的消费潮流。现在，定做手表又成为另一种定制时尚。

投资一家定制个性手表工作室的前期资金在 4 万元左右，主要为 10000 元的首批存货、20000 元的设备以及 9000 元的首期房租（付二押一）。需要提醒的是，此类工作室的存货主要为手表的外壳和表带，但此类商品的款式流行速度较快，因此不建议一次性购进较大数量的存货。

手表定制工作室的面积在 20 平方米左右，由于设备面积并不是十分庞大，商品

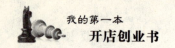
体积也较小,所以无论是以工作室还是门店的形式,这样的面积也应该可以维持平日的营运。对于初次经营的创业者而言,必须多准备一些流动资金,以备不时之需。如此下来,投资一家定制个性手表工作室的前期资金应该在 4 万元左右。

手表定制的目标客户主要是追求个性的年轻人,以学生和白领居多。但是团购作为其中占据较大销售比重的部分,作用不容忽视,一些注重企业文化的单位以及经常搞促销活动的酒吧、餐厅都是可以开发的销售对象。

根据个性手表目标客户群的分析,建议找年轻人多的地方,商业街、学校附近或者大型居民区都是不错的选择,另外超市和书店、音像店中也可以用租赁柜台的形式来做,成本会更低一些。

从手表定制的业态上分析,广开销路是关键。除零售外有以下几种渠道:一是主动出击,走向团购单位向其推销;二是在网上以特色店铺的形式出现,将销售扩大至本市以外;三是寄售,将此类业务放在相关的其他店铺内,由其接单,利润分成。

由于个性手表是一种带有艺术品性质的消费品,就决定了经营者必须具备一定的美术功底以及艺术鉴赏能力,此外作为一种新兴事物的推广营销者,具有一定的销售和管理能力也是必然的要求。同时,销售人员要有与消费者勤沟通的敬业精神和能力,并把了解到的客户需求及时反馈,根据市场流行的趋势不断地更新产品。

据专家预测,21 世纪是一个个性消费的时代。人们当初追求阿迪达斯、耐克或许是为了显示个性,但当他们淹没在同一品牌中时,便发觉自己的个性已成了共性,于是就有人另辟蹊径。崇尚人性和时尚,不断塑造个性和魅力,已成为人们的追求。所以,顺应时代的定制文化显示出强大的发展势头和越来越广的市场,从事专项定制服务有着十分广阔的利润空间。

5 万元开家 DIY 蛋糕店,制作独一无二的爱

尽管市场上的蛋糕屋花样迭出以迎合大众, 但仍然无法达到独一无二的效果。DIY 蛋糕店就轻而易举地解决了这一难题,让顾客自由发挥想象力和创造力,亲手

为朋友、家人制作出特有的蛋糕，无疑更具吸引力。

有一家 DIY 蛋糕店，顾客在此花几十元就可以自制蛋糕、饼干、巧克力等。这家 DIY 蛋糕店店主罗会超是位 26 岁的小伙子。他之前曾在上海从事机械制造工作，月收入四五千元。上海那种 DIY 做点心的小店生意非常火暴，他在武汉读书时也在 DIY 蛋糕店里做过兼职，于是决定尝试在十堰开家这样的小店。

他投资开店时，遭到父母的强烈反对。通过做前期市场调查，发现十堰还没有这样的 DIY 小店，而且很多年轻人都非常喜欢这种 DIY 的方式，于是拿出几年的积蓄，开了这家蛋糕店。

前期投入花了 5 万元左右。临街店铺租金太贵，因此选择在租金较低的写字楼。开业前期发传单、在网站论坛发帖、在媒体做宣传，没想到 6 月份正式开业效果还不错，第一天就接待了 25 位客人。

DIY 蛋糕，虽然很多顾客注重的是体验的过程，但蛋糕的口味却是吸引回头客的关键。所有原材料都是专门从武汉购买，蛋糕口感好，顾客都愿意再来。因此，"守熟（留住熟客）"对蛋糕店的经营非常重要。

根据蛋糕尺寸不同，制作价格从 60～150 元不等。蛋挞、饼干、比萨以及巧克力，价位一般在百元之内，顾客可以根据自己的意愿设计制作。

顾客在这里可以自由发挥创造力，从最基本的面粉选择、配料搭配以及最后的成品制作，他都亲自教授。

开店初期投资约需要 5 万元，其中租金每月 1800 元，另外是设备和装修费。和普通蛋糕店相比，最节约的地方就在于人工费用，目前店里就他一人。

由于店面太过隐蔽，目前都是靠回头客及朋友介绍顾客。现在上午顾客较少，他就到幼儿园、企事业单位跑市场发传单，陆续引来一些顾客。一般情况下，一天有 5～6 名顾客，最多一天顾客有近 30 人，销售额最高，达到了 2000 元。

一份礼物代表一份祝福，一份心意，并能带来万千感动。每当生日来临，赠送各种礼物总是人们用以表达情感的方式，生日蛋糕是必不可少的。除了其普遍的代表性以外，谁都希望能在点燃蜡烛的那一刻，能够让生日主角留下深刻的印象。

DIY 蛋糕店以自主创新、体验乐趣为主要特点，让顾客根据不同的赠送对象的特点来发挥想象，送出自己独特的祝福。DIY 店只负责为顾客准备烘焙好的蛋糕原

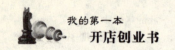

料、奶油、裱花工具等制作生日蛋糕所需要的东西,顾客可以自己体验蛋糕的整个装饰制作过程,然后随心所欲地为作品添花增彩,创作出独一无二的生日礼物。

每逢生日,总有一份礼物是必不可少的,那就是生日蛋糕。顾客除了追求蛋糕的美味,还喜欢新颖又特殊的造型,然后在蛋糕上写下对生日主角的美好祝福。但是,每间糕点屋所能提供的蛋糕"款式"毕竟有限,千篇一律的造型难免总让人觉得有点欠缺新意。DIY蛋糕店的出现正好弥补了这一遗憾,在这里顾客可以依据喜好来表达自己的心情和美好祝愿,蛋糕造型或稳重、或调皮、或可爱、或搞笑……风格各异,摆脱了有限的设计空间,亲自为朋友、家人制作礼物,实在是一件非常有意义的事情。

DIY蛋糕店店址应该选择环境不是很嘈杂的地段,虽然不用非要选择临街的铺面,但也尽量避免店铺位置太过隐蔽,那样不仅增加了日后的广告宣传成本,也削减了一定的客源。

店面装修风格不宜过于沉闷或单调,DIY本就应该在有灵感的环境中发挥,如果店内的色彩太单一了,势必会让顾客失去想象的兴趣。店内一定要保持干净卫生的工作环境,不仅能保证食品制作过程的卫生,也展现了一个店铺的良好形象。根据经济条件的情况,适度安排店内的工作人员数量,店面不大的话,一般1~2位专业的蛋糕师傅即可。店内可以兼营休闲饮品,布置一两张休憩桌椅,以便制作DIY蛋糕的顾客休息聊天。

第九章　值得推荐的10万元以内开店项目

　　一分耕耘一分收获,你所要获得的结果往往是和你的付出成正比的。一般来说,小本起家的风险低,相应地也收益也会很低。如果你觉得太少的投资很难获得你想要的回报,但又不想付出太多或者说没有太多的资金,那么可以考虑一下10万元以内的投资项目。像内衣店、电脑饰品店、儿童影楼、茶餐厅、生态饰品店都是很不错的选择。

7万元开家电脑饰品店,每天都有得赚

　　在现在这个时代,人们对生活质量的要求是越来越高,生活节奏是越来越快,电脑在人们的工作、生活中占据了越来越多的时间,人们也不再仅仅把电脑当成冷冰冰的工具。于是,电脑饰品就成了人们的选择。据统计,中国的电脑使用量已经过亿。有这么大的用户量,其市场前景之巨大是毋庸置疑的。随着电脑的普遍应用而随之而来的电脑饰品行业无疑也将会占据巨大的市场。

　　长沙市步行街南街动漫星空里的卡普特电脑饰界是长沙第一家专业以电脑饰品以及电脑周边产品为经营对象的店铺,自开业以来,由于店里所售电脑饰品的新奇性以及时尚性,受到了很多消费者的关注。

　　服务赢得回头客——电脑饰品店生意依靠的是销售量,一件小的电脑饰品也许只能赚个几元甚至几毛钱,没有一定流动数量的顾客则很难维持下去。而销售量依靠的就是积累"回头客",这就需要提供良好的服务。如果客户买回去的电脑饰品有

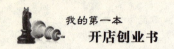

质量问题或者想要更换,此时你的态度要比当初他来购买时还要好,而且要及时处理,能换则换,能退则退,让客户感到满意。这就是专家提出的"80/20法则",即80%的业务都是来自20%的客户。当访客数相对固定时,成交率主要靠员工的推销能力,争取通过连带推销,让顾客一次多买几样东西。

多方法灵活经营,具体方式很多,比如可以请顾客对电脑饰品进行现场搭配,在潜意识中加深对店铺及其服务的印象,从而迅速扩大品牌及服务项目的公众知名度;还可以通过招募会员的形式发展客户,形成新老顾客源源不断的良性循环态势。

据店主介绍,小店的顾客主要是年轻时尚女孩,她们喜欢用店里的小玩件给电脑"化装"。店主推荐了几款畅销的货品,其中有一种漂亮的鼠标贴。有了这个小东西,使用鼠标时常会出现的湿滑情况就不再发生。而经过商家验证,该款鼠标贴绝不会在鼠标上留下很难看的痕迹。摆在玻璃柜里的小老虎、小鸡崽、小狗狗,它们表情丰富,或喜或忧或哀伤,十分可爱。将这些小动物统一放倒90°,原来这些东西底部具有较厚的纤维物,它们是用来擦拭显示器屏幕的。还有一款台灯的底座设计很有意思,其样子为鼠标状,而在使用时与鼠标也颇有几分相似。

目前,小店出售的产品都只适合年轻女孩子使用,颜色及图案都相当可爱。店主认为这会在很大程度上限制顾客群,因此,将考虑经营一些技术含量较高的电脑附属品,比如防辐射的键盘套等,这样,可以提高经营档次,争取各种层次的客户。

目前,市面上流行的饰品店大多都是一些专门针对女性用户的饰品,复制这样的饰品店竞争将会很大,而且这种饰品店大同小异,缺乏新意。相对来说,电脑饰品店恰好迎合了人们的需求。

据业内专家分析,从目前的电脑售后服务市场来看,相关行业只局限于维修、销售等领域,其他方面的配套少之又少,只有少数散落在电脑城和电子市场,明显缺乏专业化、个性化的品牌服务,像电脑饰品、电脑休闲品等项目更是少有人问津。很多人都看好这个市场,但这一领域的市场还有待开发,这无疑为创业者留下一个难得的商机。

电脑饰品店虽然是以装饰电脑为主的小配件,但毕竟也是饰品店,其消费群体肯定还是以女性为主。因此,在投资之前一定要做好充分的市场调查,在做好详细的投资分析后才能放心投资。

开家用电脑饰品店在经营中应注意以下几方面：

（1）装修强化时代性

电脑饰品店的消费群大多为女性，在店铺装修上一定要谨记这一点，但由于电脑饰品店毕竟不同于一般的时尚女性用品饰品店，因此，在装修方面也不宜太过花哨，而应简洁、素雅、大方，着重强化电脑饰品的时代性，让店面设计和招牌也成为广告，毕竟真正的主角是那些装饰电脑的小配件。

（2）注重品种与渠道

经营者在进货时一定要根据当地的消费水平和消费观念来选择电脑饰品的种类，价位则要根据店铺周围消费群体的年龄段和收入情况来确定。电脑饰品主要包括 USB 接口时尚产品、另类键盘鼠标、清洁用品等主流系列，货物要高、低档次都要有，以满足不同消费者的需求。

在进货上要注意一个问题，那就是慢速饰品驱逐快速饰品。有些电脑饰品店，看起来货很足，品种也很丰富，但在专业人士看来，快速消费饰品（如卡通装饰贴纸、线缆捆扎带、屏幕清洁剂等）不足，慢速消费饰品（豪华显示器卡通外套、大型 USB 接口时尚产品、另类摄像头等）很多，这样使慢速饰品占了快速饰品的位置，这也是一种隐性缺货。

电脑饰品店中快速饰品的单价一般保持在 10～30 元之间，这个价格区间的产品就属于快速消费品；而有些电脑饰品店，一些 20～30 元的重要饰品很少甚至没有，以至于形成看的多、买的少的场面。最后，要和当地及进货地的物流公司保持良好的合作关系，这样不仅运费会优惠很多，而且永远不会把你的货丢在最下面压着，货到了能够及时通知，及时上架。

（3）掌握频率与数量

好的饰品店有一个经营窍门，就是进货要"多频率，少数量"。饰品的作用就是给人带来漂亮和新鲜感，对于日新月异的电脑饰品来说更是如此。这种店铺由于位置选址比较明确，一般不需要过多地搞促销或者相关活动，只需要产品每天更新一点点（比如新鲜的鼠标卡通腕垫、另类图案的键盘保护贴膜等这些小玩意儿），这样，无论是新顾客还是老顾客，当他们每次来到店铺后都会有不同惊喜，使人感觉这个店铺充满生机和活力。进货频率掌握每周一次，如果是销售旺季还要尽量缩短周期，绝

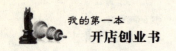

不能为了贪图省事一次进足,那样就会使顾客失去新鲜感。

以30平方米的店面为例:青年时尚人群集中地段店面租金一般为6000元左右,付二押一共1.8万元;装修费用大约为2万元,除墙面和地板外,其他需要的还有货架、柜台、射灯等必需品;首次进货大概为3万元,加上营业执照等费用,开一家电脑饰品店的前期投入应在7万元左右(不含加盟费和保证金)。

电脑饰品店一般只需一两名员工(员工必须具有一定的电脑专业知识),工资支出每月大概在2000元。其他费用包括水电和管理费大约1000元。在店铺比较集中的商业旺铺地段,30平方米左右的店面日营业额大约在1000元。按照惯例,进货价格一般在售价50%以下,粗略估算,小店铺月销售收入约在1.5万元,除去各种费用,利润在6000元左右。

一般来说,一年左右可以收回成本。

9万元开家儿童影楼,收藏童真童趣

现在的家庭大多都是独生子女,所以做父母的都十分乐意花上几百元至几千元,为自己孩子的童年留下珍贵的影像记录,于是儿童影楼便应运而生了。瞅准时机,开家儿童影楼,从收藏童真童趣中让你赚到钱。

可爱的孩子们在专业引导阿姨的呵护下,或憨态可掬,或雀跃活泼,一旁的专业摄影师则不停地按动快门,留下宝贝最美最可爱的瞬间。现在越来越多的父母都愿意用镜头记录孩子成长的足迹,留下宝贝纯真的童颜……

谭先生自己开儿童创意摄影店,缘于谭先生喜得贵子。他的儿子出生后,老婆在家休息没事干,就想开一家店来打发时间。由于老婆是摄影记者出身,而自己是画画出身,开儿童摄影店的想法,两个人就一拍即合。

开店之前,谭先生做过充分的市场调查,他看到,当前市场上的摄影店,无论是成人的婚纱摄影,还是儿童摄影,从拍摄、收费到运营,多是模式化的管理。儿童摄影更是如出一辙,几乎所有的儿童摄影店,都只拍内景,谭先生了解到,家长普遍反映,从各家不同的儿童摄影店拍摄出来的照片,均是千篇一律没有创意。在这种模式下,顾客的一颦一笑都是固定的,根本无法享受到拍摄过程的乐趣。

此外,儿童摄影的收费也存在很多猫腻。儿童摄影是"温柔一刀",市面上一些高端的儿童摄影店,一次性就要收费几千元。目前,市面上的摄影店,利润大部分是来自冲洗照片和制作相册,而前期拍摄则声称是免费的。

由于节省有方,谭先生开一家20平方米的门店的投入只用了一万多元,包括2000元的铺租,3000元的装修以及其他必要的电脑和用于摆设展示的商品。用于摆设的儿童纪念品,均是从某批发市场买来的,价格非常便宜,而且每样只拿一个,让顾客感到独一无二。

装修上,由于摄影店的"前身"是一家画廊,谭先生就尽量保持画廊的装饰,用一些颇有创意的儿童宣传画掩盖原来的墙壁。在经营上,谭先生采取了不同于市面上儿童摄影棚的模式,采取摄影棚与门店分开的经营方式。当下,市面上的儿童摄影店都是集摄影棚与展示门店于一体,这样开一家摄影店,就要耗费巨资去购买设备,同时要雇请专业摄影师和助手,花费大量的人力物力。而谭先生则将摄影棚与门店分开,每个门店只用于展示和推广,摄影棚则转移到后台。

目前,摄影棚就藏身于门店上面写字楼上,谭先生戏称其为"空中楼阁",摄影棚设在写字楼里面,除了节约成本,还能制作一种魔幻世界的感觉。这样,摄影棚的规模就可以逐步扩大,而加盟者只需要开门店接单,节省投入的成本,适合小本创业的人加盟。未来,他们计划利用写字楼里摄影棚外的一片空地制造外景,所有的设计,都是由摄影师完成。

谭先生采取了"分段"的独立收费,即拍摄费、后期制作费、相册费等各项费用分开收取。拍摄费是300～500元/小时,视拍摄难度和摄影师的专业水平高低而定。这样下来,顾客的平均消费就只有1000元左右,远远低于市场价。

针对不同顾客的不同需求,他们还推出了一些个性化服务,比如应家长的要求,到香港迪斯尼、麦当劳等儿童喜欢的娱乐场所去拍摄。有一次,谭先生就应了一位家长的要求,到二沙岛的广州美术馆,拍摄孩子参观画展的过程。未来,他们还计划推出一些非主流摄影,比如 Cosplay 等的服务。

儿童摄影是21世纪的朝阳产业。据权威机构调查显示,中国每年有2000万～

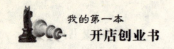

3000万名婴儿出生,其中0~4周岁婴幼儿消费群体就有8000万人。据中国第五次人口普查发布的统计公告,中国0~3岁新生儿用品家庭月消费为九百多元,加上广大农村城镇地区婴幼儿消费,中国的婴幼儿用品市场每年将超过1000亿元。而目前儿童摄影的市场份额已超过200亿元。

随着现在自主创业的人数和行业的增多,投资开设专业儿童摄影店的人越来越多。投资开设专业儿童摄影店一定要选择一个好的开店地段,而交通便利,周边环境干净应是首选目标。儿童影楼不宜选在闹市区,且面积不宜太大,以"点小面广"的运作方式较好。给儿童影楼起个好名字也是非常关键的,更容易被大人和小孩记住。

儿童影楼装修一定要突出儿童的趣味感和卡通味道,不宜装修得太豪华。儿童摄影的目标消费者应定位在"高知、高薪"的年轻父母身上,因此把店开在年轻父母爱去的场所,能吸引真正的客源,并能起到活广告的作用。

儿童摄影正被越来越多的生意人看好,从小的摄影棚到专业儿童摄影店,似乎有遍地开花之势。以杭州为例,专业儿童类摄影店最早开于2000年,目前较为知名的专业机构有宝宝贝贝、爱你宝贝等几家。经过几年的发展,有些还开出了连锁分店。

一般来说,节日期间各儿童摄影机构每天能接待顾客一百多人,平时约在六成左右。儿童摄影能提供的服务从百日照、满月照到儿童写真集,目标消费群是出生30天到十六七岁的孩子,现在有些儿童影楼把怀孕的准妈妈也当成目标消费群。影楼供消费者选择的拍摄套系有几十种,价格有三四百的,也有上千的,最贵的高达5000元以上。而1000~2000元的套系因价格适中、场景丰富,最受家长青睐。

总之,如果你有兴趣开一家儿童影楼,再加上经营得法,你的生意一定会红红火火的。

10万元开家内衣店，小小内衣帮你圆财梦

内衣业的发展前后不过20多年的时间，是一个成长较快、具有发展前景的行业，比成衣业来讲，是较有利润、门槛较低、风险较少的行业。如果你开一家这样的店，倒是一项很不错的选择。

秦小姐在山西省某市经营一家内衣店，生意红火，利润颇丰。秦小姐说成功经营一家内衣店远比经营一家女装店难得多，内衣店则要求知识性较强，对库存的把握要掌握得好，比如说：成衣通常只有几个S、M、L等几个码，女装店只要款式特别，就能很容易吸引消费者，而内衣则同一个款分A、B、C、D几个罩杯，同时又有70、75、80、85等不同的尺码，颜色至少3个色以上。因此同一个款号的产品至少有50个不同的规格产品可供选择，要不然，苦心经营一两年会有一大堆积压货品。

下面是秦小姐向想开店创业的人分享她的经验心得。

（1）了解内衣的发展前景和内衣品牌分类

内衣业的发展不过20多年的时间，是一个成长较快、具有发展前景的行业，比成衣业来讲，是较有利润、门槛较低、风险较少的行业，现市场上的品牌分为三类：一线，二线，三线品牌。如果对每类品牌价位、品质、消费群体你都了如指掌。那么在品牌选择你便能游刃有余了。品牌的选择直接关系到加盟店是否能长久发展，一般的原则是寻找一家实力较好，在市场上有影响力的公司。

（2）分析所在城市的经济水平和商圈情况

山西省是属于经济水平一般的地方，人均月收入在1000元左右，属于消费水平一般的城市，首先要对经营环境和竞争对手进行调查：

①本市经营内衣的商铺较多，低档内衣店达20家左右，品牌也较多，有美思、奥丝蓝黛、霞黛芳、嘉诗芳、芬怡等，其中有霞黛芳、爱慕等几家有形象专柜，其他品牌则多店面形象较差。

②本市有多处处繁华地段，其中有是经营低档货为主，有的则是专卖店一条街，

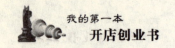

主要有侬梦、优美世界、猛龙、佐当奴、红蜻蜓、百丽等专卖店。

③该街店租 30 平方米的 3000 元／月左右,18 平方米的 2000 元/月左右。

④位于该街上有内衣品牌店一家,形象好,店较偏,开店初期生意较好,但后期生意不佳,单一品牌专卖,顾客群较少。有两家低档内衣店,没装修,兼卖品牌货,主要卖低档货挣钱,毛利率在 20% 左右。

在了解了基本的外部环境之后,秦小姐便精心预算、选址、确定品牌。其投资额为 4.6 万元,提前预付 2.4 万元店租,总计 7 万元。将店面选在该商业街东西走向,向西走的人流较多,因此,选店必须在商业街向西方的右边的街面才是旺地,左边则人流少点,店铺最好能选在商业街的中段,因为中段的生意较好,经过房产中介的介绍,终于选中满意位置,月租 2000 元/月。

在品牌选择方面,因考虑知名品牌在旺季时经常断货,单纯经营某一品牌的专卖店风险较大,所以得以组合店的方式出现,霞黛芳是二线品牌的领导品牌之一,在本地又没有经营网点,因此确定主推产品为霞黛芳,其主流价位在 80～200 元之间,于是,与该公司签订专柜合同,首批进货 3 万元,保证金 4 千元,店面门头以"霞黛芳"的形象出现,店里 3 个形象柜展示。以"雪妮芳"为补充产品,主流价位在 50～80 元之间,可补充"霞黛芳"产品价位的不足,相互间不影响,店内 1 个形象柜展示。

(3)经营业绩

经过一年的销售,基本收回投资成本,以每月月销 2 万计算,年营业总额 24 万元,除去产品成本(因产品折扣率不同,此处不详细说明)大约 12 万元,毛利为 12 万元,全年费用为 5.78 万元,全年纯利为 6.62 万元。

(4)成功秘诀

①完善的管理制度

终端的销售工作最终是靠导购来完成的,经过培训的导购和没经过培训的导购之间的营业额有可能相差 8 倍以上。因此一定要规定严格的制度和培训方案,让导购发挥其能力,练就一双火眼金睛,也就是说,从一个顾客进店起,你就必须很清楚地看出她大概穿什么样的杯罩比较合适,而不是用尺子去测量,然后你才能比较准确地给她推荐,达不到这点的导购是不合格的。导购的年龄最好在 28～40 岁之间,年轻小姑娘给人去推荐内衣时总难免有些权威性不够,太老了,又难免会没有自身形象。一家专卖店的成败在于管理和销售,这两个方面管理好了,那么赢利也为期不远了。

②丰富的专业知识

要求店员对女性胸型和臀型了解、文胸的功能、分类、结构、尺码与量度、文胸的正确穿戴与调整、文胸的洗涤与保养;内裤的分类、结构、尺码;束身系列腹带、收腹裤的功能、结构;腹带、收腹裤的尺码选择;腹带、收腹裤的穿着方法;腹带、收腹裤与体型的配合等。

③及时有效的营销策略

开业九折。情人节、三八节等大力度的宣传和优惠的促销活动,确立了该店在该市的领导位置,让同行没有还招之力。为了增加购物的乐趣,该店出台购物抽奖;及时清理库存,更新产品;长期赠送,购满88元并会有礼品赠送。

(5)经营心得

①旺地生意一定会旺。

②导购一定要放手让其发挥,要有专业知识,对其管理要明确,制度化,一定要有合理的工资提成。

③货品的价位要互补。

④多搞促销活动,除了公司规定的活动外,还必须设法在"S"市扩大知名度。

⑤对老顾客、持有贵宾卡的顾客进行客户管理,顾客生日、节假日、新货上市、促销打折均要发短信给顾客,保持联络,建立良好的关系。

⑥不要贬低竞争对手,特别是一些档次较高的品牌,对竞争对手的经营情况要进行分析,借鉴别人的优点,共同营造良好的市场氛围。

总的来说,要经营好一家内衣店首先要端正心态,不要存在暴富心理,用心做好店铺管理,与顾客建立良好的关系,积累点滴经验,多向一些成功经营者虚心学习,要定立目标,经营好一家就将成功经验进行复制,在不同地方多开几家连锁店。

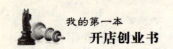
10万元开家宠物托养医院，解决宠物"看病贵"问题

如果你对小动物有足够的爱心，开家宠物托养医院，每天和这些可爱的小动物在一起，不仅很赚钱，还会让人觉得生活很有意义。真可谓是一件一举两得的事情。

现代社会中，宠物在很多人眼中已经是一个家庭成员。平时，"家庭成员"生病了，主人心疼得不得了，看准商机，小黄开了一家宠物托养医院。

小黄的宠物托养医院常让来往的行人驻足，这里的小宝贝很多：嬉皮笑脸的斗牛士、毛发卷卷的贵妇狗、肚子和长毛一起拖到地上的京叭，还有气势汹汹的苏格兰牧羊犬……小东西们在诊所看病费用还挺贵：挂号20元，普通吊盐水120元/瓶，如果要在盐水中加特别药剂的，200元左右/瓶。除了看病，爱美的主人还喜欢给宠物打扮，修毛、剪指甲，全套造型也是托养所的主要经营项目。

也有一些主人因为上班或出差无法照料宝贝，感到烦恼，托养医院也顺便给宠物主人提供一些托养服务。店主要负责寄养期间宠物的健康护理，不仅每天要提供膳食，还要每天提供遛弯、洗澡等服务。主人需要填写一张包括宠物特性、吃什么、一天喂几次、地址、电话、大致托管几天及双方责权的表格，这样就可以让托养医院的人细心地照顾它们了。

如果你想办好一家宠物托养医院，必须有几间可以饲养宠物的房屋，具备一些饲养宠物的基本知识，必须有资格取得开宠物医院的合法执照。择址千万不要选择在小区内，这样局限性太大，交通一定要便利。

另外，还要特别注意的是，如果有宠物在托管期间生病或死亡，托管人就应负责治疗和赔偿。这就需要在接受托管时进行一些必要的检查，并根据情况及宠物价值合理地定出赔偿价格。

拉肚子、咳嗽、皮肤病是宠物的常见疾病，所以，诊所可能要花10万元左右专门购置X光仪、生化仪、血球仪等一些医用器具；还要为小动物们雇用3～6个医生和护士，来为它们服务。

总之,开动物托养医院虽是一个很赚钱的行业,但其中的风险也是不低的,一定要小心谨慎。

10万元开生态饰品店,有生气更有财气

现如今,由于生活和工作压力的增大,越来越多的都市人愿意在闲暇时刻选择一种自然轻松的生活方式,家居、办公的装饰风尚也随之一转,天然不露雕凿痕迹的装饰小用品受到了人们的普遍欢迎。

家住罗湖的万小姐,在地铁商铺开了家商行,专营各种生态饰品,她认为"花草小鱼"能给生活增添灵动和乐趣。开店经营的三个月来,她的这些充满灵气的商品也很得人缘,吸引了不少顾客驻足观望并购买。

万小姐的生态饰品店面积十几平方米左右,店铺门口对面墙壁上陈列着两幅大型的生态壁画,好像挂在墙面的流动壁画;右侧的墙面挂着大大小小的各种壁画供顾客挑选。这些贝艺画都是用珊瑚、贝壳、水草等东西精致拼装而成,颇有一些原汁原味的脱俗感。店铺的左侧则陈列着各式各样的盆栽植物,小巧翠绿颇为养眼。

万小姐原本在某银行从事信贷工作,为了给工作环境增添一些生气,她对"花草小鱼"等装饰品一直都很感兴趣,2008年5月份更是亲自着手尝试经营了一家以生态为主的店铺。

从2008年5月店铺正式营业,万小姐最初投入了近10万元开店,装修就花去了2万多,此外,租金要花费8000余元,还有四五万元流动资金用于进货。她认为经营店铺,心态要好,不能一心只惦记着如何赚钱。生态饰品毕竟不是生活必需品,买一个能放很久,不可能天天顾客盈门。万小姐认为,首先要看长远并把它当成乐趣所在,要根据市场和顾客的喜好调整经营思路,不断去找些更好的产品去销售。在她的细心地经营下,小店的的销售额不错,开店第一个月销售记录最好,销售额将近2万元。

起初万小姐的小店只是经营生态壁画和少量陶瓷灯饰。生态壁画价位相对比较

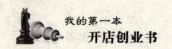
高,店铺中的两幅生态壁画标价近2000元,有些装修房屋的家庭会来选购,目前购买的量相对不太大。后来,她主动增添了些盆栽植物,小店的人气更旺了。她向记者介绍,现在店里有适合家庭的中型盆栽,也有适宜放在办公桌上的七彩小盆;植物的种类也是各种各样,罗汉松、夜光芦荟、狼尾蕨等。粉掌等形态漂亮的盆栽特别受欢迎,不少办公室白领都很喜欢。万小姐打算印制小卡片来介绍如何照料盆摘小植物,还打算尽快开第二家分店。

在现在这个世界环境污染日益加剧的大环境下,绿色、环保、健康逐渐成为了时代的潮流。生态产业的发展速度惊人,生态饰品作为新经济增长点,在发达国家已逐步走向成熟:世界四大时尚之都巴黎、纽约、伦敦、米兰以及亚洲首尔、东京、香港等国际著名生态饰品之都,年贸易总量近1300亿美金,已形成一个庞大、规范的市场化体系。纵观中国,13亿人口,3亿家庭,1.3亿件年销售量,1800亿巨额利润有待开发。

但是至今为止,生态饰品市场仍然是一片空白,面对中国生态饰品"品种少、质量差、流通慢、价格高、无品牌、市场乱"的现状,急需一个品牌化、专卖化、规范化、产业化的国际品牌来引领中国生态饰品市场。

原生态饰品一来让常年生活在钢筋水泥中的都市白领感受到了大自然的清新气息,二来也符合现代人对环保的要求。为了迎合消费者的个性化,许多家装设计师都在努力寻找这样的家居饰品,未来的市场必定很走俏。

10万元做出京城最好的水煮鱼

假若给你一笔10万元的资金,你会选择做什么?曾是家具行业国内首席代表穆丰对这个问题的答案是:开一家独一无二的火锅店。

穆丰在京城贴出"皇榜":"教我一道菜,给你五万块。""皇榜"遍发京城,10天内有数人前来"揭榜"。穆丰把这些"揭榜"者安排在专门的场子里让他们做,做好之后,他一一品尝。很多人很快就做好了这道菜,但穆丰并不满意。

有一天，穆丰的店里来了两个人，声称他们需要用一周的时间来做水煮鱼，还列出了一个有60多种调料的单子，让穆丰派人去买。7天之后，水煮鱼做好了，穆丰请一些人来品尝。在嘴边菜的余香还没有散去的时候，他们又飞车到京城那些著名的水煮鱼店里品尝，比较了数十家的味道之后，大家都认定还是在穆丰店里做出的水煮鱼最好吃。就这样，五万元，穆丰有了京城最好吃的水煮鱼的秘方。

这种看起来有些"另类"的招数在穆丰的老板生涯中并不新鲜。他在一年的时间里将T6香辣火锅在北京运作成了三家连锁店的规模应该说与这种"另类"的招数不无关联。

2003年，工科出身、曾经是家具行业第一个中国首席代表的穆丰做出开火锅店的决定。这种看似风马牛不相及的选择并非心血来潮。从前的经历让穆丰悟出了一个道理：投资高科技行业不确定因素太多。如果要投资，首选的行业应该是连锁的餐饮或者百货业。开火锅店是现金流，风险不大，正好符合他的理念。

但京城的火锅店少说也有3000家，如何才能让自己的火锅店胜出呢？穆丰先从四川请了一位大师傅，让师傅每天调制好几锅底料，他自己则每锅吃上一口，然后提出看法，第二天接着熬制。

20多天后，为了验证熬制的底料，穆丰从市面上打包了多家著名麻辣火锅的汤料，与自己熬制的底料分锅放在一起，一字儿排开。然后请来一些朋友"盲吃"，让他们分别品尝各个汤料的味道，结果，穆丰他们自己熬制的汤料以显著优势胜出。

当时去市面上买火锅调料，穆丰的原则是"只选贵的，不选对的"。因为他从来没有做过餐饮，不知道到底哪一种调料是最好的，但他想贵的调料大部分都应该还不错。要调制出最美味的火锅底料就要用好的调味品。穆丰说当时投入了八九十万，后来算算，因买调料浪费掉的钱大概就有四十多万。不过他觉得很值，因为他们确实配制的是最美味的底料。

吃火锅容易上火、容易长痘，这是困扰人们已久的问题。穆丰专门请教了多位著名的老中医，研究如何能让火锅又麻辣、吃了又不上火、不腹泻，而且火锅汤料里也不能有中药的味道，不能影响火锅的美味。经过了很多次实验之后，这个问题也得到了圆满的解决。

火锅发展到今天，已经达到了几乎是极致的境界。火锅曾经诱惑了大江南北人

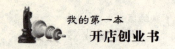

的胃口,仅重庆火锅在全国就有上万家连锁经营店。火锅是大众消费的产品,有着广泛的消费群体。

虽然是这样,我们也必须清楚地看到,火锅消费基本上是向新的品牌集中,更新更快,品牌也在加速老化。火锅市场昔日的辉煌,怎么才能够再现?任何行业一旦市场成熟,走向竞争是不可避免的,这就是市场规律。

餐饮业早已进入"战国"时代,这也是它发展成熟的标志。今天的生活有变得瞬间化、碎片化的感受,人们对所有事情的热情已经不那么持久,一切不再那么确定无疑,曾经坚定的信念开始动摇,一切都是那么的短暂。经营餐饮要有如履薄冰的危机感,不断创新,不断拿出能够引起市场追捧的东西,就能在激烈竞争的市场之中立于不败之地。

艺术大师毕加索说过,创造之前必须先破坏。市场的机会就隐藏在危机中,商机往往产生在大多数人绝望的时候。经营火锅生意,应该以超常思维改变定式,应该与时俱进,不断提高消费的品位和趣味,才能实现突破,开出有较强竞争力的火锅店,才有可能使经营效果不佳的企业走出低谷。把握机会,颠覆火锅市场,成为明天的火锅行业旗手。

第十章　机智应对：
扛过危机就能迎来转机

"危机"就像是一把双刃剑，既意味着危险，也蕴涵有机遇。"危机"在古希腊语中是指游离于生死之间的状态，"危机"可能引发好的结果，也可能引发坏的结果，这就看我们如何去处理了。在创业开店的过程中难免会遇到一些麻烦，这个时候作为一店之主的你一定要镇定，学会冷静处理。正所谓"亡羊补牢，未为晚也"，在"危机"发生之后，只要你保持不慌不乱，做好充足的善后工作，对你来说，危机也会变成转机。

供不应求，当畅销品缺货时

日常生活中我们可能遇到过这样的情形：早上去小店想购买一盒鲜牛奶，可店内的货架上已经空空如也，而我们因这种商品销售终端的缺货而放弃了购买，同时也因为牛奶的缺货，影响了我们购买面包以及当天的购物计划。于是，干脆转身出门，到另一家店去采购了。虽然店铺缺货只是一个表象问题，但却是真正的"缺一货而动整店"。

店与店之间的竞争靠的就是货架上的商品——一般商品充其量是子弹，畅销商品则可称为炮弹。

从零售商角度来看，一些超大型零售门店，或者是具有一定的地理优势，周围没有其他竞争对手的门店，即使门店的一些非目标性商品断货，消费者也可以在门店购买到其他的可替代商品。因此，该种商品的缺货对于门店来说可能暂时没有影响。

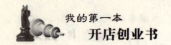

但是,断货不仅会降低消费者购买的满意度和对品牌的忠诚度,最重要的是,断货损失掉产品的潜在销售机会和利润,这对店铺来说是不可估量的损失,会直接导致零售户在市场竞争中处于不利地位。

一般店铺进货均是由营业员自己视销售情况而定,大多数时候能把握住量,但有时也栽跟斗。大多数商店一般都在星期三进货多一点,其次是星期一,再次是星期五,这样做主要是有充分的货物来迎接周末及周日的交易。进货时,应注意把握如下原则:

(1)按不同商品的供求规律来进

对于供求平衡,货源正常的日用工业品,适销什么,就购进什么,快销就勤进,多销就多进,少销就少进;对于货源时断时续,供不应求的商品,根据市场需要,开辟进货来源,随时了解供货情况,随供随进;对于扩大推销,而销量却不大的商品,应当少进多样,在保持品种齐全和必备库存的前提下,随进随销。

(2)按商品季节产销特点来进

季节生产、季节销售的日用工业品,季初多进,季中少进,季末补进;常年生产、季节销售的日用工业品,淡季少进,旺季多进。

(3)按照产品的供应地灵活应对

按商品供应地点来讲,当地进货,要少进勤进;外地进货,适当多进,适当储备。

(4)注意产品的市场寿命周期

按商品的市场寿命周期来讲,新产品要通过试销,打开销路,进货从少到多。

(5)留意产品的产销性质

按商品的产销性质来讲,季节生产,常年销售,生产周期比较长。受自然灾害影响较大,生产不稳定的一些农副产品,应寻找生产基地,保证稳定货源。对于大宗产品,可采用期货购买方式,减少风险,保证货源,降低进货价格。对于花色、品种多变的商品,要加强调研,密切注意市场动态,以需定进。

因人而异,巧妙应对讨价还价的顾客

很多店主很反感应付讨价还价的顾客。但现如今,讨价还价仿佛成了交易的一个部分,从集贸市场的几毛钱的小菜生意到企业间上百万的巨额交易,买卖双方总难免为成交价格纠缠不休,买方在货比三家后总是要求物美价廉,卖方则唇干舌燥地宣称物超所值自己亏本,以争取更高的成交价格;买方动辄以价高为借口"移情别恋"向卖方说"再见",卖方为了挽留顾客"芳心",最终还是忍痛割"利"……

对于那些非专卖店的小店铺来说,讨价还价的现象更为常见。价格情结,是顾客与店主心中永远的痛。要想有效地规避这种痛楚,店主可以从如下几方面努力。

(1)先发制人,把"丑话"说在前头

在一些大型商场、服装专卖店以及其他的一些营业场所,经常可以看到这样一些告示性的标语"平价销售,谢绝还价"。如果有人在购物时想还价,营业员就会很礼貌地指出:"对不起,我们这里不讲价。"避免了与客户讨价还价的一场口舌之战。这就是"把丑话说在先"。在买卖时,店家可以向顾客说明,货物价格已经"定死",并且因为种种原因不能下调,堵住顾客讨价还价之口。

不过,实施这种"先发制人"的办法必须有一个前提,那就是服装本身质量过硬,而且在当时时兴,很走俏,很有销路,不会因为价格高低而直接影响到顾客的最终购买。否则,这种策略反而会拒顾客于千里之外。

(2)察言观色,看情况报价

想有效地规避顾客的讨价还价,巧妙报价十分关键。分清顾客类型,针对性报价。对那些漫无目的不知价格行情的顾客,可高报价,留出一定的砍价空间;对不知具体某一品种的价格情况,但知该行业销售各环节定价规律的顾客,应适度报价,价格高低在情在理;而对那些知道具体价格并能从其他渠道购到同一品种的"内行顾客",则应在不亏本的前提下,尽量放低价格,留住顾客。

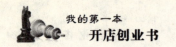

（3）巧问妙答，讨价还价细周旋

与顾客的讨价还价，其实是一种说服的艺术。店员在"游说"的过程中，必须把握一点：那就是必须"王婆卖瓜自卖自夸"，突出货品以及与货品销售相关的所有优势，让顾客由衷地产生一种"仅此一家，别无他店"、"花这种钱值得"的感觉，否则，结果将是说而不服。

首先，突出货品本身的优势，比如说，"这件夹克有一流的加工制造工艺水平，质量高且消费者反映一向很好"等。

一般来说，顾客问价主要缘于两个目的：第一，他是真心想买，问价以得一个还价的价格基数；第二，他可买可不买，借询问之机以了解有关该品种的价格行情，也就是"探虚实"。此外，还有一种情况，那就是有一些老顾客为了拒绝购买，也会以讨价还价为借口，讨还出一个店家根本无法承受的价格。

针对这些情况，店家首先应该明察秋毫，留意顾客所提的每个要求，抓住要害，加以分析，快速地作出判断；明确顾客询问以及讨价还价的真正目的，决定自己该不该对他报价，报什么价。

总而言之，面对顾客的讨价还价，店家可以在"不亏老本、不失市场，不丢顾客"这一原则下灵活处理，只要不让顾客讨还出一个"放血价"、"跳楼价"，害得自己"甩卖"就行了。在经过一番激烈的讨价还价，价格一旦"敲定"，必须马上将其"套牢"，不给对方留一丝的反悔和变卦的机会。

众口难调，耐心劝解顾客的抱怨

有相关研究表明：当顾客对一家商店的服务不满时，4%的顾客会说出来，96%的顾客会选择默然离去，其中90%的顾客永远也不会第二次光顾此家商店，而这些不满的顾客又会分别把他们的不满至少传递给8～12人听，向他宣传此家商店的商品质量和服务质量是如何的不近人情。这8～12人中有20%还会转述给他们的朋友听。如果商店能及时处理而又能让顾客满意的话，有82%～95%的顾客还会到这里来购物,从中我们可以看出处理好顾客抱怨有多么重要,那么我们在实际工作中该如何处理这些抱怨呢?

假若是商品或服务的质量不能令顾客满意,顾客往往会向店铺经营者抱怨,发泄自己的不满情绪。在这种情况下,经营者应该如何化解顾客的抱怨,保护好消费者的合法权益呢?

(1)注意顾客反复重复的话

顾客出于某种原因或许会试图掩饰自己的真实想法,但却常常会在谈话中不自觉地表露出来。

(2)注意顾客的建议和反问

留意顾客讲话时的一些细节,有助于把握顾客的真实想法。顾客的意愿常会在他们建议和反问的语句中不自觉地表现出来。

(3)妥善使用道歉性话语

在化解顾客的抱怨时,要冷静地聆听顾客的委屈,把握其不满的真正原因,然后诚恳地使用"非常抱歉"等道歉性话语平息顾客的不满情绪,引导顾客平静地把他们的不满表达出来。

(4)保持一颗平常心

对于顾客的抱怨要有平常心态,顾客抱怨时常常都带有情绪或者比较冲动,作为企业的员工应该体谅顾客的心情,以平常心对待顾客的过激行为,不要把个人的情绪变化带到抱怨的处理之中。

(5)面带微笑

俗话说,"伸手不打笑脸人",店主真诚的微笑能化解顾客不满情绪,满怀怨气的顾客在面对春风般温暖的微笑中会不自觉地减少怨气。

(6)站在顾客的角度思考问题

在处理顾客的抱怨时,应站在顾客的立场思考问题,"假设自己遭遇顾客的情形,将会怎么样做呢?"这样能体会到顾客的真正感受,找到有效的方法来解决问题。

(7)做个好的倾听者

大部分情况下,抱怨的顾客都需要忠实的听众,喋喋不休的解释只会使顾客的情绪更差。面对顾客的抱怨,店主应掌握好聆听的技巧,从顾客的抱怨中找出顾客抱

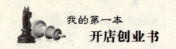

怨的真正原因以及顾客对于抱怨期望的结果。

(8)积极运用非言语沟通

在聆听顾客抱怨时,积极运用非言语的沟通,促进对顾客的了解。比如,注意用眼神关注顾客,使他感觉自己受重视;在他讲述的过程中,不时点头,表示肯定与支持。这些都会鼓励顾客表达自己真实的意愿,并且让顾客感到自己受到了重视。

一天,某顾客到某商场送修一台三洋牌传真机,服务台接待员接过维修单据后,例行公事地让顾客留下姓名、电话,并给顾客一联取机单,说:"修好后我们会打电话通知您,凭这张单过来取机就可以了。"顾客又问:"这传真机我急需要用,什么时候能修好啊?"这时接待员不耐烦地说:"时间不能确定,我们要拿到厂家维修,修好给你打电话就可以了。"顾客一听,马上来火了:"你这什么态度,修个十天半个月的,我还要不要用啊!你知不知道一天不用,我的损失有多大?你们到底有没有为顾客着想,叫你们经理来!"

这时,另一名接待员闻声便过来安抚顾客:"不好意思,我们进里面谈好吗?"边说边把顾客请进了里间的维修室。"对不起,刚才的事真的不好意思,由于传真机是技术参数较高的高科技产品,我们必须送到专业技术部检测,具体修好时间我们现在不能答复您。不过您放心,今天送去,明天结果会出来,根据故障的大小,我们明天答复您维修的大致时间,行吗?"顾客一听,语气也缓和了:"其实我也并不是让你马上修好,只是你给个大概的时间,我也好安排我的事。""好,您放心,我们会以最快的速度维修。明天了解情况后,一定给您去个电话。""好!好!好!那麻烦你了。""不客气,您慢走!"

经营者在表达歉意时的态度一定要真诚,而且必须是建立在凝神倾听的基础上。如果道歉的内容与顾客反映的问题根本就不是一回事,那么这样的道歉反而会使顾客认为经营者在敷衍自己而变得更加愤怒不已。

店主在处理顾客的抱怨时,除了依据顾客处理的一般程序之外,要注意与顾客的沟通,改善与顾客的关系。掌握一些技巧,有利于缩小与顾客之间的距离,赢得顾客的谅解与支持。

巧用赞美,假如你遭遇难缠的顾客

这个世界上什么样的人都有,开店创业难免会遇到比较"难缠"的顾客,这是一个稍微有点特别的顾客群体,但是他们仍然是组成顾客群的一个重要部分。难缠的顾客也是顾客,店主在遭遇这样的顾客时,应当给予他们充分的理解与尊重。

难缠的顾客之所以被冠上"难缠"的标签,大概就在于其言行举止常常会激起别人恶劣的心理反应。比如某位小姐或其他接待人员在接待顾客时说出"烦死了"这三个字,那唯一能表明的就是这位接待人员或服务人员缺乏耐心。接待顾客或为顾客服务都需要有耐心。耐心的服务可以"赢"得客人的满意,使客人从"有意拒绝"变为"满意接受"。所谓耐心,就是不急躁,不厌烦,在接待服务工作中,就是要做到百问不厌,百事不烦。介绍详尽,解释清楚,不计较客人言语轻重和态度好坏,处处表现耐心,事事使客人满意。

赞美是应对难缠顾客的最好利器。坚持这一原则的意义在于,赞美可以有效地抑制难缠顾客让人难以接受的行为,从而在更大程度上避免了可能形成的冲突,而且在很多时候。恰当的赞美甚至可以使顾客的对立情绪马上烟消云散,从而轻易地化"干戈"为"玉帛"。

应对难缠的顾客的过程实质上就是一个巧妙周旋的过程,在这个过程中,你除了不得罪顾客外,同时还需要照顾到自己的利益。要在这两者中间找到平衡点,找到突破口。

据相关调查,最难缠的顾客主要有如下三种类型。

(1)固执的怪人

这种顾客不关心解决问题,而是"为了投诉而投诉"。他们的座右铭是"我是对的,你是错的。"他们尽全力去证明自己是对的,而对方是不合格的顾客服务者。

(2)喋喋不休者

这种顾客只会不停地唠叨。完全不理会什么解决方案,他们对表达自我有着异乎寻常的强烈需求。这样的顾客占难缠的顾客的17%。

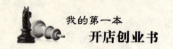

（3）自以为是者

这类顾客总是期望你立即放下所有的事情去为他解决问题。如果你已经帮他把问题提交到处理程序中，他打电话过来催问的次数比一般人多三倍。自以为是者占难缠的顾客的34%。

（4）我要找你老板

这类顾客遇到问题总是立即要求找你的主管，让你觉得好像自己是个白痴。他们总是问"你老板在吗"或"你来这家公司多久了"。这类人占难缠顾客的11%。

当你遇到以上这些顾客时，请采用下面3个步骤去处理。

（1）管理对方的期望

告诉对方需要等待一段时间，因为在他前面有事情在忙着。在迪士尼乐园，如果游乐玩具前面排起长龙，那么计时器就会显示最后一位等候者到可以玩上游戏需要等多久，而这个时间往往比真实情况多出10分钟。

（2）给他一个理由

研究表明，人们更容易接受被告知缘由的问题，而很难接受连起因都不知道的问题。一家电脑打印机厂家的客服是这样处理一个投诉的：一个顾客打电话来抱怨打印机打出的颜色不对，这种情况已经持续3天了。客服代表告诉他是因为天气的原因，顾客很不满意，他要求一个明确的答复。这时客服代表继续解释道，造成这种情况是因为打印机周围的湿气太大，如果他希望尽快解决这个问题，去购买一台空气干燥机就可以了。

（3）称赞他们的耐心

告诉对方你感谢他的合作。当你感谢某人或者称赞某人的时候，你就打开了合作的大门。

要消除你对顾客的任何反感情绪，尽可能使自己从难缠的顾客身上找到你喜欢的优点。你找到优点的越多，你解决问题的可能性越大。

将困难看作是你真正喜欢的挑战。树立这样一种思想："顾客为我设置的困难越大，我就越欢迎。"

在处理难缠的顾客时，切忌用你认为的正确观点去说服他们，这样可能使矛盾激化。而要试着体会他们的心情，表现出与顾客心情相关的表情——例如，同情、体贴、受挫等等。关键是要避免试图向顾客证明他是错误的，而要让他产生一系列好感，使他认同你即将处理问题的方式。从顾客的角度看，公司的状况是无关紧要的，重要的是解决他的实际问题。

退后一步，当你面对无理取闹的顾客

难缠的顾客与不讲理的顾客并不是两种一样的人。顾客很少从一开始就是难缠的，他们之所以变得难缠，是因为他们的确遇到了困难，是因为他们在追求愉快心情的过程中频频受挫，从而情绪变坏。而无理取闹的顾客则可能是为了达到自己没有表现出的更深层次目的而来的。

顾客无理取闹可能是故意的，也可能是欲盖弥彰，但无论怎么说顾客仍然是"上帝"，其位置永远无法动摇，作为商家应该首先确认其所为之来由，知己知彼方能百战不殆嘛。从顾客的角度去分析事件的缘由，以及他想达到的目的，尽可能的在不损失自己利益的情况下，满足顾客所求。

俗话说忍一时风平浪静，退一步海阔天空，既然退一步可以化干戈为玉帛，又何乐而不为呢？会生活的人，并不会一味地争强好胜，在必要的时候，宁愿后退一步，做出必要的自我牺牲。我这么说并不是意味着就此退缩，只是作为商家不能因小而失大，在名誉上被这个黑点所玷污，商家尽可能地显示大度与谦让，你多赔一个笑脸，多鞠一个躬，不会让你缺失什么，只会让你获得更佳的人气和良好的口碑。他取闹久了，也便觉得索然无味，也就作罢了。

但如若顾客并非善意，带有极度攻击力，那我们就不能做待宰割的羔羊了，我们应该拿起法律武器以及本方的商业规定去劝说，劝说达不到目的，如果商家有保安，应叫保安及时控制现场，制止顾客可能对商家制造的破坏，并快速通知附近派出所及早过来处理此事！此时也可留取一些证据，如照相录音等方式，或其他人员的证词，这些对你都是极有帮助的。

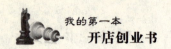

售后做得好，回头客肯定少不了

在现在这个竞争异常激烈的商业社会中，市场早已由卖方市场转变成买方市场，各商家纷纷在商品质量及环境上下工夫，在二者相同的情况下，只有以提供不同的服务来吸引顾客，而在提供高附加值服务的过程中"售后服务"成为销售过程中主要的一个方面，作为店员要尽可能地为顾客提供满意的服务。

售后服务是指零售企业为已经购买商品的顾客提供的服务。传统的经营观念认为，企业只要把自己的商品卖给了顾客，也就完成了交易过程，以后的事情，企业就不再有任何义务。其实，现在这种观念在任何企业中已经不复存在，所有企业都认识到了售后服务的重要性，早已将"商品出门，概不退换"改为"包退包换"，有的甚至还提供免费运送、安装、维修等。

事实上，售后服务作为一种服务方式，内容极为广泛。如果说售中服务只是为了让顾客买得称心，那么售后服务就是为了让顾客用得放心。

(1)售后服务的着眼点

为了做好售后服务，店铺商家可以从以下方面着手：

①为顾客提供包退包换服务，解决顾客的后顾之忧。

②为顾客提供一定程度的免费维修，对于某些零件只收取成本费用的维修，减轻顾客购买的忧虑。

③对于顾客准备购买的商品，可以按照顾客的要求进行部分改变，以满足顾客的要求。

(2)售后服务的内容

售后服务大体包括两个方面：

①帮助顾客解决搬运的难题，使顾客可以方便地购买商品。

②建立保修制度，使顾客产生安全感和信任感

时代已把商业社会由卖方市场转变成买方市场，各商家纷纷在商品质量及环境

上下工夫,在二者相同的情况下,只有以提供不同的服务来吸引顾客,而在提供高附加值服务的过程中"售后服务"成为销售过程中主要的一个方面,作为营业员要尽可能地为顾客提供满意的服务。

在遇上有关退、换争议时,销售者必须要坚持"三个为主的原则"。即一是可换可不换的,以换为主;二是可退可不退的,以退为主;三是分不清责任的,以我为主。只有这样,才能兑现"一切为顾客着想,一切让顾客满意"的承诺。这样去做,主要的好处在于"退换的是货,留住的是客"。

有些顾客的不满,是必须处理的,在处理的过程中,是否能得到顾客的谅解,或是在处理完后,顾客有感谢之意,抑或是心不甘情不愿地默认倒霉,这许多处理的态度和方法,可以看出营业员的水平。为了保持生意的长久,在处理顾客不满时,一定要给顾客留下良好的印象:

(1)同意时就高兴地表示同意

如果你强调自己的正确,顾客心里也会不高兴的。"为什么你要绷着脸,好像这件事是我们不对似的,你这副样子,做给谁看嘛!以后我不再来你们这儿了!"如果是很兴奋的同意时,也不可以挂在脸上,否则顾客会有种不舒服的感觉。

(2)要使顾客认为比其想象的更为满意

销售过程中,作为营业员当你完成自己的工作后,能让顾客说出"你的服务让我很满意,你做得太好了"这就算成功了。让顾客比想象的好,并不是给予金钱或物品之事,而是要勤快地联系,尽可能给顾客面子,或是跟主管的人、部门经理表示道歉。让顾客心理平衡。

(3)要尽快实施决定的方案

对顾客的不满或提出的意见,要及时给予解决,如无法解决也要先表示道歉,然后说清理由,请其理解,或表示自己已尽了力,要拿出自己的诚恳,不能把时间拖得过长或不管。

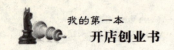

第十一章　由小做大：
从"一"到"二"其实并不难

做生意向来不是一件轻而易举的事情,创业难,守业更难。经过多方筹备,你的店铺终于开起来了,你心里难免会有按捺不住的兴奋,但更多的是担心与忧虑。因为你得考虑要怎样才能够把自己的店铺做大做强。同样一件衣服,在有的店极为畅销,而在有的店却成为了积压品,这其中的原因是什么呢?或许你会说理想和实际的距离太过遥远,使得你的梦想还没有展翅翱翔便已经折断,其实不然。那些后来成功成名的企业,当初也和你一样的鲜为人知,他们后来的强大并不是冥冥之中的定数,而是因为他们采取了十分有效的经营策略。只要你用心地去经营,你的店铺由小变大并不难。

活下来后,你要关注如何活得更好

在我国,很多小店沿袭着夫妻式、兄弟式、父子式的家族管理模式。创业之初,家族成员的作用不可低估,他们起早摸黑,既分工又合作,有着很强的凝聚力。但当小店成长壮大时,这种管理模式的弊端就会显现出来:有些经营者眼光依然停留在过去那种小本经营的思路中,内部关系错综复杂、管理制度不能落实。

店铺的发展是有一个客观的发展阶段的。任何一个阶段店铺都可能倒闭,为了追求利润这个目的,店铺的经营者就必须顺应规律采取与之相适应的经营活动。一般来说,店铺的发展要经历生存、发展、成熟、扩张及衰退消亡几个阶段。

店铺的成熟阶段主要是指店全面赢利的阶段的巩固和持续。这一阶段的主要特点是：客户的质量最符合店铺的需要；店铺的经营的主要重点表现在附加服务领域（以应对行业内层出不穷的竞争）；人员稳定，形成文化；产品品牌优化；这一时期开店铺的一个目的就基本完成了。

店铺的扩张阶段主要是指店面的扩大或开设分店。这一阶段的主要特点是：新的店铺同样要经历生存、发展、成熟的过程。

店铺的衰退阶段主要是指店全面赢利到渐渐亏损的过程。这一阶段主要有两种形式：迅速地衰退或者逐渐地衰退。店铺的衰退分为：个体衰退和行业衰退，两者有不同的性质和处理方式。

经验是指从店铺发展过程中得到的知识或技能；投资者为了自己有更大的发展必须在店铺的各个发展阶段有意识地积累一些经验。

在生存期的主要任务是积累如何为顾客做好专业服务，如何销售产品，如何管理和稳定员工，如何正确地处理各项事务等一系列的成功经验。

在发展期的主要任务是积累产品营销经验，服务客户，还有特别重要的是对拥有技术、销售和培训等综合素质的人才的积累。

无论在商店定位还是销售导向上，店铺有一个明确的经营目的，是店铺在发展过程中必不可少的。也就是说店铺如何为消费者提供所需的商品、高品质的服务，应该是所有店铺经营者所应有的共同目的。

为达成既定目的，就必须拟定一个"经营方针"，例如可以针对在商品结构、营业目标、人员报酬以及是否要开分店等一系列方面。这些方针也就是我们在经营时所必须要有的最基本的计划。

经营方针通常有以下几项：

（1）营业额方针

营业额是一家商店经营好坏最基本的指标，所以在创业初期，对于营业额的预测，必须有一个详细的计划，例如每月的营业额，每周、每日营业额，都需要参考各项因素分别去制定。此外，每年的营业额增长率亦需依照竞争对手的情形及经济指标来制定每年的增长率。

（2）销售商品方针

也就是销售商品结构计划，其商品项目通常会超过一万种以上。所以在各项商

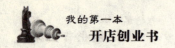
品中,如何依照大类、小类去组合成最适合专业店特色及顾客消费习性的商品结构,的确是我们必须仔细去做的计划。

(3)费用方针

如何规划各项费用、制定预算,进而将费用控制在我们的预算之内,也是一项重要的工作,其中,各项税款的时间和金额等,也必须详细记录。

(4)人力资源运用方针

通常在人力运用上,如果把握"在量不在质"的原则,多用人其实不见得对店铺业务上有帮助。用人要用到位。

(5)采购方针

所谓"会卖也要会买",有了好的采购可降低进货成本,增加利润,如此一来,才可开发有潜力的新商品,所以采购计划马虎不得。

实践证明,一个成功的店铺,只在认真详尽地拟定计划并且按部就班地执行后,才能步入正常的经营轨道,生意才会越做越大。总之一个没有具体目标的专卖店,不仅无法团结内部,还会造成许多不必要的资源浪费和无谓的损失。而完整且考虑周密的计划将使商店有光明的前途。店长若能事先拟定好计划则经营效率将会大大提高,各种支出费用也会相对降低。

店铺扩张,你可以考虑的几种方式

在你的店铺熬过艰难的生存阶段之后,接下来你就应该考虑店铺扩张的事情了。为了扩大店铺,你的主要任务就是将现有经验经过小小的调整迅速复制到新的店铺里,以期达到让新店铺快速进入成熟期的目的。

有如下几种方式可以帮助你扩大店铺,进而做大做强。

(1)实体店与网店相结合

互联网的未来是电子商务,未来商业运作肯定离不开互联网。企业要想生存和发展,就必须不断地在商海中寻找商机。利用互联网向外界发布商品信息,开辟市场,扩大市场份额,同时提高对市场的反应速度,这是一条很不错的路径。

温州 100 多家厂家直接把店开在淘宝网上,通过互联网来获取和整合不同的资源,如通过淘宝网强大的客流量来打开网络,开展电子商务。这不仅是应对当前全球金融危机的一种做法,也是企业营销战略的又一种突破。

这些企业有自身的市场、渠道、物流等优势,他们许多传统的营销、促销宣传、渠道等方法,可以运用到淘宝网上的经营,形成网络最佳的经营模式,如传统的实体商店加网络商店。这种模式通过离线的实体商店和在线的网络商店双重操作,可以收到很好的效果。以实体商店为后盾,以网络商店为另一种销售渠道,货源统一渠道进,批量进货成本低,具有竞争优势;货源充足,所有网店产品均有现货,发货能及时,产品方面也方便管理,实体商店和网络商店,都能相互反馈得到更多的信息,线上线下都能交易。在同一地区还能先看货后以网络价钱成交。

实体店的生存和发展看起来简单,其实里面大有学问。有的人赢利了,有的人亏损了。为什么会亏损呢?因为实体店自身负担很重,各项开支不小,杂七杂八的税费、居高不下的房租、不菲的工资支出、节节上涨的水电费等等,都是一笔笔不小的支出。它自身的生存发展还受到许多因素的限制,地理位置、人员素质、管理水平、市场环境等等,都可以决定实体店的强、弱、生、死。

开网店可以减少税费、房租、工资等成本,突破地理位置的限制,通过淘宝网扩大客源,增加和顾客交流的机会。由于支付宝的存在,网络交易可以实现买卖的自动化等等。

对实体店来说,开网店简直就是"如虎添翼",是实体店的业务扩展和广告宣传。两者如果实现良性互动,网店对实体无疑具有巨大的推动作用。

和实体店一样,小厂家也在寻找市场突围之路。面对零售巨头的压力,小厂家无法靠自己的力量进入大商场销售,赢利的空间越来越小。为摆脱过度依赖零售商或经销商的状态,他们急切需要开辟一些新的销售途径。淘宝网正是这样一个良好的平台,厂家可以利用这个低成本渠道打开新销路。

(2)连锁加盟

连锁加盟式——也就是真正意义上的特许经营,特许者与加盟者之间是一种契约关系,根据契约,加盟者可以使用特许者提供的独特的商业特权(品牌、商号、专利

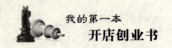

技术或经营模式等)为统一模式进行商业活动。加盟者要向特许者支付相应的报酬。

连锁加盟模式具有以下特点:

①连锁加盟以物流为依托成本相对较低

连锁加盟的一大特征就是实行进销分离的中央采购制度,统一进货。连锁加盟企业有着相当规模的零售终端,形成"规模效应",这种规模可以使企业有效地降低采购中的订货运输成本,甚至可能形成企业的向后一体化战略;同时,在产品严重同质化的市场上,集中采购可以加强企业的谈判能力,向供应商索取更多的价格折扣,提出高品质的要求,甚至是一些比较超前或领先的条件,这样才有可能使自己的产品与服务保持竞争优势,至少是保持参与竞争的能力。

②统一物流配送

统一的物流配送除了可以降低企业的物流成本,还可以实现终端所需物品的即时配送和少量物品的即时供给。连锁经营的核心——配送中心配送是指以客户的需求为先导,围绕商品组配与送货而展开的接受订货、备货、分工、配货、准时送达服务工作。它是连锁经营,是因为连锁经营的集中化、统一化管理在很大程度上是靠配送中心来具体实施的,通过配送中心的作业活动,不仅可以简化门店的活动,从而降低连锁企业的物流总费用,而且还能向门店提供增值服务。

③物流信息技术的应用

保护消费者利益要做到顾客至上,不仅要知道顾客的行为,还要分析他们的心理,他们付款的方式,以及他们对连锁企业的信任度。要提供好的顾客服务,需要改进服务质量,对员工进行商业培训。

(3)全力打造自己店的品牌

品牌可以帮助企业树立商誉、形象。对于一个店铺来说也是同样的。品牌是店铺的一种无形资产,它所包含的价值、个性、品质等特征都能给小店的壮大带来重要的价值。品牌是小店塑造形象、知名度和美誉度的基石,在产品同质化的今天,为店铺和产品赋予个性、文化等许多特殊的意义。品牌还可以帮助小店有效降低宣传和新产品开发的成本。可见,拥有自己的品牌,对于小店的发展具有至关重要的作用。

巧借东风，连锁加盟模式助你迅速做大

在资产和利益等方面的一致性，使得连锁企业可以根据各分店的实际情况投入适当的人力、物力、财力来实施经营战略，连锁经营的各分店有稳定的商品流通渠道，还可以在总部的统一下实施影响力大的促销策略，巩固和扩大商品销售网络；同时，灵活的经营管理又使连锁企业的优秀管理制度、方法、经验能迅速有效地在各连锁分店内贯彻实施，这些都大大加强了连锁企业的总体竞争力。

1992年，天津人景文汉路过四川绵阳的小天鹅火锅店时，看到店里生意火暴，便找到小天鹅火锅店的经营者何永智商谈合作开分店的事。那时，何永智和丈夫已拥有上千万资产，十多家火锅店，也正想将"小天鹅"继续做大，只是完全靠自己积攒资金来投入，扩张速度很慢。他们两方一协商，协商出了一种当时中国内地极为新鲜的合作方式：特许经营。1994年6月8日，由"小天鹅"出人员、技术、品牌，景文汉投资金的天津加盟店正式开业。小天鹅以无形资产占股份30%，这个加盟店仅仅用了八个月便收回全部投资。

小天鹅的何永智从这种经营模式中尝到了甜头，景文汉也依靠天津加盟店赚了不少钱。何永智是中国内地最早应用特许经营模式进行品牌扩张经营的人，她运用这种模式，在那一年中以平均每月开一家的速度向全国各大城市推进，先后在北京、上海、广州等地开设了分店或加盟店。

十多年后的今天，特许经营在我国已经是遍地开花了。不少创业者在创业时，选择的就是像景文汉一样开加盟连锁店。还有不少创业者开的是独立店，已经初具规模与名气，但苦于没有足够资金来将事业做大，那么不妨学学何永智采取特许经营的迅速扩张方法。

如果你想创业但一直苦于没经验或没合适项目，选择加盟一家连锁店是一个比较取巧的途径。

归纳起来，选择加盟创业的方式有三个显著的优点。

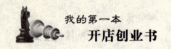
（1）降低失败风险

没有人敢保证加盟必能有百分之百的成功，但是跟独立创业比起来，还是会高一些，因为加盟总部有一套赢利模式复制给你，并会给你提供后续的诊断修正服务。

（2）拥有品牌的附加值

品牌的知名度、美誉度，是吸引顾客上门的利器。

（3）省时省事

例如，人员培训、后勤支持及商品开发由总部来负责，你只要负责店务操作及店面管理就好了，不用去管进货、谈判、研发和管理制度等等。

但是商场上绝对没有白给人的好处，正如天下没有免费的午餐，有一得必有一失。首先，你享受连锁店的好处，要付出相关的加盟费用，这个费用包括加盟金、权利金、保证金等等。多的一年几十万，少的几千元，一般视对方的品牌价值而定。其次，你的自由度相对于独立开店者较低。要讲连锁就会要求一致性，就透过控管，让它每一家店看起来都一样，制式化而且标准化。换句话说加盟代理主必须按照总部的规划来做，不能有太多的自主意识去做自己想做的。因为如果每一家店都有自己的想法，要进不同的商品，做不同的装潢，那到最后整个品牌就会乱掉的。即使是你日后想将店铺转让，也必须要总部点头才行。因此有人戏称加盟创业是当"儿老板"，有点古时"儿皇帝"的意思。第三，加盟店的命运很大程度上寄托在总部身上，一荣俱荣，一损俱损。总部要是出了问题，形象受损，大家都得跟着吃亏。

让人看到与众不同的你，打造自家店铺的品牌

要树立良好的品牌形象，就需要有一诺千金的责任感。当承诺让顾客 100% 满意的时候，就要准备好负担各种责任。品牌形象，如果你塑造好了，会让你充分感受到自己被认可的成就感。也会在销售上享受到轻松的良性循环效益。

在商机无限的市场上，投资者经商切忌因循守旧，墨守成规。要有不同于他人的创新思维，才能开拓市场，多做并做活生意，使财源滚滚而来。

作为小店,要打造自己的品牌需要从以下几方面努力:

(1)树立品牌形象,需要一种一诺千金的责任感

当承诺让顾客100%满意的时候,就要准备好负担各种责任。也许是邮局快递的原因造成损坏耽误,我们要毫无怨言承担损失并且向顾客道歉,因为我们没有让顾客顺利收到物品,延误或者往返都是给顾客增添了麻烦,我们要毫无怨言承受指责并且力求下次可以做到完美。

(2)树立品牌形象,需要专业的产品常识

如果只能看到买进卖出的差价,而看不到这个出售过程提供的知识服务,就不可能让买家觉得具备专业的品牌形象。

(3)树立品牌形象,需要一个严格的价格体系

严格定价,严格制定折扣条例,严格遵守。坚持合理定价,坚持区分新老顾客,给予不同的折扣条例,不要随意改变定价原则和折扣原则,是塑造品牌形象的一个原则。

(4)树立品牌形象,需要一个长期坚持的系统的规划

要想清楚,我的店铺品牌形象是如何的?根据产品,根据店主的个性,根据经营的环境人群特点,先要有一个概括定性。让买家享受热情周到的客服,最终买到有品质保障的产品,得到妥善专业的售后服务给人以亲切、专业、诚信的店铺品牌形象。

(5)树立品牌形象,需要销售技巧的时刻配合

比如商品名称,最好能附带自己的店铺名称,那么和你交易后感受愉快的人,更容易记住你的店铺,而不是下次不知道找谁。比如商品名称可以成系列,然后安排登录的时候也算好间隔,让买家从商品列表中容易发现你的规范和用心。

稳中求进,别为追求大规模而翻了船

每个投资创业者都热衷于寻找新的增长点,既然那是一个点就意味着只是局部,在它还没长成主干之前,是不足以承受整个企业的重量的。为安全起见,不能把所有希望都押在这个新点上。即使它确实是颗好种子,但生根发芽,开花结果还有个

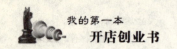

过程,这时候旧的生长点还是要让它继续增长的。

店铺想做得好,通常是把盘子做大、战线拉长。但更多的是一些运气不佳的,因为想法太多,反而令自己最有潜力的资源胎死腹中。大企业会犯这样的错,小商人就更有头脑发昏的时候,毕竟"做大"给人的诱惑实在是太大了。也正因为这样,能在各种"诱惑"中坚持自己的初衷,始终明白自己想要做什么的人就显得更加可贵。

人人都想把蛋糕做大,但做大的关键就是要专心做蛋糕,而不是什么都做。要相信,世界上会做蛋糕的绝不止你一个,买蛋糕的人也绝不是非吃你的蛋糕,因此哪怕你的生意再红火也潜伏着危机。

不要因为蛋糕做得好就想把手艺无限发挥,或许你可以兼做面包点心,那是因为这些都是面制品,不影响你的整体形象和核心竞争力,如果同时又想做时装、饮料和房地产,你就不可能把蛋糕做到顶级,像可口可乐那样的世界 500 强。其结果很可能捡了芝麻掉了西瓜,房地产生意没做好,蛋糕的生意也萎缩了,一旦需要拿卖蛋糕的钱去补房地产的亏空,那你离破产的日子也就不远了。

目前,在一个"多极世界"的竞争格局中,这种"规模经济"效应往往发挥不出来。由于市场环境瞬息万变,客户的需求也在不断改变,规模过大往往无法迅速做出反应,导致绩效严重下滑。并且规模盲目扩张,会占用过多资金,导致运营高成本,资产高负债,经营高风险。因此,规模并不一定带来效益,反而会使店铺经营极为虚弱。在不切实际的目标的指引下,盲目追求规模的过程则更加危险。

俗话说:开店容易守店难,一旦启动起来,需要花钱的地方很多,就是最专业的财务专家也做不到财务预算面面俱到,所以任何财务报表都会有流动资金这项,就是专用于预防风险、应急和开创新的局面用的,这项是重中之重。

香港人曾先生首次杀入餐饮业是在 1999 年。当时,他在沙田大围开了一家只有四张台的茶餐厅。当时他从来没有做过,天天想着怎样做好,一年之内整个人瘦了十多斤。所幸,小小茶餐厅规模不大生意却不错。2000 年,曾先生在沙田新田开了另一家有 20 张台的茶餐厅。有了第一次的成功,第二家茶餐厅生意也不错。赚了钱的曾先生听说台湾生意好做,于 2001 年在台湾开了第三家茶餐厅。这一次,茶餐厅的规模仍旧不大,还是 20 张台。2002 年,曾先生杀回香港,在九龙再开了一家茶餐厅,同样,规模还是只有 20 张台。

为什么对"20张台"这么"执著"？曾先生开店有个宗旨：一是面向大众，二是经济实惠，三是环境优雅，四是卫生洁净。香港人生活步子快，不少人早餐、中餐并作一顿；茶餐厅与香港人的生活步子"合拍"，市场潜力最大。不仅如此，在茶餐厅的"特色"上，曾先生落足心思，把解放初期广州不少食肆酒楼的"星期美点"改良到了自己的茶餐厅，保证每周都能有一个新创点心，抓住食客的胃。

广州人的生活节奏已经和香港人很接近，茶餐厅这样的消费方式在广州一定有很大的市场。半年后，曾先生的预计得到验证。曾先生打算再投资40万元再开一家面积145平方米的分店。分店开起来，成本很快就会收回来了。

茶餐厅要想开得成功，一定要有信誉；"诚信"是曾先生这么多年经营下来的一大心得。为保证质量，茶餐厅的扒类和不少配菜、配料都是从香港运来的，茶餐厅在香港是怎么开的，在广州也是怎么开，没有什么分别。

经营策略：

曾先生自己虽然是餐厅老板，但很多事情还是"亲力亲为"，不仅亲自检查菜式分量，更自己亲自下厨烧菜。闲时也会坐下来与客人聊聊天，做做调查，看看客人有什么需求。

虽然只是间小小的茶餐厅，但是有品牌与没品牌差别很大。曾先生以前在香港连开数间茶餐厅的故事曾经被香港五大报刊采访，曾先生把这些采访贴在入门显眼处，很自然就把自己的茶餐厅与其他茶餐厅区别开来了。此外，他在广州也坚持推出"星期美点"，也赢得不少加分。

曾先生的只有20台的茶餐厅有没有给你什么创业启示呢？对于那些创业的人来说，没有哪个不喜欢把自己的事业做大做强的，但做大做强并不是你想做大做强，它就能够做大做强的。千万不要因为执意追求扩大规模而盲目从事，如果没有可行性的目标，那样只能让你处于不利的被动地位。作为小本生意人，稳中求进才是你最好的选择。

网络店铺篇

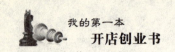
第一章　先给自己把把脉：
开网店的注意事项

网络已成为现代人生活中不可或缺的一部分，它在人们的生活、工作、学习中发挥着越来越重要的作用。随着社会经济的迅猛发展，网上开店越来越引起人们的关注。在正式开店前，你一定要了解开店都要做哪些准备工作。面对网上"免费开店赚大钱"的诱惑，很多人网上开店的想法都在蠢蠢欲动，可是你真的适合网上开店吗？网上赚钱真的有那么容易吗？

网上开店无可比拟的优势

网络营销是世界第一大电脑销售商戴尔和世界最大的网络产品厂商的主要销售渠道。

最近几年来，随着互联网的迅猛发展，电子商务已经被公认为是一种新型的营销模式，被越来越多的人所接受，并且在市场经济中占据着越来越重要的地位，显现出无穷的价值和魅力。

十多年前，那些从事电子商务的人还被视为是专家、精英，在网上开店还曾被视为是一种不可思议的事情。但看看现在，这一切已经变得司空见惯，人人都可以在网上开设自己的店铺，卖自己想卖的东西，从事网上销售的活动。

网上开店有着十分巨大的潜力。资料表明，在 2006 年，中国有近 1 亿人次是在网络上交易商品的，每个网民网上消费年均在 300 元左右。不可否认的是，凭借着诱人的投入产出比，以极度的伸缩性和成长性，网上开店的未来潜力不可限量。

在网上开店与实体店铺相比有着很突出的优势,一般来说,网上开店有如下优势:

(1)网店成本低

网上开店与实体开店相比综合成本要低很多,许多大型购物网站提供租金极低的网店,有的甚至免费提供,网店店主根据顾客下的订单进货,减少了因货积压所占用的资金,网上交易主要通过网络进行,节省了税、电、管理费等方面的支出,网店不需要专人时时看守,节省了人力方面的投入。

(2)经营方式灵活

网店主要依靠互联网进行经营,经营者可以全职,也可以兼职;网店不需要专人看守,只要能对浏览者的咨询给予及时回复就不影响经营销售;网上开店不像网下开店那样需办理严格的注册登记手续;网店在商品销售之前,不需要存货或者只需少量存货,因此可以随时转换经营类别,进退自如,思想上不会有太大的包袱。

(3)不受时间、地点、面积等的限制

网上开店不受营业时间的限制,只要服务器不出问题,就可以 24 小时营业;网上开店不受经营地点的限制,网店的流量来自网上,所以,即使网店的经营者在一个小胡同里也不会影响到网店的经营;网店的商品数量也不会像网下商店那样,生意大小往往受店面面积的限制,只要经营者愿意,网店可以摆上成千上万种商品。

(4)网上可卖产品的范围较广

网店开在互联网上只要是上网的人群都有可能成为商品的浏览者与购买者,这个范围可以是全国的网民,甚至是全世界的网民。只要网店的商品有特色,宣传得当,价格合理,经营得法,网店每天就会有不错的访问量和可观的销售业绩。

尽管开网店前途无量,这块市场"肥肉"人人都想吃,但是网上交易这块"肥肉"并不是每个人所能吃得到的。由于"肉多",所以前来"啃肉"的人也多,再加上进入的门槛很低,所以网店之间的竞争还是十分激烈的。

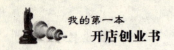

网店店主必备的经营条件

网上开店的前景虽然很广阔,但并不是你一时冲动想开就能够开的,你只有具备了相应的条件,你的网店才能够开得起来,并得以良性发展。

开网店一般都需要什么条件呢?

(1)对开网店要有真挚的情感

对开网店仅仅有兴趣是不够的,要像培育自己的孩子一样去培育你的店。兴趣只是好奇,也许好奇心过了你就没有兴趣了,开一个店在那摆着等顾客上门肯定是做不好的,更别说是赚钱了。只有你投入了全部的感情才会有相应的收获。开网店的出发点不是赚钱而是学习如何做网络贸易,学会一种在网络生存的手段,当然经验和金钱就是对你的奖励。

(2)对自己店里的宝贝要投入感情

你应该在开店的时候把宝贝都打扮得漂亮一点,等待"出嫁"的那一天,这就是未雨绸缪,为开店做好准备了。

(3)对顾客要以诚相待

做网络贸易一定要善于和别人沟通,假若你不善于和别人沟通那么你一定不适合做网络贸易。只有你真诚地面对你的顾客才会得到他们的信任。做生意就是要以诚信为本。

(4)做好销售产品的准备。

开网店做什么产品很重要,好的产品让你的店顾客盈门。首先要选择自己有的产品,比如自己有实体店的,或者自己手工可以做的,有自己的特色这是最好的。其次要选择自己网络热销的和自己喜欢的产品,你要像开实体店那样去考虑市场了。再次就是代理别人的货,但是一定要选择诚信比较好的,大的店要做到能够长期供应质量比较好、信用比较好的货。

（5）规划好在线的时间

这对于专职的卖家来说没有问题，但是现在多数的人还是兼职的，所以你要对自己在线时间有个规划，不能像放羊一样任其自生自灭。兼职的你要定时地整理店铺收发订单，一般长期在线的店的浏览量是不在线的四倍还要多。

（6）经常更换新的产品

这样不但可以留住那些老顾客，还可增加你的销售量。在不重复铺货的基础上尽量把你的货全搬上架。这是提高浏览量和销售最好也是最直接的办法。

（7）网店店主要耐得住寂寞

作为一个网店的店主首要的素质就是要耐得住寂寞，等待顾客的挑选，但是我们不能被动地等待，要多做宣传，学会如何宣传这对你很重要，等待的同时要多学习一些销售等各方面的经验，提高自己的销售技巧。

（8）要有足够的耐心

销售要有耐心，多向顾客介绍你的产品，不要厌烦，钱不在赚的多少，关键是你的一个买家一个客户，也许下一次就是你的一个大顾客。多学习让顾客介绍顾客，这样你才会赢得买家的信任。好多买家都是第一次在网络上购物，所以开始有点小心是难免的。

（9）做足完善的售后服务

售后服务一定要完善，对自己卖出的产品的任何问题一定要合理地解决，这些在自己的产品说明中一定要清楚，这都是赢得买家信任很重要的环节。至于断货或者缺货或者其他的快递的问题等一定不要欺骗顾客，我相信大多数买家还是可以理解的。

（10）加入商盟壮大自己

加入商盟其实有很多好处，让大家认识更多的朋友可以交流，积极参加商盟的活动，让自己的商品出现在推荐首页，吸引更多顾客的眼球。

如果你能够做到上述几点，你的网店就不愁不会红火起来。

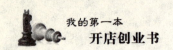

网上开店可以卖什么

随着电子商务越来越普及,越来越火热,一些有着相对空闲时间的人都想在网上开个小店,但往往在开店初期有些迷茫,他们不知道网上开店怎么开,网上开店都可以卖什么。

若想开网店首先要考虑网上进行购物的人群。目前的网民呈现出两大特征,年轻化,学生群体占相当比重;上班族,白领或准白领化。掌握了主流网民的基本特征,就可以根据自己的实际情况来确定自己可以卖什么了。

一般来说,适合在网上出售的商品有如下几个特点。

(1)体积较小

体积小主要是为了方便运输,降低运输的成本。体积较大、较重而又价格偏低的商品是不适合网上销售的,因为在邮寄时商品的物流费用太高,如果将这笔费用分摊到买家头上,势必会降低买家的购买欲望。

(2)附加值较高

价值低过运费的单件商品是不适合在网上销售的。要做价格相对稳定,不要做价格短时间内不稳定的产品,否则库存压力是很大的。

(3)具独特性或时尚性

网店销售不错的商品往往都是具有特色或者十分时尚的。

(4)价格比较合理

假若网下可以用相同的价格买到,就不会有人在网上购买了。网下没有,只有网上才能买到,比如外贸订单产品或者直接从国外带回来的产品。最好避免做大路货之类的产品。这类产品一是利润低,二是价格相对透明,三是随处可见。这类商品初期开店不可能有太多的人气和订单,如果形不成一个量的话,是很难继续下去的。

(5)通过浏览网站就可以激起浏览者的购买欲

假若一件商品必须要亲自见到才可以达到购买所需要的信任,那么就不适合在网上开店销售了。假若有品牌商品进货渠道的可以考虑做品牌商品,因为这类产品的知名度较高,即便买家不看到实物,也知道商品的品质。

你该选择哪个开店平台

俗话说:"女怕嫁错郎,男怕入错行。"想要网上开店的你,选择什么样的平台,与你的开业成本有关,同时也对你的销售结果产生一定的影响。假若选择一个平台来开店,要取决于当前你网上创业所处的阶段,同时你要对网上各种开店方式进行性价比的分析与比较,这样才会选择出适合你的平台。

目前网上主要有如下三种开店平台形式。

(1)在大型网站上开店

目前中国提供网上开店服务的大型购物网站有数百家,真正有一定影响力的却只有为数不多的几家,主要有如下几个大型购物网站:

①易趣网

易趣网是中国最早提供网上开店服务的购物网站之一, 注册网上商店不收费,但是需要支付商品的底价设置费、物品登录费、交易服务费及广告增值服务费。

②淘宝网

淘宝网是国内领先的个人交易(C2C)网上平台,2003 年 5 月 10 日由全球最佳企业兼 B2B(电子商务公司)阿里巴巴公司投资 4.5 亿元创办,致力于成就全球最大的个人交易网站。

目前,淘宝网上前提供免费注册、免费认证、免费开店服务。

③一拍网

一拍网是在 2004 年初新浪和雅虎两大互联网品牌成立的合资公司——北京新雅在线信息技术有限公司所建立的功能全面的全新优质网上买卖社区,将为中国中小企业及个人用户提供顺畅的交易平台及多种交易模式。

目前,一拍网和淘宝网一样也提供免费的网上开店服务。

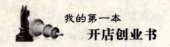
④8848 网

1999 年 5 月 18 日 8848 网成立了，它曾是中国电子商务企业的旗舰。2003 年 9 月重新开始筹备新的业务发展规划,将业务重点转向建立中国第一个专业购物搜索引擎——8848 购物引擎,服务于中小商户的 8848 网上商店,以及为企业用户拓展业务提供电子商务解决方案。8848.com 于 2004 年 1 月 1 日正式对外发布。

目前,8848 也提供免费的网上开店服务。

（2）创建独立的网上商店

创建独立的网上商店是指经营者根据自己的经营的商品情况,自行或委托他人设计一个网站,独立的网上商店通常都有一个项级域名做网址,不挂靠在大型购物网站上,完全依靠经营者通过网上或网下的宣传,吸引浏览者进入自己的网站,完成最终的销售。

独立的网上商店主要包括个性化的网上商店与自助式的网上商店两种类型。

完全个性化的网上商店开办实际就是设计了一个新网站,流程主要包括五个方面,也即域名注册、空间租用、网页设计、程序开发、网站推广等。

鉴于是完全独立开发,个性化的网店的风格、内容完全可以根据经营者的思路来进行设计,而不必像大型网站里提供的网店需要受限于具体的模块,而且网店商品的上传与经营完全由经营者自己安排,除了支付网站设计与推广费用,不需要支付网上交易费、商品登录费等费用。

不过,个性化的网店只有通过其他各种的网站推广方式,才可以取得浏览者的关注,实现最终的商品交易,个性化网店由于需要独立证明卖家自己的信用,往往在短时间内无法取得浏览者的信任。

（3）自助式网上商店

自助式网上商店主要是采用自助式网站模架建立自己的网店,也是一种独立的网上商店,只是与个性化网店相比,网店内容模块化,网店的内容只能在既定的模式内选取,通常价格较低,网站的应用功能不错,但是网店的风格无法达到个性化的网店的标准。

自助化网店的操作较为简单,具体的应用则与个性化网店一样。目前有诸多网络类公司提供自助式网站服务,价格通常在几百元至一千元之间。

网上开店的流程都有哪些

通常来说,网上开店有如下 10 个方面的流程。

(1)思想上的准备

首先,你需要想好自己要开一家什么样的店。在这点上,开网店与实体店铺没有多大的区别,寻找好的市场让自己的商品有竞争力,这是迈向成功的起点。

(2)甄选开店平台或网站

你需要选择一个提供个人店铺平台的网站,并注册为其用户。这一点非常重要。

大多数网站会要求会员用真实姓名和身份证等有效证件去进行注册。在选择网站的时候,人气旺盛和是否收费以及收费情况如何等都是很重要的指标。

目前很多平台提供免费开店服务,像易趣、淘宝等。还有一类网店则是个性化的独立网店,比如,百业网推出的百业通网店就属于这一类。

(3)在线申请开设店铺

你要详细填写自己店铺所提供商品的分类,比如,你出售手表类产品,那么应该归类在"珠宝首饰、手表、眼镜"中的"手表"一类,以便让你的目标用户可以准确迅速地找到你。然后你需要为自己的店铺起个很醒目的名字,网友在列表中点击哪个店铺,更多取决于名字是否特别吸引人。

有些网店显示个人资料,你应该真实填写,以增加你的信誉度。

(4)进货

可以从你熟悉的渠道和平台进货,控制成本和低价是进货的关键。

(5)登录你的商品

这需要把每件商品的名称、产地、所在地、性质、外观、数量、交易方式、交易时限等信息登录在网站上,最好搭配一些商品的图片。

商品的名称应尽量全面,突出其优点,因为当别人搜索该类商品时,只有名称会显示在列表上。

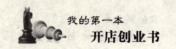

为了吸引顾客的眼球,图片的质量应尽量好一些,说明也应尽量详细一些,如果需要邮寄,最好声明谁负责邮费。

登录时还有一点是需要你特别注意的,就是设置价格。通常网站会提供起始价、底价、一口价等项目由卖家设置。

比如,卖家要出售一件进价100元的衣服,打算卖到150元。假若是个传统的店主,只要先标出150元的价格,如果卖不动,再一点点降低价格。但是网上竞价不同,卖家先要设置一个起始价,买家从此向上出价。往往起始价越低越能引起买家的兴趣,有的卖家设置1元起拍,就是吸引注意力的好办法。

不过起始价太低会有最后成交价太低的风险,所以卖家最好同时设置底价,例如定105元为底价,以保证商品不会低于成本价被买走。起始价太低的另一个缺点就是可能暗示你愿意以很低的价格出售该商品,从而使竞拍在很低的价位上徘徊。

假若卖家觉得等待竞拍完毕的时间太长,可以设置一口价,一旦有买家愿意出这个价格,商品立刻成交,缺点是如果同时有几个买家都有兴趣,也不可能抬高价钱。卖家应根据自己的具体情况好好利用这些设置。

(6)营销推广

为了提升你店铺的人气,在开店初期,应当进行一定的营销推广工作,但只限于网络上是不够的,要网上网下多种渠道一起推进。

比如,购买网站流量大的页面上的"热门商品推荐"的位置,将商品分类列表上的商品名称加粗、增加图片以吸引顾客眼球。当然,也可以利用不花钱的广告,比如与其他店铺和网站交换链接等。

(7)售中服务

顾客在决定是否购买你的商品的时候,很可能需要很多你没有提供的信息,他们随时会在网上提出,你应及时并耐心地一一进行回复。

但是有一点需要注意,很多网站为了防止卖家私下交易以逃避交易费用,会禁止买卖双方在网上提供任何个人的联系方式,例如信箱、电话等,否则将予以一定的处罚。

(8)在线交易

商品成交后,网站会通知双方的联系方式,根据约定的方式进行交易,可以选择见面交易,也可以通过汇款、邮寄的方式交易,但是应尽快,以免对方怀疑你的信用。是否提供其他售后服务,也视双方的具体情况而定。

(9)评价或投诉

信用是网上交易中一个很重要很关键的因素,为了共同建设信用环境,如果交易满意,应给予好评,并且通过良好的服务获取顾客的好评。如果交易失败,应给予差评,或者向网站进行投诉,以减少损失,并警示他人。如果有顾客投诉,应尽快处理,以免为自己的信用留下污点。

(10)售后服务

完善周到的售后服务是你的网店生意保持经久不衰的十分重要的筹码,要适当地与客户保持联系,做好客户的管理工作。

网上开店你是否适合

最近几年来,网上开店十分时尚,网上生意也十分红火。很多人都按捺不住网上开店的诱惑,都对开网店跃跃欲试。但是并非每个人都适合网上开店的。你是否适合在网上开店呢?

一般来说,适合网上开店的有如下几类人。

(1)企业管理者

对于中小型企业,网上销售,是一种十分必要的选择。过去,那些名不见经传的中小企业,要想把产品送进百货大楼的大门简直比登天还难,可如今网络店铺给他们提供了一个十分广阔的天地,解开了中小企业产品"销售难"的死结。

网上开店不受地理位置、经营规模、项目等因素的制约,只要上网就能资源共享,中小企业在网络店铺上与知名大品牌实现了平等,而且还可以开展以前想都不敢想的全球经营。

(2)大学生

据相关调查发现,有很多大学生都在红红火火地做着网上销售,他们的那种热

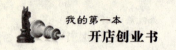

情,他们的那种执著,真的很让人感动。大学生的这种一边学习一边创业的快乐的生活,对他们的一生来说也是一种很不错的经历。大学生平时的学习生活比较清闲,对网络的应用也比较得心应手,上网开店随手可得。

(3)具有产品货源的小商户

你有货,那就是资源,现在需要更好的销售推广,那就可以网上开店,一次的投资,专业的推广,自己的产品,马上就可以得到立竿见影的效果。

网上开店一个很重要的因素就是货源,有货源的小商户网上开店是一种很有眼光的选择。

(4)整天活动在网上的人

网上开店虽说不需要你整天活动在网上,作为店主,也许每天只需要 1 个小时就完全可以照顾好自己的网店。

但是假如你是一个十足的网虫,那也是一种很不错的资源,有时间又勤奋,就一定有收获。经常活动在网上,可以找到更多的网上客户资源,可以在客户服务上尽可能地做到完善。经常活动在网上,可以学习到更先进的技术,可以把自己的网上商店经营得很好。经常活动在网上,花费时间来照顾推广自己的网店是一件很轻松的事情,在网上开店的店主里面,有一部分人就是当初绝对的网虫,现在也有了自己的事业。开网店对这样的人来说是一件一举两得的事情。

(5)自由职业者

很多的自由职业者喜欢上网冲浪,他们开设网店并不在意自己的东西能卖多少钱,而是希望那些平时逛街所觅来的东西同样会有人欣赏和喜爱,其目的是通过开店来充实自己的生活,寻找一些志趣相投的朋友。

所以,这类人投资风险较小,还可以以此为契机,拓宽社会圈子,为今后的发展作铺垫。

(6)整天忙碌的企业白领

白领白天工作是接触网络的,紧张而又有节奏。开一家自己的网上小店,是一件非常有趣味的事情,店虽小,但是意义却不同。在这里你可以体会到自己做老板的感觉,在这里你可以结识更多的朋友,并且本身就是客户不断电话不停的白领们,多一个电话又有什么妨碍呢?比起整天的应酬派对,网上开自己的小店更有意义,那是一种寄托,也是一份事业。

(7)生活在大都市的人们

如果你是生活在北京、上海、广州这样的大都市,这也是你开网店的一大资源。在这些快节奏的城市,它遍地都是机遇,只要去努力就一定会有不错的收获,网上开店就是一个很好的机遇。即使你不懂网络,因为你生活在那里,那里的人们已经肯定了网上购物的这种消费方式,那里的人们有网上购物的消费需求。这里就是市场,那里就是你创业的风水宝地。

(8)把网络作为自己未来理想的人们

假若你是一个很喜欢网络的人,希望自己未来的日子不再奔波,过着属于自己的 IT 白领生活。你喜欢网络,那就去追求自己的梦想吧。网络并非虚幻而遥不可及也并非是昙花一现,网上购物必将成为未来的一个发展方向。只要看准时机,你就一定成为这个行业的领跑者。

网上开店这种独特的商业模式,充满了无限的商机。网上开店进货的渠道很多元,不仅丰富了产品种类,而且降低了商品的价格。

兼职开店还是专职开店

相信网上开店的人都会有兼职开店还是全职开店的困惑。其实,全职有全职的好处,兼职也有兼职的优势,这要依据个人的具体情况而定。

一般来说,全职开店是长期而稳定的,用正常上下班时间来划分工作日和休息日,工作有受一定限制的特性。

兼职开店每天工作的时间可长可短,自由度较大,是在本职工作之外,休息或空余时间范围内,工作有不受时间限制的特性。

如果你不确定是兼职开店还是全职开店,还是先来了解一下两者在各方面的比较吧。

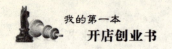

（1）经营心态的比较

①全职

一般来说，全职有两种情形。一种是一开始就打算做全职，有一种豁出去的意味，有不成功便成仁的雄心壮志包含在内。

另外一种是先兼职等发展到还不错便转为全职。

网上全职开店的原因应是多方面的，有的是工作上高不成底不就，有的是不愿受到束缚而喜欢自由，有的是不甘平庸进行的自我挑战，有的是看到别人做得有声有色而心生艳羡……无论是出于何种原因，网上全职开店都是需要坚强的斗志和良好心态的。因为最后的结果不管是赢还是输，切断所有后路，一往无前，任凭前方有千万险阻，而不顾一切地去尝试、去挑战、去证明自己的全职卖家，是很值得大家敬佩的，因为那需要很大的勇气。

②兼职

网上兼职开店的人有如下三种心态：

一是"逼不得已"的兼职。本身拥有一份不错的工作和环境让人难以割舍，但又想尝试网络生存挑战，二者都不想放弃，所以叫"逼不得已"。

一是试探的兼职，本身工作谈不上好也说不上坏，钱足以糊口却不能够奢侈，想要改变这样一种不痛不痒的"尴尬状况"，但又不敢一下子割舍依靠、切去后路，因为未知的因素、暗藏的危机太多，又因为害怕全职后的失败，胆怯和茫然的状态下只能让自己先小试牛刀，做好了是意外之喜，做不好也不会伤筋动骨。

一是业余爱好或者说精神寄托，工作上得心应手没有内忧外患，既不紧张也不繁忙，只想空余时间做一些有意义的事情，只想尝尝朋友遍天下的感受，只想让自己变得更加自信和充实，不在乎赚钱的多少，很享受那样的过程。

（2）经营投入的比较

①全职

在时间的安排上，全职是付出最大的，一天24小时坐镇网店，百分之百都是夜猫子，除了上厕所外，吃饭都恨不得待在电脑旁，无所谓周六日、节假日，大多舍不得为自己奢侈地放一天假，忙碌的日子也给他们带来了无人诉说的辛劳和疲惫。

在店铺的经营上，全职在经营上的投入是完全的、彻底的，因为选择了这条路，所以不能左顾右盼只能勇往直前,目的只有一个,全力以赴把它做好做大做强。每天担心着、牵挂着、紧张着,激动着每一次信用的升级、关切着商盟的加入、等待着消保的通过,该做的不该做的一个不漏。

②兼职

在时间的安排上,兼职的比全职的要稍微轻松一些,但在时间上并不一定比全职的投入得要少。如果你想在这一行业作出成绩,除了工作外会把全部的精力都奉献给网店。

在经营上,兼职因为是兼顾而做,所以如果你愿意,你可以不必有那么多的投入。兼职会受到一定客观条件的限制,比如,还要正常上班,甚至有的要兼顾学业、有的有家庭、孩子的牵挂等等。其实,兼职并没人们想象中的那么轻松和潇洒。通常来说,你以什么样的心态去关注与评判兼职开店,往往你就会收到什么样的结果。

(3)经营服务的比较

①全职

全职的服务不管从哪方面都是考虑最完全的,正因为没有其他工作干扰,所以可以尽可能地考虑更周详更完善,旺旺、QQ、MSN、手机、小灵通24小时待命。全职的你不用担心第二天还要上班,不用担心跑单,愿意的话可以慢慢做、细细磨,不用计划只在周六、日才去淘货,想在哪一天拍照就挑哪一天,从容编辑、合理安排上架,包装发货售后跟踪及时,有的全职做到成功时,有专门客服、包装、回答咨询的工作人员,甚至还有专门广告策划宣传配备,这是兼职心有余而力不足的地方。

②兼职

兼职开店在服务方面虽然一样可以做到耐心细致承诺高品质服务,但兼职无疑是会受到诸多客观条件的限制,保证不了在线的充足时间,不能及时补货、拍照、编辑、上架新品,又因工作上的这事那事干扰,不能保证每单交易配以全面完善的服务。不过,对于兼职的人来说,有没有订单对自己的影响不大,因为自己还有其他活路,全职就不同了。

(4)经营风险的比较

①全职

全职开店的风险无疑比兼职开店的风险高,因为是全部投入,因为没有其他经

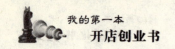

济补偿和精神依靠,所以压力也自然就相对大些;而在心态和精神上就更容易感到疲惫和焦虑,因为一日三餐要吃饭,因为理想和期待寄托其中,所以一旦成交不理想就会闷闷不乐。尽管一天 24 小时守候在电脑旁,眼睛酸涩可以不顾、腰背疲乏可以不理,吃饭不定时,熬夜当家常,但好像还在不自觉中给自己这样那样的压力,网店占据了自己所有的思维和日常事务,抱着只可成功不可言败的信念时,现实的困难和考验却似乎更频繁地摆在了你面前,全职承受的是全部的期望,因为全部的期望而付出全情的投入,在压力和风险上可想而知。

②兼职

兼职开店也有一定的风险,但与全职相比小得多,无论在哪方面看兼职都相对要稍微轻松一些,这主要指的是经济方面的压力,因为有一份基本的生活保障,尽管可能不多但不用太担心吃饭问题,不用太担心因为生意不好而直接影响到正常的生活秩序,或者困了倦了,还可以偷下闲,做得好的可以小有知足地接着做下去,做得不好的也有正当理由选择轻松而退,不用顾及太多太细,在经营风险和压力上兼职的压力明显要小得多。

其实,从某种程度上全职与兼职在本质上并没有太大的不同,也许今天兼职以后说不定会走上全职的道路,也许现在全职以后又会因为种种原因而改变转为兼职。不管是全职还是兼职,最后的结果能够不能够如愿以偿,只要你去做了,去尝试了,那在你的生命中都不会是一片空白。你付出的辛劳与汗水,相信会得到同等的回报,尽管形式或许是不一样的。

个人开店还是团队开店

"一个篱笆三个桩,一个好汉三个帮。"人们在决定自己是否要开网店时,往会考虑到这样的问题:我到底是要单枪匹马还是与人并肩作战?个人开店虽然不会出现管理和决策上的分歧,但里里外外全靠自己一个人去打理,势必会非常辛苦。团队开店虽然可以因为分工明确而省时省力,但是需要很好的协调,否则很容易就会出问题。

究竟是个人开店,还是团队开店?我们还是先来看一下两者各有什么优劣吧。

(1)个人开店的优劣

网上很多成功的营销团队都是由个人开店逐渐发展起来的。所谓个人开店就是说网店的经营全部由一个人负责,从进货、拍照、处理图片、编写商品说明到商品上架、销售、打包发货、售后服务等都是由同一个人完成的。

一个人需要打理那么多的工作内容,一个人开店确实是非常辛苦的,但在经营决策上,个人开店的优势还是很突出的,它直接由你一个人决定,绝不会产生什么分歧与冲突。

个人开店这种决策权高度集中的方式特别适合一家刚起步的店铺,但这需要店主本人是一名"全能全通"的人,假如你目前还处于"一穷二白"的阶段,建议你从最基本的做起。随着你实力的强大,网店生意也会蒸蒸日上。

(2)团队开店的优劣

所谓团队开店就是由两个或两个以上个体组成一个团队,共同经营网店。团队开店的优势就是每一个团队成员都可以发挥自己的优势,使网店的经营管理有条不紊。

比如,网上的很多"夫妻店",一位负责线上商品管理和销售,另一位负责进货、出货、打包、发货,通过两个人的合作减少经营上的压力。

团队开店可以减轻负担。但团队开店,需要特别注意的是团队的各成员之间要协调配合好。尤其是出现决策上的分歧时,更要冷静处理。如果你打算团队开店,建议在正式开店前,把各自的分工,出现问题后的解决方式,利润分成都一一协商好,必要时签订相应的协议。

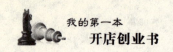

第二章　进货有方法：
好产品引来好生意

　　店主在确定自己卖什么样的商品之后，紧接着就是进货的问题了。对于开店的老板来说寻找物美价廉的货源是非常重要的。一般来说，店主可以从批发市场、厂家、库存积压或清仓处理产品等渠道去进货，从这些渠道上店主可以淘到性价比极高的宝贝。另外，如果你有亲戚或朋友在国外或港澳台等地区，也可以让他们帮助你从那里进货，或者你自己直接去采购，这样你就会获得价格上的优势。

确定进货的数量，防止不良存货

　　网上开店首先需要确定的就是进货的数量，以防止不良存货，作为网店的经营者，关于这一点你是必须要知道的。

　　下面我们就来介绍一下开店进货的基本常识，希望对于新手开店的你能够有所帮助。

　　(1)选好进货方向

　　假如，你开的是一家经营服装的店，究竟是以男装为主还是女装为主，要做到头脑清楚。不要一到服装批发市场，看什么都好，什么都想进一些。一定要有一个清晰的思路，新手开店卖服装最好要专一，如果店铺足够大，可以同时做男装和女装。

　　(2)进货要有一定的眼光

　　进货一定要根据时尚潮流、消费者需求、习惯特点等，以一个高明买家的眼光科学配货。作为一店之主必须要能准确地把握目前流行趋势、消费者心理等。如果自己一时拿不定注意，可以在网上多看看什么商品、哪种款式最热卖。

（3）进货前预测商品的销售情况

进货前，要预测每种商品在一段时间内的销售情况。根据预测销售情况进货，这样会使网店的库存负担减轻。有些店主可能会认为大量进货是降低成本的一个窍门，但这种观念在一些行业不是切实可行的，货进得多了，销售不出去，一定会占用大量资金。进货的商品一定要以满足市场需求为目的，才能提高销售业绩，才能最终赢利。

（4）第一次进货种类要尽可能地多

假若资金允许的话，进货商品的种类第一次应该尽可能地多，因为需要给顾客多种选择的机会。如经营时装的店铺，时装的流行性决定了销售的时效性，经营者在选购商品时应注意数量不要太多，在花色、款式方面要多选一些。这样既可保证店铺的特色，也可以消除资金、存货的压力。

（5）每件商品要备有3件

有多年开店经历的店主向人传授经验说每种商品要备有3件才能够维持一个比较良性的商品周转。当进了1件商品而这件商品非常热销，很快就需要为这个商品单独补货，这时无论从所花费的时间和资金上看，都是得不偿失的。而不补货，又只好眼睁睁看着顾客失望地离开。但如果进了3件同样的商品的话，在销售完这3件商品的期间其他的商品也很可能需要补货，这样店主就可以一次性去补货来提高补货的效率，从而节约在补货方面的开支。

去批发市场淘货

很多开店的人都苦于找不到合适的货源，其实去批发市场淘货是一个很不错的选择。假若你离大型批发市场比较近，那真是一个难得的优势，比如武汉、广州、义乌，都可以从批发市场进货，如果本地也有小型批发市场，不妨去转转，看看有没有

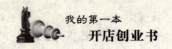

好的货源。

其实，寻找货源并没有那么难，很多店铺经营者都会从批发市场进货，现在也经常会听到批发市场的老板说，某某人在他那里进的货在网上卖得很火，说明批发市场现在也非常认可网上销售这种模式了。

批发市场可以说是一个货源非常丰富的地方，小到针头线脑，大到家用电器，应有尽有。同时批发市场也是一个鱼龙混杂的市场，优质的品牌精品，劣质的低价商品，在这里流向周边的各个省市。无论风霜雨雪、寒暑冬夏，这里都是从天不亮开始就人声鼎沸。

如果你是个进货的新手，批发商可能就会把你当作零售逛街的冷落在一边。进入批发市场进货前，你需要了解一些"专业"的知识来武装自己。具体如下：

（1）行话，行头

遇到一件商品，你开口就问"这个怎么卖"，通常得到的待遇是"零售价"而不是批发价。行话里进货一般说"打货"，问价一般问"怎么拿"，如果老板问你拿多少，你可以含糊地回答先拿一点回去卖卖看。

小件商品的铺子里都有装货的塑料篮子，想进货就直接去拿个篮子，自然就会受到热情的接待。各家都拿不透明的黑色袋子装货，所以你也可以拿个黑袋子充充行头，如果拿个便携的小拖车，老板就会比较重视了，这是经常打货的大买主的行头，当然更大的买主可能就直接开车去拖了。

（2）行规

初去批发市场的人为了证明自己是拿货的，往往一款会拿上很多个，其实这样做是没有必要的。

很多批发档口如果没有特殊的规定一般都是混批的，也就是只要在店里挑款式，不管一款拿多少，只要凑到十几二十个，都算批发。当然不同的行业也有不同的规矩，比如童鞋，就必须是一款拿所有码才给批发，就算补货也是一样。

（3）混个脸熟

在去批发市场正式进货之前，先去各个摊位上隔三差五地去逛逛看看，问问价，套套话，拿个名片什么的；流露出想进货的意向，几次之后就和那些个批发商混熟了，只要看你眼熟，他们就会比较热情地接待你，价格也就会很规矩。有时批发商看你经过的次数多了,觉得你经常来,生意好,可能还会主动招呼你进去看看要进什么货。

(4)明察暗访

你可以留意观察一下哪些店的生意总是很好,那么这家店里的商品必定有热销的理由。在人多的店里慢慢挑选,顺便多观察一下哪些东西卖得好,对你开店也有很大的参考价值,但是一定要记住,适合别人的未必就是适合自己的。

(5)学会做记录

批发市场总是让人眼花缭乱,你可能什么都想进一点卖卖看,但资金有限,所以要事先想好自己大概要进什么东西,写在一个小本子上,时不时掏出来看看提醒自己。以免一时糊涂进了不相关的东西,或者多进了很多不合适的东西。你可以问店员什么商品卖得好,但也要有所保留,也许推荐的往往是那些卖不出去的,畅销的商品永远不需要推荐,所以对此一定要谨慎。

(6)一定要留下打车回家的钱

进货就是一场疯狂的购物,就是要把钱花出去。但是你往往会被太多的东西吸引,最后分文不剩。如果你身上有两个口袋,至少要有一个口袋留下打车回家的钱。如果你一不小心没有留下打车的钱,两手拎满东西,又饿又累地挤公车是一件很痛苦的事情。

(7)把握好时间与时机

在决定进货之前可以多花上几天的时间去熟悉一下市场,货比三家,等你看得有点明白了就可以开始第一次进货了。进货前一定要想清楚,进货时不要犹豫不决,磨磨蹭蹭。一般第一次进货不要进太多,资金留给第二批货。

进货的眼光需要多多磨炼,进货的时间也要选对,网店一般是在早上九点以后客流量最大,而批发市场一般是天不亮就开始做生意了,如果你想要两边兼顾就要起个大早,回来还可以做生意,或者趁着最佳自然光拍摄时机挂着相机来拍拍图片,进货生意两不误。这个时间段交通也比较顺畅,不会出现堵车的情况。

如果你选在周末的下午四五点才从批发市场往家里赶,那打车就要困难多了。如果你想要在批发市场好好逛上一整天,那就留意一下一周内哪天的生意比较平淡,挂上自动回复放心出门吧,赶在发货时间之前回来就不会耽误你的生意了。

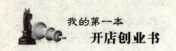

从厂家进货

你的小店经过了一段时间的发展,就会积累一定的客源,信用等级也在不断地提高。如果你在商品的价格上再有一定的优势,你的生意肯定会越做越红火的。一般来说,只有厂家订货才会有一定的价格优势,厂家订货的标准又是有着一定的限制的,一般进货量比较大,而且没有一定的实力是拿不下来的,是一般的小店经营者所无法承受的。但从厂家订货也并不是没有可能。

当你的能力有限时,没有必要从一开始就去找大厂家。一般来说,大厂家的订单多,大订单都忙不过来,当然不可能顾及到你的小订单。传统的订单可能都接不过来,对网上经营认识不足也会让厂家对你的订单不感兴趣。

但是在网上,品牌的知名度只是其中一个方面的优势,还有一些中等规模的厂家,生产的是二线三线品牌,质量也很不错,也相对对网上营销很感兴趣,自己又不太懂网络销售。如果你从这里切入会比较占优势。

知己知彼方能百战不殆。在你找厂家洽谈合作的时候,先要弄明白如下几方面的利害。

(1)厂家对市场的需求敏感度不高

厂家是生产者而不是销售者,所以对市场的需求敏感不是很高,往往是商家下什么订单做什么货,每年的变化不过是把已有的产品加一些花样或者做一些改进,品种单一,更新慢。

针对这种情况,有自己设计系列产品的厂家往往质量都比较过硬,你可以凭借自身的市场敏感度挑选几款合适的商品尝试一下,如果销路好,再大量进货。对于品种单一的厂家,你可以多合作不同的厂家,每个厂家进一到两个款式的货,集各家之所长。

(2)厂家有自己的设计师,在一定范围内可以根据要求定制商品

但这样的厂家一般都要求起订量和制版费。

针对这种情况,如果你有一定的经济实力和眼光,可以自己要求定做一款适合网络销售的商品,成为自己独有的品牌和特有商品,这样算下来,前期投资可能要大一些,后期如果销路好,利润还是相当可观的,但是风险同样也很大,一切都靠个人眼光,必须要有一定的市场经验。

这样一来,配套的宣传,完整的产品营销方案都需要靠自己来完成,而且必须监督厂家控制好商品的质量,可以要求先做小样,看过小样再修改,完全满意之后再投入生产。

厂家的起订量往往取决于这款商品所需要用的材料,比如服装的定制,以一匹面料能生产多少件同款同色的衣服为最小起订量。

(3)厂家订货工序复杂,可能会延误最佳时机

厂家交货有一定的时间,工序复杂,生产材料缺货或涨价。订货高峰期,都可能造成延时交货,如果时间耽误太长可能会延误销售最佳时机。

针对这种情况,你最好与厂家签订协议,写明交货时间。订货时也要提前,比如春季开始订夏季销售的商品,夏季订秋季冬季销售的商品。

(4)外地订货距离较远,自己带货回来很不方便

针对这种情况,一般去外地确定了要订什么货之后,预付30%的定金就可以回来与厂家电话或传真联系了。一般在厂家出货后会联系你汇款,交足余下的款项,付清后发货。

如果第一批货你感觉比较满意,以后也可以直接电话联系订货。

即使订货量不大,每次也有几件几包,如果物流点太远既耗费时间精力去提货,又要额外花掉一笔不小的花费。所以在向厂家下订单的时候一定要特别注意问清楚用哪个物流送的货,然后在本地寻找方便提货的物流点,让厂家在发货单上指定直接发到这里,这样就可以省却很大的麻烦。

有的物流公司也提供送货,按量收取一定费用。如果订货不多但一个人拿起来吃力,比如去广州厂家进货,坐火车回来,就可以直接走铁路托运,不需要随身带货。

(5)当厂家进来的货出现瑕疵

有时收到厂家的货会有数量不足,运输损坏,质量问题等情况。针对这种情况,在订货时要协商好退换事宜,并在收货后及时和厂家说明问题,一批货出来

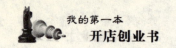

难免会有一定比例的商品有瑕疵,这是正常情况,我们需要核算成本,平摊到其他商品里去。差货或损坏可以找厂家协商从下次订货金额里扣除。

(6)货比三家再决定

生产同款商品的厂家很多,价格也各有差异。所以在选择厂家时,一定要货比三家争取选择一家最适合自己进货的厂家。

识别外贸产品或 OEM 产品

外贸产品以优良的品质、品牌的知名度、超高的性价比在市场上一直都有很不错的销路。如果你能够进到外贸产品无疑是十分优质的货源。但是网上的外贸商品被冠以形形色色的名称。这些名称都有什么讲究,还是先让我们来了解一下吧。

(1)余单

外贸产品通常是国外的设计和订单,在国内的厂家进行代工。无论从设计、做工、品质、材质上,国外的订单要求都十分严格,哪怕有一点微小的瑕疵都是不合格的。

因此,有时候一批订单下来,国内厂家会多安排一定比例的数量生产,以免交货数量不足。交完订单之后,剩下的多余数量就会压在仓库里,这批货叫做余单。国外的订单通常都有要求,在一定的时间内是不允许这些余单流到市场上的,因为数量有限、品质很好、瑕疵不大,余单要占地方,所以到了"开仓放粮"的时候价格也不会很高。

余单一般早就被和厂家有合作的商家看中,一放出来就直接全部端走,自己贸然去找是很难找到的。但是也要有心理准备,余单也并不是百分百的好产品,因为已经积压了几年,余单中也有瑕疵品,款式可能也有过时和不合适出售的,有的卖相也不是特别好。

(2)原单

有时候厂商因为种种原因耽误了交货的支持日期,这时可能生产出来的外贸订单会整单地被拒绝收货,为挽回这样的损失,厂商可能会以低价或成本价将这些原单流向国内批发市场。

如果能够拿到这种原单无疑是非常幸运的,但是同样也是靠运气和实力,毕竟这种机会不是很多。

(3)尾单

厂家在交订单之前,有的面料和辅料还会有一些剩余,厂家可能会采购一些其他的面料来代替原有的面料补充进去再生产一批,这批货的版还是原版,但是做工和面料都会稍差一点,

(4)仿单

厂家交订单时,品牌商也会一起收回生产模板。有的厂家也会应大批发商的要求,根据记忆自己制作一个生产模板,用国内的面料和辅料来生产一批商品。如果样子和面料仿得好,看上去还是像模像样的,但是和原单相比毕竟还是有很大的差距。

仿单也有不同的等级划分,仿得比较好的一般称为 A 货。真正的外贸服装一般来源于出口服装生产企业。有些厂家眼红国内市场的外贸销路好,直接照欧美时装发布会的图片也能仿造出来一些款式混在国内市场里出售,但是从品质上来看,如果往真品的档次上看齐,必定成本造价也非常高,所以仿单只能说大致上像,但品质和做工往往都差了许多。

(5)剪标

真正的外贸商品,品牌商为了维护自己的品牌权益,都要求厂家将剩余的数量剪掉吊牌,洗水标、商标等一系列能辨认出"身份"的标识。当然有的不法商贩为了以次充好,也将尾单减标,鱼目混珠。而仿单为了能有个好卖相,商标反而是齐备的,只是与原品牌的商标略有不同。

假的外贸服装衣内的洗涤带、成分标志或者缺少,或者与真货有差别,但真货的这些标志上的文字必然是外文,至于使用中文的就绝对是假货。

外贸产品在做工和细节方面品质十分出色,质地也很不错。真正的外贸产品因为数量有限。不可能是大批量的,更不可能总能进到。一个款式可能只能找到不多的几件最多也只有几十件。

如果你碰到真正的外贸货,绝对要一口吃下来。经营外贸商品是绝对需要实力和眼光的。在分辨真假上一定要多加小心,不要错进了仿单当原单卖,自己还蒙在鼓

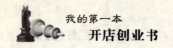

里。所以在分辨时一定要仔细看面料和做工。如果想进外贸产品,除了要盯住做外单的厂家之外,更有效的方法是盯住那些能拿到外贸产品的大批发商,保持灵敏的嗅觉,一旦有机会就及时跟进。有实力的外贸批发商有时候能够拿到一定的数量,他们一般也隐藏在批发市场的各个角落,凭借着老顾客和口碑做批发和零售,如果有足够的耐心,也许可以找到一两家。

另外,我们再来了解一下 OEM 产品。OEM 是英文 Original Equipment Manufacturer 的缩写,按照字面意思,可翻译为原始设备制造商,也就是指一家生产商按照另一家生产商的要求和委托,为其生产产品或产品配件,亦称为定牌生产或授权贴牌生产。

这种生产方式在国内被称之为协作生产、来料加工或是加工贸易。简言之,就是我们俗称的贴牌商品。

这些知名品牌贴牌的产品,一般质量都很不错,价格也十分低廉,通常只是正常价格的 2~4 折,与外贸产品不同的是,这类产品的做工品质有绝对的保证,所以是网店经销商们不错的进货选择。

美中不足的是,OEM 尾货往往数量很多,而厂家一般要求进货者全部吃进,所以对于有经济实力和销量保证的网店经营者,这是一个不错的进货渠道。而对那些相对来说经济实力不强的经营者就有一定的困难了。

关注库存积压和清仓处理产品

因为考虑到对自己品牌价格的保护,有些品牌商品往往是在款式卖了很久之后,才将自己的积压库存拿出来进行甩卖,但在实体店铺里一般不是很多。有的厂家在商品换季前夕就直接将积压品转向批发市场,很多人买回去再加上合理的价格在网上进行零售。现在网上的许多商家都将这种商品直接在网上销售,非常受欢迎。

因为网上销售基本上不受季节和气候的限制,所以占有很大的优势。比如像海南这种热带气候的城市,到了北方是冬天的时候,海南的买家还在网上购买夏天的衣服。

因此，在某一个地方是积压品，到了网上就完全可以成为其他地区的热卖品。如果有实力和砍价的资本，能将积压库存商品全部吃下，那么利润还是非常丰厚的。

可以到有合作基础的厂家去寻找品牌积压库存，但是这样的机会往往比较难抓住。

有一种贸易公司，专门联系厂家吃下整单的品牌积压库存，然后再转手卖给批发市场，如果你能够找到这样的公司去合作，在价格上你将更占优势。

寻找这种贸易公司最简单的方法就是利用搜索引擎搜索，然后记下公司地址和联系方式，亲自上门去考察一下。一方面看看公司的实力，合作厂家的品牌商品是不是货真价实；另一方面也可以谈谈合作方式和进货价格。

一般来说，生产厂家集中的地方，这种贸易公司比较容易找到。

另外，在季节性很强的商品行业中，比如说服装行业，生产厂家在春天就开始接夏天的订单，夏天就开始接冬天的订单。同样，在批发市场里也是夏初就开始准备上秋装了，而实体店里夏装才刚刚热卖。因为有这样的季节性时间差存在，批发市场上就会有一批商品在实体店热卖之时悄悄清仓。

如果你对批发市场不是很了解，往往等到你知道了有清仓的时候，剩下的都是残次品和卖不出去的东西了。所以要把握这个机会首先要了解行业的规律和商品的销售生命周期。而且特别要和批发市场的老板、厂商搞好关系，让他们一旦有这样的机会就提前通知你。

除了换季，在节日的前后，甚至厂商要转换经营场所、大规模拆迁的时候，为了减少搬仓库的成本，很多厂商和批发商也会突然清仓处理，价格会比平时优惠很多。这种机会可遇而不可求，完全凭借你对整个市场的熟悉和与厂商的关系。因此，闲着没事的时候要多转转，盯准机会，果断出手。

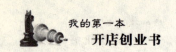
第三章　怎样叫卖更好卖：
掌握商品发布与定价技巧

在网上开店，进得物美价廉的货源后，接下来就是要进行产品的发布了。发布商品时一定要掌握最佳的上架时间以提高商品人气。当然，详细的商品描述是必不可少的。另外，要使用真人模特以增加商品的直观性。除了发布外，商品的定价问题也是一个不小的学问。商品定价时要考虑哪些因素，有哪些策略，对新老客户的折扣有何不同，这些问题都是需要你去注意的。

把握商品最佳上架时间，提高商品人气

网上开店，商品上架时间的选择是很有技巧的，并不是随便地把商品上架到商铺就可以了，而是应该掌握人们上网的"高峰期"，让商品在"上网高峰期"上架，做好这些细节工作，能为店铺带来更大的流量，为商品赢得更多有利的推荐机会，最终达到事半功倍的效果。

细心的卖家会发现，在搜索关键字后，商品是按下架剩余时间来排列的，也就是说越接近下架的商品，排名就越靠前。

网上购物是有时间段的，不同的时间段就会有不同的流量。10：00～17：00，19：00～23：00，这两个时间段是上网人流量最大的两个高峰期。

假若你的商品下架时正好遇上"上网高峰期"，那么即将下架的商品将获得很靠前的搜索排名，为店铺带来的流量也肯定会猛增。相反，如果商品的下架时间在深夜或者凌晨，由于那时很少有人上网，即使商品获得很好的搜索排名，也变得没有多大

意义了,掌握了这个规律,就可以发布商品了。

商品发布的有效期一般为 7 天或 14 天,最好选择 7 天,因为 7 天比 14 天多一次下架的机会,可以获得更多宣传的机会。

商品商家一定要选择在"黄金时段"内将商品上架,这样下架的时间也会是"黄金时段",如一件商品是在周日晚上 20 点上架,有效期为 7 天,那么下架的时间就是下周日的 20 点,浏览商品的买家数量最多的时段就是商品上架的最佳时段。

店内的商品最好不要在同一时间上架,因为商品同时上架,也会同时下架,所以应该分时段上架。比如有 140 个商品,可以分 7 天上架,每天上 20 个商品,这样就可以在 11：00 ~ 17：00 和 19：00 ~ 23：00 这两个"黄金时间段"每隔半个小时发布一次新商品。如果你这样发布商品,那么整个黄金时段内,都有即将下架的商品可以获得很靠前的搜索排名,给店铺带来的流量也会很可观。

关于发布商品的上架时间,有些网站还提供了一个很好的实用功能,就是可以设置商品"定时上架"。在发布商品时,选项里有一个"开始时间"的设置,只需要设置好上架时间就可以了。

商品上架时可以逐一上架,也可以批量上架。

在黄金时段上架商品,这是一个被很多店主都忽略的细节,对店铺的流量会造成一定的影响。如果你用好这个细节技巧,你的店铺流量就会迅速增加。

开网店要有详细的商品描述

网上开店做生意,把商品信息准确地传递给买家是非常重要的。如果你想你的网店长久地经营下去,你就不能有半点欺骗顾客的想法。对上架商品进行描述是必不可少的,它是对图片信息的重要补充。

买家通过图片可以了解到商品的形状和颜色的信息,对于性能、材料、产地、售后服务等却不能够知晓,这些信息必须通过文字方面的描述来说明。

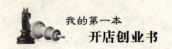

商品描述是真正展示商品的地方，买家主要是通过商品描述去了解商品的，商品描述得到位，买家就有可能买，否则买家就会放弃购买的念头。

许多卖家很不重视对商品的描述，对商品的描述过于简单，往往几十个字。店主并不是没有时间、也不是因为懒惰，只是他们觉得无话可写。因为这些卖家不知道从哪里收集资料，也不注意在平时总结资料。

在给上架商品添加描述信息时，要注意以下几个方面。

（1）卖家要向自己的供货商索要详细的商品信息。商品图片不能反映的信息包括：材料、产地、售后服务、生产厂家、商品的性能等。对于相对于同类产品有优势和特色的信息一定要详细地描述出来，这本身也是产品的卖点。

（2）商品描述要尽可能地详细，能够全面概括商品的内容、相关属性，最好能够介绍一些使用方法和注意事项，更加贴心地为买家考虑。

（3）商品描述应该使用"文字+图像+表格"三种形式的结合，这样可以让商品的描述更直观，增加了购买的可能性。

（4）参考同行的网店。卖家可以时不时地去皇冠店转转，看看他们的商品描述是怎么写的。尤其要重视同行中做得好的网店。

（5）卖家可以在商品描述中添加相关推荐商品，如本店热销商品、特价商品等，让买家更多地接触店铺的商品，增加商品的宣传力度。

（6）留意生活，挖掘与自己店内宝贝相关的生活故事。这个严格来说不属于商品描述信息的范畴，但是一个与宝贝相关的感人的故事更加容易打动消费者。

使用真人模特，增加商品的直观视觉效果

网上开店做生意几乎没有机会与买家进行面对面地交流，买家也就看不到商品的具体质量如何，而文字描述毕竟是比较抽象的。因此对于网店来说，图片占有非常重要的位置。清晰漂亮的图片可以迅速吸引买家的眼球。现在在一些购物网站上，同一个商品很多店铺用的图片都是一样的，这样势必会引起激烈的价格战。

上架商品的图片不仅要吸引人、清晰漂亮，还要向买家传达丰富的商品信息，比如，商品的大小、质量感觉等这些看不准、摸不着的信息。假若你想用心地经营一个属于自己的品牌网店的话，采用真人模特实拍图片是不可或缺的。建议经营服装、包包、饰品等商品的卖家用真人做模特拍摄图片，以便给买家传达更多的信息。

一般来说，使用真人模特拍摄各类商品图片具有如下几方面的优势。

（1）时装服饰类的卖家使用真人模特的优势

我们逛街时就会发现，在实体的服装店中，很多衣服都是悬挂起来或由塑料模特穿在身上展示的，而不是把衣服平铺或者叠放。而且模特的姿势也是各式各样，这样能显示出服装的板型和试穿效果。相比平铺的衣服照片，使用真人模特的照片更能体现衣服的试穿效果。使用真人模特拍出来的商品图片，不仅能更直观地描述自己的商品，还能美化店铺，吸引买家的眼球，店铺的浏览量也会随之迅速提高。

使用真人模特拍摄图片也是不可大意的，需要注意如下几点。

①使用真人做模特拍摄完照片，最好在商品描述中标明模特的身高或商品的大小，让买家对于商品的了解更加清楚一些。

②最好不要在逆光状态下直接面对模特，拍摄者或模特也可以尽量采取倾斜45°的拍摄角度。

③使用真人模特拍摄图片，一定要选择合适的背景。拍摄地点最好选择在户外，自然光拍摄出来的效果更好。

④注意协调拍摄对象之间的关系，不能喧宾夺主。重点要体现商品的特点，但是也要注意商品和模特之间的协调。

模特要多摆一些姿势，同时动作要尽可能地自然，不要太过僵硬。

（2）网上包包店使用真人模特的优势

在实体店铺中购买包包，买家可以试背，而在网上购买只能够自己去感觉，只能看到包的外观和部分细节，不能直接感觉出包包的大小等信息。

如果卖家采用真人模特拍摄的图片，买家就可以根据自己与模特的对比，来了解包包的大小，并体会背上的感觉。

总之，使用真人模特拍摄图片能够让你的商品看起来更直观。但拍摄图片的技巧不是一朝一夕就能够学会的，它是需要日积月累的，卖家要多注意在这方面提升

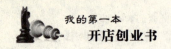

自己。使用真人模特拍摄出来的商品图片，更加贴近买家，如同买家亲自到店里挑选商品一样，给买家试穿的感觉，这对于促成双方的交易是有很大帮助的。

商品定价时应考虑的因素

给上架商品定价是网上开店做生意最简单的一件事情。不过，越是简单的事，如不加以考虑，办起来就越有难度。有一些人自认为对定价了如指掌，不必再费一番心思去考虑，其实这样做往往会损失很大的利润。给商品定价时需要考虑的因素很多，一般来说，需要考虑如下几方面的因素。

（1）市场竞争情况

为商品定价时不应该主观臆断，而是应该考虑市场上的同类商品是如何定价的，再权衡利弊，从而为自己的商品定一个合适的价格。商品本身的诱惑力直接决定着消费者购买的意愿及数量。假若商品具有一定的吸引力，此商品的销售数量就会大大增加；假若商品没有吸引人的地方，那么不管如何促销、降价，都不能成功售出。

（2）市场的性质

关于市场的性质方面需要考虑如下两个方面。

① 给商品定价需要考虑顾客的消费习惯，一旦顾客使用习惯了一种品牌的商品，就会形成一种购买习惯而不易改变。

② 给商品定价需要考虑销售市场的大小。销售一种商品时，要准确定位自己的顾客群，要了解由这种顾客群构成的市场走向。

（3）销售策略

卖家一定要根据商品性质、企业形象以及店铺的特性等去制定商品销售策略。如销售品质有保证的名牌产品，价格就需要定得高一些，人们才觉得物超所值。一些流行性十分强的商品，也需要定高价，因为一旦该商品不流行，就会削价。如果销售过时的商品则需要定较低一些的价格，这样才会为商品迅速打开销路。

（4）商品形象

一些开店时间较长、商品品质优良的品牌店铺已经闯出了自己的名号,奠定了一定的根基,使得顾客在逢年过节要买礼品送人时,一定会首先想到它,因此定价可以稍微高一些。

（5）经销路线

一种产品从生产厂家售出,要经过许多中间商的环节才能到消费者手中。所以,为了保障消费者的合法权益,价格不能增长到太夸张的地步或无意义地涨价,要采取公定价格制度,以表示公平。

网上商品的定价策略

网上开店做生意,给商品确定合理的价格是非常重要的。如果商品价格定得过高,你的商品可能就会遭逢无人问津的冷遇,如果商品的价格定得过低,买家还要跟你讨价还价,有可能到头来你赚得很少,甚至都没有利润了。

因此,给网上商品定价一定要考虑如下几个策略。

（1）同行竞争策略

作为卖家你应该时刻关注潜在顾客的需求变化。你应该经常关注顾客的需求,保持网店向顾客需要的方向发展。在很多大型购物网站上,经常会将网站的服务体系和价格等信息公开,这就为了解竞争对手的价格提供了一些便利。随时掌握竞争对手的价格变动,调整自己的竞争策略,时刻保持自己产品的价格优势。

（2）捆绑销售

捆绑销售这一概念其实在很早以前就已经出现了,但是它之所以会引起人们关注是因为 1980 年美国快餐业的广泛应用。麦当劳通过这种销售形式促进了食品的购买量。这种策略已经被许多精明的企业家所采用。我们往往只关注产品的最低价格限制,却往往忽略了利用有效的手段,去减小顾客对价格的敏感程度。网上开店完全可以通过购物车或者其他形式巧妙运用捆绑销售手段,使顾客对所购买的产品价

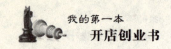

格更为满意。

（3）比较定价

如果对某件商品确定不了网上定价情况，可以利用搜索引擎搜索自己要经营的商品名称，在查询结果中就可以知道同类商品在网上的报价，然后确定出适合自己的报价。

（4）针对特有产品和服务的特殊价格

商品的价格需要根据商品的市场供求来确定。当某种商品有很特殊的需求时，不用过多地去考虑其他竞争者，只要去制定自己最满意的价格就可以了。如果该种商品的需求已经基本固定，就要有一个非常特殊、详细的报价，用价格优势来吸引前来购买的顾客。很多店铺在开始为自己的产品定价时，总是确定一个较高的价格，用来保护自己的产品，而同时又在低于这个价格的情况下进行销售。其实这是一个非常错误的做法，因为当顾客的需求并不十分明确的时候，店铺为了创造需求，让顾客来接受自己定的价格，就必须去做大量的工作。但是，如果实际上定了更能够让顾客接受的价格，这些产品可能就会有非常好的销路了。

（5）产品和服务的循环周期

在制定商品的价格时一定要考虑产品的循环周期。从产品和服务的生产、增长、成熟到衰落、再增长，这一切在产品的价格中也要有所反映。

（6）品牌增值与质量表现

卖家对产品的品牌一定要十分关注，因为它能够对顾客产生很大的影响。假若产品具有良好的品牌形象，那么产品的价格将会产生很大的品牌增值效应。卖家不仅应该关注品牌增值，还应该关注产品带给顾客的感受，它是一种廉价产品还是精品。

（7）商品定价要清楚明白

给网上商品定价一定要清楚明白，比如，定价是否包括运费，一定要交代清楚。否则有可能引起不必要的麻烦，影响到自己的声誉，模糊的定价甚至会使有意向的买家放弃购买。

第四章　用卖相打好知名度：
网店必做的店铺装修与推广

　　经营网店，装修与推广是两个必不可少的环节。很多开网店的新手往往忽略了装修的重要性，其实这种做法是非常不好的。对于新手来说，本来就没有信誉上的优势，如果再不在装修这一环节上下点工夫，那买家还怎么会相信你呢？美观得体的网店装修会让顾客在你的店铺停留更长的时间，好的商品在诱人背景的衬托下，就会使顾客产生购买的念头。

　　店铺装修很重要，推广同样不可缺少。你有了好的货源，不注重推广，也是很难卖出去的，况且现在的网络销售，产品的差异化很小，你定的价格即便再低，网上总能找到比你还低的价格。所以，要想你的店铺有一个好的知名度，你还需在推广上多下工夫。

根据网店的风格做装修

　　网店的风格是指网店给顾客的直观感受，顾客在此过程中所感受到的店主品味、艺术气氛、人的心境等。一般来说，店的风格包括店名、店标、公告栏、店铺分类、商品名、商品图片、商品模板、个人空间及店铺介绍等。

　　下面我们将对店铺风格做一一介绍。

　　(1)店名

　　网店的名字和实体店的名字还是不太一样的。网店的名字最好做到顺口简单，让买家更容易记住，能让买家一看店名就知道你的店里经营的是什么类型的产品。

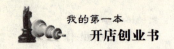

如果你给自己的店铺取一个雅致而富于形象的名字，就很容易引发人们的思索、激发人们的想象，为店铺起到增色添彩的作用。

为店铺取名时应遵照如下一些原则。

①易读易记原则

易读易记原则是对店名最基本的要求，店名只有易读易记，才能高效地发挥它的识别功能和传播功能。店铺名字听起来要响亮透彻，富有一定的节奏感和韵律美。

②彰显个性原则

给店铺起名时，最好将店内与众不同的商品体现出来，在名字中巧妙地暗示店铺的经营项目和经营特色，使买家很容易就能够识别店铺的特色商品。

③启发联想原则

启发联想原则是指店名要有一定的寓意，让买家能够从中得到积极的联想，也就是讨个吉利的名字。但要注意，有时从一种语言看来，它是吉利的名字，而用另一种语言读出来，就可能含有消极的意义。所以运用这个原则的时候，一定要具体问题具体分析。

④体现经营理念原则

你的店名应该体现出店铺的经营管理理念。店名反映的特点各有不同，有传达吉庆、祝福、祥和等感情色彩的，有体现地方风味、风情的，有展现历史人文的，还有针对特定顾客群下定义的。

（2）店标

店标是一个网络店铺十分重要的宣传工具，也是店铺的一个广告牌，设计时识别性要强。好的店标不仅能让买家在第一眼就能够看出是卖什么的，还要能够在最短的时间内了解到店里的最新动态。店标要根据店铺经营的需要，时常更换。

（3）公告栏

可以把公告栏制作成滚动形式的，比如欢迎光临小店，或显示最近的活动信息。

（4）计数器

网上有很多免费的计数器。利用计数器可以对网店流量进行统计和分析，尽可能地搜集网站流量数据来源，记录访问者 IP 地址及地区。

（5）店铺分类

网络店铺一般分为两种，文字和图片。一个类别结束后，隔开一个分类位置再添新类。

分类的名字应按照简洁明了的要求，让人感觉既有新意又贴近商品主题，这样你的店铺和商品就成功一半了。某些突出的分类，可以用和其他分类不同的方式来进行呈现。

（6）商品名称

很多买家在装修自己的网络店铺的时候往往会忽略这一点，认为它是无关紧要的。其实，商品名称的好坏与是否恰当，直接关系到买家能否成功搜索到你店铺的商品。尽管只是简单的几个字，但一定要详细、贴切、合理，这样对商品成交将起到很大的促进作用。

（7）商品图片

拍摄图片前你要保证有干净的背景纸或布，充分的光源以及一架照相机。也许拍的图片没有使用 Photoshop 处理得漂亮，但是这样不会因为图片效果而让买家产生与实物不符的想法，这点对网上开店做生意的人来说是非常重要的。

（8）商品模板

如果你的店铺拥有一个好的网店模板会让买家认为你在用心地经营这个店，时间长了网店的风格会深入他们的心里，从而对你的店产生特殊的好感。

在选用模板上要注意如下三点：

①如果模板不合适店铺，先不要用模板。

②为了突出商品图片，模板的其他内容必须简洁明了，避免过于花哨的大幅图。

③最基本的商品描述内容包括商品名称、具体尺寸、价格，可以添加邮费信息、优惠信息等，当然，根据需要你还可以在描述里添加更多的商品图片。

（9）个人空间和店铺介绍

在个人空间和店铺介绍里一般应写一些交易原则，如固定优惠措施、邮费标准等，还可以介绍一些与所卖商品有关的专业知识。

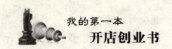

设计精彩的广告语

同样搞促销活动,因为说法不同,效果就会截然不同。所以,促销广告的重点不在于说什么,而在于怎么说。其核心是,要能抓住消费者内心深处最感性、最关注的欲望和兴趣点。

既然广告词如此重要,那么怎样才能够设计出精彩的广告语呢?设计广告词,一般应注意如下几点。

(1)简单,并直指人心

通常来说,买家接受商品信息的程序为:注意—兴趣—欲望—行动—满足。而注意、兴趣、欲望都是在买家头脑中的活动,加上目前的买家越来越试图在商品大潮中追求自己的个性、偏好、兴趣和审美价值的平衡点。所以,将比较枯燥烦琐的促销信息转化为买家的兴趣点、欲望点,就显得非常重要了。

(2)用新奇赢得关注

日本有一家餐馆,开张不久,员工就纷纷闹着罢工。针对这种情况,老板后来想了一个主意:一方面答应员工加薪的要求,劝其复工;一方面在餐馆内悬挂起"欢迎员工罢工"、"欢迎攻击餐馆"、"欢迎攻击老板"之类的条幅。这一令人啼笑皆非的做法,引来了媒体和大众的广泛关注,搞得众人皆知,这个餐馆的生意也随之红火起来。

(3)将心比心,学会换位思考

这也就是说你要有意识地营造一种同情目标顾客的氛围,使目标顾客感觉到自己被同情了,进而产生要努力摆脱被同情的想法,最终促成目标顾客的购买。

如"逸芙雪"美白霜的广告:一开始是"皮肤黑就该被嘲笑吗?""皮肤黑就该受到不公平待遇吗?""她的衣着很好,但是皮肤有点黑!"接着提出了皮肤黑的解决方案:"完美自白宣言""逸芙雪除黑"等。

颇具创意的广告词的成功之处,就在于抓住了顾客的自卑心理,先施以同情,再把顾客从低谷中拉出来。

（4）故弄玄虚，以假乱真

南宁有一家米粉店是卖特色红油米粉的，在开业的第一周生意非常不好。为了扭转店内的生意局面，到了第二周，店主在门口突然竖起了一块醒目的道歉广告牌："尊敬的顾客，真对不起，今天的米粉已经卖完，明天请早来！"广告牌连续挂了6天。6天后，来这家店的顾客渐渐多了起来；两周后，这家店几乎天天顾客盈门。后来大家才知道，这是老板使的"空城计"。

（5）"趣"创意

某商业街并排有十几个摊位都卖马蹄糕，最偏僻的摊位生意却出奇得好。原来摊位前树立了一块较大的广告牌，很大的一个"趣"字，下面是一行醒目的大黑字："自己动手，马蹄糕游戏免费送！"

原来那位摊主卖得很特别，不是摊主自己动手切马蹄糕，而是让顾客自己动手切，要多大切多大，切完了再自己称，假若顾客要买的和自己所切的重量误差在一两以内，马蹄糕就免费赠送。这样的创意招法吸引了顾客猎奇的心理，那位摊主的生意自然会很红火。

（6）含蓄指出严重后果

这也就是广告词要含蓄或直接告诉顾客："如果不立即采取行动，后果将很严重。"

海飞丝洗发水去屑效果非常好，但最初顾客并不很重视去屑，企业喊破了嗓子，顾客还是不为所动。如何刺激消费者？得做到让顾客厌恶头皮屑就像厌恶虱子和跳蚤一样。

海飞丝后来的促销广告语看似很平常，却极具杀伤力："你不会有第二次机会给人留下第一印象。"其背后暗藏"杀机"：如果不消灭头皮屑，则会在求职、相亲、拜访重要客户等看重第一印象的地方碰壁。

总之，不管怎么说，只要你细心、用心加耐心就一定能够设计出让人醒目的精彩广告语。

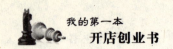

店铺介绍要精彩

对于开网店的人来说,店铺介绍是非常重要的。因为店铺介绍能够让买家在决定购买商品之前,对店铺有一个大致的了解,对成交生意也有很大的促进作用,所以,要想长久地经营你的网络店铺一定不可以让店铺介绍空着。

一般来说,一个好的店铺介绍应包含如下几方面的内容。

(1)店内经营的产品。

(2)本店的特色所在。

(3)店主的经营方式、服务特色、会员优惠等。

(4)如果你经营的是品牌商品,在这里可以放上店铺的资质介绍、正品的授权书等。

(5)如果你还有实体店铺,在这里可以放入实体店铺的照片,增加顾客对你店铺的信任感。

(6)推广店铺正在进行的活动和主打商品推荐,需要时可以带图片。

(7)推广包含商品的关键字、类目关键字,让其他搜索引擎可以很容易地搜索到。

(8)让店铺介绍变得更漂亮醒目,你可以选择购买或者自己设计模板。

下面我们再来分类说一下店铺介绍的撰写内容,以供你借鉴参考。

(1)简洁型店铺介绍

这样的店铺介绍只需要写上一句话或一段话,再加上网络平台默认名片式的基本信息和联系方式,简单明了。

比如:

①欢迎您光临本店,本店新开张,诚信经营,只赚信誉不赚钱,谢谢惠顾。

②本店商品均属正品,假一罚十信誉保证。欢迎您前来放心选购,我们将竭诚为您服务!

（2）消息型店铺介绍

这种介绍也就是将店铺最新的优惠活动发布在店铺介绍里,这种类型不但能吸引喜欢优惠活动的新买家,如果是时间段优惠更能促使买家下定决心,尽快购买。

（3）独特型店铺介绍

你可以把你产品的优势、服务优势,或者店铺的特点写出来,就算实在不知道该写什么,就自己创造广告语。比如有位卖家给自己的淘宝店铺介绍加上了这么一首诗:

一间芝麻大的小铺,八仙过海各抒己见。

两三个月煞费苦心,小九九咱向来不精。

三番四次精心修整,十分诚意还要加二。

五月终可开张经营,百分热情双倍才行。

六七淘友常常相聚,千挑万选献上宝贝。

七嘴八舌谈生意经,亲们满意才是双赢。

（4）详细型淘宝店铺介绍

你不可能知道每个买家到你的淘宝店铺介绍页面里到底想了解什么,可以把你的店铺介绍写得尽可能地详细。

写上上面所的这些,还有购物流程、联系方式、物流方式、售后服务、温馨提示等。

但是如果你写得很详细的话,一定要花时间好好排排版。内容多,字体不能太大,正常就可以了,然后一段内容的标题要加粗或者加上颜色,比如给售后服务加粗,然后售后服务的内容则用正常字体,这样每段内容配上一个加粗标题,买家一点你的店铺介绍,第一眼明显看到的都是几个加粗标题,能很快找到自己想了解的就有耐心看下去了。

如果在详细的店铺介绍里没有一些加粗或不同颜色的字体,买家不从头读起,就找不到各段内容的主要针对点。

另外,网店卖家可以看看一些皇冠或者钻石卖家是怎么写自己的店铺介绍的,或者有时间去街上逛逛收集一些实体店的店铺介绍,再结合自己的情况,写出适合自己的店铺介绍。

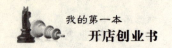
好的店铺介绍虽然对你的网店生意起不到关键的作用，但也能给你的店铺加分，所以抽出一定的时间去认真仔细地填写你的店铺介绍也是很必要的。

登录搜索引擎让你的店铺访问量井喷

很多在网上开店的店主都很纳闷为什么自己的店铺或产品无法让搜索引擎收录。其实，要想让你的店铺让搜索引擎搜索到并不难，你只要注意使用一些策略就可以了。

（1）店铺的收录

买家利用搜索引擎搜索卖衣服的、卖手机的等店铺的时候，但并不是所有该类店铺都能被搜索到，那些搜索不到的店铺是因为没有被搜索引擎给收藏。

搜索引擎所采用的关键词一般是主营项目。也就是说，假如你想在买家搜索什么关键词的时候能找到你的店铺时，那么你的店铺主营就需要填写什么项目。比如，你是一个卖服装的，主营项目就填写：服装。那么买家只有在搜索"服装"两个字，搜索店铺时才能搜到你的店铺。为了增大你的店铺被搜索到的概率，你应该多填一些关键词，比如，服装、服饰、衣服、男装、女装等等。如果你想让买家在搜索店铺名字的时候也能搜到你的店铺，建议将店铺名称也作为一个关键词填写到主营项目中。

（2）产品的收录

搜索引擎对产品的收录取决于关键词，而关键词取决于产品名称和产品关键字。

①产品名称

以前经常在淘宝购物的人都知道，淘宝网上商品的名字都特别长。淘宝店主之所以不厌其烦地将产品的名字取得那么长，就是为了更好地被淘宝的搜索引擎所收录。

比如，买家在搜索"2010新款"、"大圆扣"、"长袖外套"、"风衣"等关键词时，都可以搜到该件产品。反之,如果你的产品名字就是简单地叫做"长袖外套"那么被搜到的概率就会小很多。

②产品关键词

在上传产品的时候,有个选填内容是产品关键字,这一项一定要认真填写。也就是说,当你的产品名称,无法准确的涵盖所有你想要的关键词的时候,你可以再次追加关键词,以便让更多的买家搜索到你的产品。

登录导航网站让你的网店被客户找到

现在网上有很多的导航网站。如果你懂得在这些网址导航里做链接,也能带来很可观的流量。然而现在要想登录上流量特别大的导航网站并不是一件容易的事情。

登录导航网站,其实也就相当于在数量众多的网店中为自己的店铺定下一个坐标,以方便买家寻找,所以是一个提高浏览人数的妙招。对于流量不大、知名度不高的网店来说,导航网站给你带来的流量远远超过那些搜索引擎以及其他方法。

加入网商联盟,商机无限。进入 21 世纪后,网络信息更加迅猛发展,中小网商成为一个新商人群体。他们拥有的资金不多、经验不足、技术不过关,他们遭遇太多"成长烦恼",热切期望有个领头羊来进行规范,一个平台来作为后盾。

在这个"大家庭"里,他们可以相互讨教,相互撑持。如果自己有什么困难,比如,不知道上哪里拿货好,哪里的货质量好等等,诸如此类困难都可以在这里得到一定程度地解决。如果自己在网上拍东西的话,那么大家都可以相互扶持,买同行的产品。如果自己在网上拍东西,还可以跟"大家庭"里的其他成员进行商议,或讨教某种商品的老手。这样,做起生意来就不会走那么多的弯路,碰到水货的机会就会少很多,自然上当受骗的机会也会少很多。当商盟组织活动的时候,加盟成员都可以踊跃到场,积极地交流意见,以及坦诚自己在开店方面的不足之处。比如,大家可以讨论如果信誉不好怎么办;如何才能够提高买家的好评;如何能赢得更多的回头客等等。

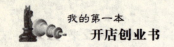
只要是加入本商盟的所有成员(转正的),在他们的商铺上都会有一个LOGO的字样,这样就会增加顾客对你店铺的信任感。你要想拥有好的生意,好的信誉是必需的,所以加入商盟会在你力量还很单薄的时候就能够在网络这个虚拟世界里创出一片自己的新天地。

通过论坛、博客、聊天软件推广

(1)通过论坛、博客推广

假若很多人去分一个蛋糕,那么竞争势必会越来越激烈,而蛋糕也会越分越少,所以开网店不要只利用一个网站的资源,要尽可能地把蛋糕做大。

我们首先需要关注的就是校园论坛和当地的论坛,新手卖家信用级别往往比较低,所以在开店初期主要是吸引同城的买家。因为在同一个城市,可以见面交易,看到真实的商品。寻找同城的买家,可以为自己的网店增加一些信任分数。

另外,新手卖家还可以在自己的博客中对经营的商品和店铺进行宣传。但在运用博客对自己的店铺进行宣传的时候需要注意,博客是一种电子日志,所以利用博客来进行宣传推广时要注意把宣传内容日常化,比如一个网店卖家的生活。当然,如果可以邀请一些热门"博主"帮自己宣传的话,其推广将会更具影响力。

(2)通过电子邮件、QQ、MSN等聊天软件推广

开网店做生意,除了可以利用一些网站资源外,你还要考虑利用网站以外的一些聊天沟通工具去进行推广。在尽可能多地利用这些宣传工具的时候,你也要注意自己发送的内容。

作为新手卖家,你千万不要以为一说宣传推广就是发广告信息。单纯地发广告信息,只会被接收者当成垃圾给弃之,这样做除了让别人反感外并起不到什么推广效果。这个时候,你就需要注意宣传的内容了,平常没事的时候多留意一些笑话以及一些搞笑的帖子。文字不要太长,以邮件的形式或通过聊天工具把这些笑话或搞笑帖子发给他人,并在邮件的签名中编辑好自己的网店或商品的信息,或者在QQ、

MSN 中的状态设置中表明自己店铺的信息,这样就可以在发送具有娱乐性文字的过程中推广自己的网店。关于广告方面的信息越短就越好,这样接收者才会很感兴趣地读下去,笑过之后还可能会把这样的信息发给其他朋友,随之而去的也有你的广告信息。这样做可以说是做广告的一个妙招,很隐蔽,但效果却出奇地好。

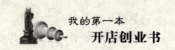

第五章　精打细算：
算好发货的物流账也能替你省钱

网上开店做生意,物流配送是一个十分重要的环节。很多网上生意的成败都与物流有关,作为店主的你一定不可忽略这样的问题。要想你的网店在经营的过程中不在物流上出问题,你需要知道关于节省邮费的方法、防止货物丢失的方法、选择快递公司要注意的问题、向国外发货的省钱秘诀等方面的内容。这样,在经营的过程中你就会避免一些不必要的阻碍。

节省邮费的方法

网上开店做生意,每个月都有很大一笔邮寄方面的开销。虽说羊毛出在羊身上,但是如果质量相同,价格一样,买家还是更愿意选择那些邮费更低的。可见降低了运费将会增强你产品的竞争力。

生意比较红火的卖家,不算销售额,单是说一个月的邮费,保守地说都得花上两三千,相当于一个实体店铺门面的月租了。下面我们就来介绍一下一些成功卖家节省邮费的方法。

(1)邮局普包

邮局普包的费用主要包括如下四方面的费用。

①包裹单

邮局包裹单 0.5 元 / 张,网上可 0.25 元左右购买到,不妨买一些存在家里面。

②邮费

以 500 克为计算单位，最好最省的方法是买打折邮票，大概 7 折可以购买到，这样可以省 3 成的费用。开始的时候那些邮局的人员可能会对这种情况感到厌烦，但多寄几次以后，他们也怕麻烦，于是改为收邮票抵现金，交寄手续和一般收现金包裹一样。按邮政管理条理规定邮资以等额邮票贴于包裹单第三联的反面，也就是邮局存根联，一般邮局工作人员先收取邮票后再私下里贴，也可自己贴，当然，有些地方是直接把邮票贴于包裹箱上，这并不是统一的。

③打包费

有些邮局对自带包裹箱的顾客收取 1 ～ 2 元不等的打包费。如果要把这个费用省下来，最简单的方法就是自带封箱胶，自己封。封箱胶成本很低，每次一两分钱，这样的成本几乎可以忽略。

④包裹箱

邮局的箱子最低都要 2 元。有条件的卖家可以联络卖鞋或卖电脑的朋友。因为鞋盒和电脑配件的盒子绝对是很好的包裹箱材料。实在不行就在网上购买，网上 12号纸箱 0.25 元就可以买到了。

（2）邮局快递包裹

邮局快递包裹的费用与普通包裹大致相同。首重 500 克，费用在 7.00 ～ 15.00 元不等，视距离的远近进行收取。邮局包裹快递虽然说是"快递"，但不要指望它有你想象中的快，有时候和普通包裹也差不了多少。

邮局快包也叫快递的包裹，用的是浅黄色的邮单，寄达时间视距离远近，一般在7 ～ 10 天左右可以到达。

可能会有一些地方的邮局工作人员在发货时告诉你不能使用邮票邮寄，这种做法是邮政系统所不允许的，根据国邮 406 号令规定："所有邮政支局所收寄包裹（指国内普通包裹，快递包裹和国际小包）时，遇用户以自带邮票方式纳费的，应照常收寄，不得拒收"。所以这一点你大可不必担心，放心邮寄就是了。

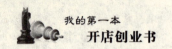
选择适合自己的发货方式

送货方式并不是固定的,卖家可以根据不同的商品选择不同的发货方式。不要别人选择什么发货方式,你就选择什么发货方式,最重要的是选择适合自己的发货方式。

下面我们就来介绍一下什么样的商品选择什么样的发货方式,希望对你创业开网店有一定的帮助。

(1)小件商品

小件商品像明信片或打折卡之类的实物卡片,可以用挂号信。最好不要用平信,容易丢失,并丢失后还无法追查下落。

如果是小件的首饰、衣服、化妆品之类的商品,你可以选择平邮、邮局快包、快递公司、EMS等多种运送方式。

(2)大件商品

比如大件的家具,比较重的商品,你可以选择快递公司、物流公司。如果用 EMS 则运费太高,不划算。

因为地域和价格的限制,你不能够只使用一种发货方式,很多送货方式都要结合起来使用。

比如,经营服装,主要使用快递公司,但是快递公司的范围有限,如果有不到的地方,就可以使用 EMS 或 e 邮宝,或者是邮局平邮。这样基本能够满足所有卖家的需求。

另外,如果是同城交易,你可以考虑自己送货。在使用自己递送商品的方式,为了避免产生纠纷,你需要考虑如下几点。

①一定要弄清楚买家的地址、电话、送货时间,最好是买家自己本人签收的时间,最好不要安排在太晚的时间送货,如果需要,要注意自己的安全,最好有人陪同前去。

②送货前将买家的订货清单和商品核对好,准备好,并且加上自己的名片和标识,方便买家当面点清货物,做到万无一失。

③如果能通过网上支付的最好网上支付,避免当面收钱的尴尬,还可以给自己增加信用。如果当面收现金,要注意当面点清货款,注意有没有假币,准备好零钱以便找退,或者提前要求买家准备好零钱。

④自己制作双份或复写的货单,让买家点清货品之后在货单上签字,以示签收。

⑤有时候买家签收时会叫上朋友一起,这时候要准备好充足的名片或者赠品,做好产品的宣传工作。

防止货物丢失的方法

网上开店做生意,等买卖双方达成交易,在卖家向买家发货的过程中,有可能会因为物流的问题而导致货物丢失。这不但会影响到卖家的信誉,还会给卖家造成一定的经济损失。为了防止在发货过程中货物丢失,你应该学会一些防止货物丢失的方法,下面我们就来介绍一些。

(1)采取措施以防货物丢失

想彻底防止货物丢失那是不现实也不可能的,只能从各个细节入手,将损失降到最低。"细节决定成败",在邮寄商品的时候,要特别注意如下一些细节:

①选择邮递公司

卖家在选择邮递公司的时候,一定不要贪图便宜,要选择正规、网点遍布全国的大邮递公司。这样的公司邮件收发量比较大,收发比较及时,邮件不大容易丢失。并且管理正规的公司,每个部分分工有序,不会出现因为公司混乱而造成的包裹丢失。正规的大邮递公司,运输工具也很正规。封闭式汽车的丢失机会会远远小于自行车或是摩托车的丢失率。

②选择包裹单上条码清晰的快递公司

包裹单上的条码就是电脑识别的包裹编号,只有编号足够清晰,包裹才不容易

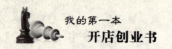

被弄乱、弄丢。有些小快递公司使用的包裹单,上面的条码很模糊,这就很容易被电脑读错数据,从而造成邮件错寄或是丢失。

③包裹上面的邮寄地址一定要写清楚

有些卖家总喜欢使用连笔字去填写邮寄地址。这样会容易造成投递员的误读,送错地址。

④贵重物品进行保价邮寄

有些网店卖家可能会认为,将贵重物品交给大的快递公司就可以高枕无忧了。其实不然,没有人能百分百保证大的快递公司就一定不会丢失。所以在邮寄贵重物品时,一定要进行保价,不过要选择那些信誉好、丢失商品后容易索赔的公司。

⑤包装一定要牢固

有些卖家在邮寄商品时,为了降低成本或是图省事,包装打得很不结实,轻轻一碰就开了,甚至商品有可能从里边轻易掉出来。

犯错误的念头往往都是因为一个念头而起的,有些邮递公司的邮递人员,自律性不是很高,看到东西掉出来之后,往往抵制不住商品的诱惑,将东西据为己有。所以,卖家在邮寄商品之前,一定要将东西牢牢包住,不给这些"馋嘴的猫"可乘之机。包装打得牢固还可以避免商品被"移花接木"。

⑥提前提醒买家

卖家在寄出包裹之后,要及时提醒买家,在签收的时候要小心验货,如果出现商品被偷梁换柱或者被损坏的现象,签收人要及时向总公司进行投诉,并拒绝签收,同时与卖家取得联系。

(2)小心签收

在具体的操作过程中,在签收的环节还是有很多问题的,比较突出的一个问题是代签收的问题。

买家有时候可能因为业务繁忙,不可能为了一个邮件整天等候,代签收在一定程度上也是必需的,但是代签收也会产生不少的问题。

有些快递公司在签收审查方面做得很不规范。例如有的时候,卖家用快递给买家递送东西时,签收人不在,只好请别人代签。但在这个过程中,很多快递公司都不会要求代签收者出示身份证,因此如果代签收的人冒签收人之名,就很可能导致邮件丢失。

买家有时候可能会将自己的工作地址留给卖家，在这些单位中往往有收发室，这些收发室人员在代收发邮件的时候，不可能不经包裹主人的同意就私自拆开包裹进行检查；即使代为签收的人能够仔细检查，可是也不知道包裹的主人具体购买的是什么东西，有哪些细节要求。所以，代签收会产生很多麻烦的问题。

如何去解决代签收的问题呢，建议卖家们在征得买家同意后，在运单中增加一个亲自签收的条款。如果买家认为货物非常贵重，可以委托托运人在亲自签收的条款中打钩，这样快递公司的人员就必须将货物送给本人签收，由此产生的额外费用就由签收人承担。

另外，卖家一定要提醒买家，在签收时要亲自打开包裹，检查包裹内的商品准确无误并且没有损坏时，才能签收。如果发现货物已经损坏、丢失或者与订单不符，买家应当立即与当地快递公司和卖家联系，并拒绝签收。

假若在买家签收后，并且快递人员已经离开的情况下，买家发现货物损坏或不符，应由买家自己承担相应的责任。

商品包装的技巧

买家拿到商品时最先看到的就是商品的包装，所以要在包装上给买家留下一个十分良好的印象，减少他们挑毛病的机会。美观大方、细致入微的包装不但能够保护商品安全送达，而且能够赢得买家的信任，赢得顾客的好评。

下面我们就来介绍一下常见的商品包装技巧。

(1)首饰类商品

首饰类商品最好用包装盒、包装袋或纸箱去包装。你抽空可以去当地的饰品包装盒、包装袋批发市场去看看。使用纸箱包装时一定要有足够的填充物，这样才能把首饰固定在纸箱里。你还可以附上一些祝福形式的小卡片，有时还可以写一些关于此饰品的说明和传说，让一个小小的饰品显得更有故事和内涵。

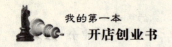
（2）服装类商品

假若是衣服，就可以用布袋装，用布袋包装服装时，白色棉布或其他干净、整洁的布最好。布袋可以自己去买，如果家里有废弃的布料，也可以自己制作布袋。在包装的时候，一定要在布袋里再包一层塑料袋，因为布袋容易进水和损坏，容易把商品弄脏。

（3）数码类商品

这类商品一般容易损坏，需要多层"严密保护"。包装时一定要用泡膜包裹结实，再在外面多套几层纸箱或包装盒，多放一些填充物。而买家收到商品后，一般会当面检查确定完好无损后再签收。因为数码产品的价格一般来说比较高，如果出现差错也是一件比较麻烦的事。

（4）大件商品

大件物品一般可以让供货商事先包装好，然后自己再进行包裹。由于大件物品在运送时多半是走铁路或公路，大箱子多半会被压在最下面，所以一定要包装牢固了，密封好了。

（5）书籍类商品

最好用牛皮纸包装袋，牛皮纸纸质比较厚，能够很好地防止书籍破损。一般采用厚的牛皮纸，加厚气泡复合而成，做工精细，质量有一定的保证。

（6）茶叶类商品

现在的茶叶包装，相比过去无疑进步了很多，那种简陋的塑料袋包装，在市面上已不多见了，代之以考究的材质、具有文化底蕴的设计等。

卖家要想打造茶叶的知名品牌，争取到更多的市场份额，就一定要突出茶叶包装中的文化底蕴。在茶叶的包装上，印制充满浓郁民族地方风情的图片，介绍茶叶的渊源、习俗、趣闻的文字，夹带某些特有的信物等。使买家眼能看到、手能摸到、心能感受到，并把它当作异域来的朋友般珍视，觉得品茶就是在品文化、品亲情。

（7）食品类

卖家在邮寄食品之前一定要确认买家的具体位置、联系方式，了解运送到达一般所需的时间。因为食品有保质期，而且还与温度和包装等因素有关，为防止食品运送时间过长导致其变质，所以通常来说，发送食品最好使用快递。

（8）香水、化妆品类

香水、化妆品类一般是霜状、乳状、水质，多为玻璃瓶包装，因为玻璃的稳定性比塑料好，化妆品不易变质。但这类货物一直是查得最严的，所以除了包装结实，确保不易破碎外，防止渗漏也是很重要的。最好是先找一些棉花来把瓶口处包严，用胶带扎紧，用泡膜将瓶子的全身包起来，防止洒漏。最后再包一层塑料袋，即使漏出来也会被棉花吸收并有塑料袋作最后的保障，不会漏出弄脏别人的包裹。

选择快递公司时需要注意的问题

作为新手卖家在开店初期选择快递公司的时候，一定要十分慎重。快递公司间的竞争虽然十分激烈，但也难免鱼龙混杂，价格更是五花八门。要想利用较好的物流价格给自己带来更大的利润，应该找一家价格和速度都占优势的快递公司长期合作。在选择快递公司时你要注意如下几方面的问题。

（1）价格

先在网上查找快递公司，大部分的快递公司都有自己的网站，根据网点分布查询离自己最近的快递点的联系方式。一般来说，每个快递公司，每个区域，都有一个负责接件的快递员。

找到了快递员直接跟他谈价格，告诉他，你的网店刚开业，初期可能少一点，慢慢地会很多，想找一家长期合作的快递公司。一般接件的业务员都是按照件数或者业务金额来进行提成的，所以对你的态度也会很热情。这样他为了揽下你这个大客户就会给你一个合适的价格。

但是，不要因为只顾便宜，选择不是离自己最近的快递点，这样即便价格再合适，到了日后也免不了要有许多麻烦。到你着急发件的时候，他可能因为忙而不能及时接件。

对于一个新手卖家来说，找到一家合适的快递公司是十分重要的，如果价格比较便宜的话，将省下一笔不小的开支。

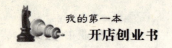
（2）速度

不要单纯地追求价格低廉的快递公司，除了价格外货运的速度也是要考虑的。尽量多找几家快递公司，先从大的入手，多方面比较后再决定究竟选用哪一个。因为全国各地每个地方都会有所不同，他们的网点都是独立核算的，所以服务态度、质量、速度等都是参差不齐的。

（3）安全

无论你选择什么运输方式，都要考虑安全方面的问题。因为无论是买方还是卖方，都希望通过安全的运输方式把货送到买家手里。如果安全性不能保障的话，那么接下来的问题就可能会影响店主，如货被丢失了或店主发的产品是易碎品，发的时候是好的，到了买家手上就损坏了等。这一系列的问题都将困扰着店主，所以在选择快递公司的时候，一定要选择一个安全性较高的公司进行长期合作。

（4）诚信

做什么都需要讲诚信，诚信度高的，能有更安全的保障，能让买卖双方都放心使用。可以通过使用过快递公司的公司或个人了解到快递公司的口碑到底如何。一个人说这个公司差可能是片面的，但如果很多人都说这个公司差的话，那这个公司肯定就有问题了。这样的公司还最好不用或少用。

（5）尽量使用网点比较多的快递公司

在网上开店做生意，买家遍布五湖四海，假若你选择的快递公司网点不够多，很多偏一点的地方都送不了或要转到 EMS 和其他快递公司的话，那就可能会导致价格偏高、送件延误和丢失等问题。

总之，卖家一定要多试用几家快递货运公司，多打几次交道，这样你才能够了解哪家快递公司的服务好，价格也便宜，这样你获得的利润才更可观。

向国外发货省钱的方法

国外发货方式一般包括中国邮政的 EMS、国际快递公司、国际空运等。下面我们就来介绍一下向国外发货省钱的一些方法。

（1）看运送商品

这也就说你的商品需要哪种运输方式，比如液体、粉末这些东西就只能走 EMS 邮政。

（2）多方比较

运送普通货品的时候，要在 DHL、UPS、TNT、EMS、FEDEX 以及专线快递等方式上进行比较，哪种便宜就走哪种方式。对于时间相差不是很大的情况下选择价格便宜的最好。

（3）对于泡货

如果你的货实际重量是 10 千克，体积重量是 30 千克。那么 EMS 是你的首选。

（4）服装类商品

对于这种货，能压的用力压。别怕衣服压坏了，尽可能的把货压到很小。这样泡货就变成重货了。

（5）关于小货

比如 21 千克的货，如果可能的话，把它增加到 51 千克一起发，这样重量越重，运费就越便宜。平均下来，要便宜好几块，多了就能够省下不少的开支。

（6）对于大货

比如几百斤、几吨的货。这样的货走空运+派送的方式。比如，到亚洲等地的货，走快递到门的话，一吨的货从中国到新加坡，费用会相对较高；如果走空运，新加坡代理帮忙清关派件。这样平均下来，就会省下一笔不小的开支。

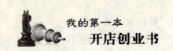

第六章　做足客户服务：
让老顾客成为你的大财神

对于一个网店来说，买家看到的商品只是一张张的图片，而看不到商家，不能了解店铺的实力，往往会产生一定的距离感和怀疑感。在这个时候，通过和客服在网上的交流，买家就可以切实感受到商家的服务和态度，客服的一个笑脸或者一个亲切的问候，都会让客户感觉到他不是在跟冷冰冰的电脑和网络打交道，这样买家就会放松原来的戒备。下次网购的时候，买家也会优先选择那些他所熟悉的店铺。所以，你一定不可小看客服，客服在网店中占有举足轻重的作用。

贴心服务，让老客户为你增值

网上开店做生意，绝大部分的卖家从来不去花心思在他们的老客户上面，即使会这样做的人，也只是能赢得一小部分的回头客。其实他们完全可以做得更好，因为老客户才是一个网络店铺发展至关重要的生命线。

网店卖家能否把顾客变成回头客取决于他们是否愿意花时间、花精力，用正确的建议去引导买家。有很多方法都可以帮助网店卖家赢得回头客。

（1）为老顾客提供一次优惠价格或者其他的激励方式来吸引他们再次和你做生意

卖家这样做可以与顾客建立一种比较亲密的关系。作为卖家你要去关注你周围的顾客，寻找一切可能去做到这一点。如果你始终坚持顾客至上的服务，让顾客获益，不断地为顾客加强和创造更多的生活价值，而不仅仅是同他们做买卖，这样你就会建立与顾客的亲密关系。

(2)在你的网络店铺宣传各种老客户的回馈活动

"投之以桃，报之以李。"如果你愿意先回馈你的顾客，你的顾客自然也就会更加支持你。如果你愿意先主动为别人服务，后面你就一定有机会创造更多的财富，这一点是毫无疑问的。

(3)保持与顾客经常联系

相关研究发现，在周刊、月刊、季刊、半年刊的杂志的读者中，周刊的读者比其他刊物的读者阅读他们的刊物更透彻，同刊物之间保持着更为紧密的联系。这就说明你与你的客户交流得越多，就越能与他们建立起信任的关系，客户就越有可能进行有效购买。他们就能把你视为关心他们的朋友，愿意和你保持比较密切的关系。

(4)给你的顾客提供最新行业资讯

作为卖家要让你的客户了解市场的最新动向，给他们提供更多的行业信息资讯，并且让他们有免费试用新产品的机会。提醒他们新市场的发展趋势，并提供机会让他们提前预订，这样做也可以增加你的销售量，可以说是一件双赢的事情。

(5)主动地向顾客送去你的关心

好好想一想上一次你和顾客进行私下交流是在什么时候?你可以找一位能言善辩的客服人员通过电话、旺旺或赠送礼物等方式去和那些老顾客进行沟通，告诉他们你是如何感激他们，把你认为有价值的想法、资讯、建议同他们一起分享。你要让你的顾客知道你更关注的是他们自身的利益而不仅仅是他们口袋里的钞票。

卖家越是发自内心地关注顾客的利益而不是你自身的利益，你和你的老顾客之间的联系就越紧密。如果做到了这一点，你店铺的业绩就能够很轻松地增加。发自内心地关注顾客的利益说说简单，但是要真正重视起来并做到也不是一件容易的事。

(6)做好售后服务

售后很重要，不要让顾客有被抛弃的感觉。很多卖家把东西卖出去之后就对顾客不理不睬了，这是十分错误的做法，维护好一个顾客远比开拓一个新顾客更重要。只有做好售后服务我们才可能把小店做大做强。说不定哪天你的一位老顾客就能给你带来一笔大生意呢。所以卖家要经常性地问候顾客，要让顾客觉得卖家还没有忘记他。

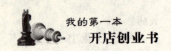
有技巧地回答买家提问

网上开店做生意要接待各种各样的买家,回答各式各样的提问。巧妙回答买家的提问是一门很大的学问。新手卖家在与买家沟通时,要注意如下几个方面。

(1)有礼貌地打招呼

打招呼时有礼貌是从事服务行业的最基本守则。礼貌地招呼别人,是建立人际关系的重要因素。人与人之间维持礼貌、亲密的关系,是构建和谐社会的基础。对于网上开店的卖家来说,顾客就是上帝,对顾客你不能不讲礼貌。

(2)说话时用热情、爽朗的语调

从买家开始询问时的"您好"到告辞时的"再见",卖家在服务的过程中始终要以热情、明快的口吻对待买家,用富有朝气的语调说话,这是卖家必须要做到的。

(3)想方设法化解买家尖锐的提问

第一次交易的时候,买家对你的店铺难免会有不信任的感觉,有时会问一些刁钻的问题。遇到这样的买家时,很多卖家也许会打退堂鼓,嫌买家事多,不愿做这桩生意了。其实这种方式是不可取的,这个时候的你一定要有耐心,而且要设身处地地为买家着想。

试想一下,如果我们自己是买家,一定也会向卖家提出很多问题,甚至也会提出一些苛刻的问题。

(4)善于倾听

善于言谈的人必定善于倾听。这句话就告诉我们"听"与"说"是同等重要的。练好语言表达能力,首先要从学会听对方谈话开始。在买家询问或产生纠纷时,卖家首先要做一个良好的倾听者。无论买家多么无理,不管自己多么委屈都要先听完买家的话,再发表自己的议论。听完之后再解决问题,这样会让买家觉得自己被尊重,被重视。这样一来彼此间的矛盾或纠纷也就在无形中化解了。

（5）不要使用艰涩难懂的语言

有些卖家喜欢在买家面前使用一些生僻的语言，喜欢使用一些文绉绉的专业词汇，有些卖家还爱故意使用一些顾客听不懂的文言语句，还自以为很有水平。

如果买家听不明白你的话，就会使买家产生一定的厌烦心理。在与买家交流时，除一些不可替代的专用名词外，一般应尽可能地使用通俗易懂的语言。只有这样，才不至于让买家理解起来费劲。

分析顾客心理，跟着顾客需求走

假若你的产品能满足买家的需求，双方做成买卖的概率就会大增。要想让你的产品快速打开销路，卖家就必须要将顾客的心理摸透，这样才能"对症下药"。

通常来说，买家有如下几种购买心理。

（1）求廉心理

买家在消费时，都希望以最少量的付出换取最大的效用，获得更多的实用价值。买家通常追求物美价廉，他们在消费的过程中，对商品价格的反应十分迅速，在同类及同质量的商品中，他们总会选择价格较低的那一个。

（2）耐用心理

顾客的这种购买心理注重消费行为的实际效果，着重于产品对顾客的实用价值，人们需要吃、穿、住、行等，实际上绝大多数人是将大部分精力放在获取这些基本必需品上，购买是为了满足这些实际的需要，所以，顾客自然讲求耐用。

（3）安全心理

这种心理有两层含义：一是获取安全，二是避免不安全。顾客在购买某种产品后，要求该产品不会给自己和家人的人身安全和身心健康带来一定的危害。顾客购买社会保险，医疗保险，是由于他们希望自己的人身安全得到保障；购买防盗门锁和消防装置，是谨防财务丢失和意外失火。顾客的这种安全心理在家用电器、药品、卫生用品、食品等方面的消费选择上表现得尤其突出。

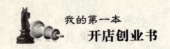

(4)方便心理

这种消费心理促使买家将方便与否作为选择产品的首要标准。在这种心理的影响下，买家便会想着购买各种能给家庭生活和工作环境带来方便的物品。这样一来，洗衣机，吸尘器，自动洗碗机、饮料、半成品食物等，就符合了顾客的这种购买心理。

(5)求新心理

喜欢追求、使用新产品是顾客的一种普遍心理。在我们的日常生活消费中，一些先进，新颖的日用品，即便价格昂贵，使用价值不大，人们也乐意争相购买。而一些落后、陈旧的消费品，即便价格低廉，也很少有人去问津，这种求新的渴望，青年人比老年人表现得更强烈一些。

(6)求美心理

爱美之心人皆有之，美好的东西一旦触动到顾客的情感和神经，就会使他们产生满足感和快乐感。

追求美是人的一种精神享受，随着人们审美观念的不断提升，顾客会更加追求产品的美感。

(7)自尊和自我表现心理

我们每一个人都有自尊心，顾客也不例外，特别是顾客的生存性消费需要得到满足时，他们更希望自己的消费能够得到其他人的尊重和社会的承认。不管怎样，顾客都有这种心理，喜欢听好话与赞美，从而觉得自己很有成就感，并通过某种消费方式去表现出来。

(8)追逐"名牌"，相互攀比心理

顾客追求名牌产品的欲望通常是非常高的，他们总认为名牌产品经久耐用，年轻的顾客尤其如此，经常在品牌上相互攀比。

(9)猎奇心理

这种心理表现形式奇特、与众不同，在青年顾客身上更能够体现出来。其心理因素一般有两个方面，其一，认为奇特本身就是一种美；其二，是为了吸引他人的注意力。

作为卖家尤其是新手卖家一定要洞悉买家的心理需求，察觉到买家想要什么，然后投其所好，便能大大激发买家的购买欲望。

巧妙对待各种类型的买家

因性别、年龄、性格等的不同,不同的顾客对相同商品的反应会有很大的不同。所以,卖家针对不同的买家要采取不同的策略。

(1)巧妙应对外向型买家

对待性格外向的买家,卖家要赞成其想法和意见,不要和他们争论,协商细节尽量使谈话有趣并行动迅速。在向外向型买家推荐商品或服务时,要让他们有时间讲话,研究他们的目标与需要,注意倾听他们的心声。

(2)巧妙应对随和型买家

这一类买家总的来看性格开朗,容易相处,内心防线较弱。他们很容易被说服,这类买家表面上是不喜欢拒绝别人的,所以,作为卖家你一定要耐心地和他们交流。

(3)巧妙应对优柔寡断型买家

有的买家在店主进行详细的解释说明后,仍然优柔寡断,迟迟不能作出购买决定。对于这一类买家,你要极具耐心并多角度地强调商品的特征。在说服的过程中,你要做到有根有据、有说服力。

(4)巧妙应对抠门小气型买家

喜欢贪小便宜是小气抠门型买家最大的特征。买东西总嫌贵,还特别喜欢讨价还价。应对这种买家,跟他讲交情是最佳做法。遇到这样的买家,你应该热情地向他打招呼,赞美他,并且要提醒他买那件商品真的是赚大了。

(5)巧妙应对心直口快型买家

这样的买家或直接拒绝,或直接要某个商品,一旦作出购买决定,绝不拖泥带水。对待这种买家,你一定要以亲切的态度,顺着买家的话去说服。答复速度尽量快些,介绍商品时,只需说明重点,不必详细说明每个细节。

(6)巧妙应对慢条斯理型买家

这种买家正好与"急性子"相反。如果碰到"慢性子"的买家,你千万不能心急,只

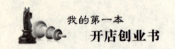

有耐心回答他的问题才能赢得他对你的信赖。

(7)巧妙应对挑肥拣瘦型买家

喜欢挑剔的买家,往往对店主介绍的真实情况,认为是言过其实,总是持怀疑的态度。对待这种买家,店主不要反感,更不能带"气"去反驳买家,而要耐心地倾听,这是最佳的办法。

而对于难缠的买家,并不是要"对抗",而是消除买家的顾虑、解决买家的问题和争取合作,并将最难缠的买家转换为最忠实的顾客。买家的难缠,不管有没有道理,若能从难缠中仔细深入检讨,一般是可以发现一些不足之处的。买家在难缠过程中所提出来的建议,或许对你的网店有用,即使需经修改或转化才可采用,也能对网店的销售和提升有益。

总之,针对不同类型的买家,应采取不同的接待和应对方法,只有这样,你才能够博得买家的信赖与关注。

引导买家购买商品的小绝招

当今时代商品竞争异常激烈,买家不一定痛快地作出购买的决定,这就需要卖家通过一些语言、良好的服务态度,想办法让买家作出购买的决定。比如,有一位顾客想为母亲买一件生日礼物,看中了一款红色的大衣,但又觉得价格有些贵,犹豫不决。卖家可以对顾客说:"先生,孝心无价!你母亲的七十大寿,一生只有一次,送上高档的礼品才不会后悔!"

卖家这几句细心体贴的话,会使这位顾客心中暖融融的,也许当即就会决定购买。

由此可见,所谓的时机,并不是见了买家就向买家推荐,而是要等到买家对商品考虑得比较成熟时再推荐,否则,就会令买家产生逆反的心理,而对卖家不加理睬,扬长而去。

卖家可以利用如下几种方法引导买家去购买你的商品。

（1）意向引导

如果买家有心购买，只是认为商品的价格超出了自己预定的水平，这时，只要对他们进行意向引导，一般都会能使洽谈顺利地进行下去。

引导在买卖交易中的作用很大，它能使买家转移脑中所考虑的对象，产生一种想象，这样，就使买家在买东西的过程中，变得特别积极，在他们心中也产生一种希望买卖能尽早成交的愿望。

（2）用途示范

在给买家介绍商品时，少不了要向买家介绍商品的用途，但并不是仅仅把商品的用途功能罗列出来就完事了，还要给买家演示，如利用摄像头现场示范商品给买家，拍摄好一些视屏短片发给买家，这往往会加深买家对商品的印象，增加他们对商品的信任感，于是商品就会毫不犹豫地成交了。

（3）不断追问

有的买家在购买商品时，左思右想，举棋不定，无法决定购物与否，对待这一类的买家，用这个方法非常有效，使用这种方法对买家要有耐心，充满热情。

（4）心理加压

对买家施加压力并不是强迫买家购买，而是运用一种心理战术，使买家无形中感到一种压力，促使他们尽快成交，使用这种方法必须做好充分的准备，而且要求应变能力非常好，让买家感到你是在为他们着想，处处为他们考虑，这样，成交率就非常大了。

让买家成为你最好的推销员

一个颇具智慧的网店卖家，不仅要自己将商品推销出去，还能让买家成为他忠实的推销员，帮助其推销商品。俗话说"一传十，十传百，百传千万"，一旦买家成了推销员，你店内产品的信誉度和知名度就能直线上升，广告费也可省下一大笔。更重要的是，这样可以帮你营造出一种很好的外部竞争环境，这些都是无价之宝。

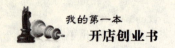

1999年,美国《财富》杂志公布了全球500家最大企业排行榜,在这个排行榜中奔驰公司名列第二。奔驰公司是世界最著名的汽车制造公司之一,这是举世公认的。

100多年来,为什么奔驰公司能够长盛不衰、永葆青春呢?请先看看下面这个被称为"百年管理经典"的一件小事,也许你会从中得到启示。

有一次,一个法国农场主驾驶着一辆奔驰货车从农场出发到原民主德国去。他的心情自然很好,因为他驾驶着安全可靠的奔驰货车。可是,当车开到了一个前不着村后不着店的荒野时,发动机突然出现了故障。

他又气又恼,自言自语:"难道碰上徒有虚名的奔驰货车了吗?"生气无济于事,他决定求援,碰碰运气。他联系上了远在德国的奔驰汽车公司总部。

几个小时过后,天空中传来了飞机马达声,他万万没有想到,原来是奔驰汽车修理厂的工程师和检修技术人员坐着直升飞机赶来了。

他们下了飞机,第一件事就是道歉:"对不起,让您等急了。但现在您不需要等太长时间了,我们完全有把握很快就可以把汽车修好。"他们一边安慰法国农场主,一边干净利落地维修着汽车发动机。

农场主心想,修理费是少不了的,因为他们是开飞机来的。尽管他们的服务态度确实好,技术活也相当不错,但开飞机来修车,费用全由自己负担,也真是不低。他做好了同他们讨价还价的准备。

像他们所承诺的那样,奔驰货车很快就被修好了。

农场主很小心地问:"多少钱?"

"免费。"

农场主不敢相信自己的耳朵:"免费?"

"是的。"一个负责处理此事的工程师说:"出现这种情况,是我们的质检工作没有做好,我们应当为您提供无偿服务。"

这次奔驰公司不仅没收维修费,而且随后还为这个法国农场主免费换了一辆崭新的货车。

后来,这个法国农场主将此事的经过和感受写成文章,发表在颇有影响力的《生产、销售与服务》杂志上。文章的题目是《奔驰的魅力》,其中有这样的话:"搞好服务,利润自来。一个公司如果能比竞争对手更好地满足顾客的需要,就能受到顾客的高度青睐。"

对于一个好的企业和公司来说应树立这样的理念:服务第一、销售第二、生产第三。把服务和顾客放在第一位,利润也就会处在第一位。顾客的满意,就是你最佳的广告语;满意的顾客,就是你最好的推销员。经营网店又何尝不是这样呢?既然顾客对你来说那么重要,那么怎样才能够让顾客成为你最好的推销员呢?

(1)以顾客的利益为出发点

作为卖家你应当以优良的商品质量、良好的信誉、一流的服务去赢得顾客的信赖,这样有助于你树立良好的品牌形象。

(2)与顾客建立良好的关系

你要为顾客提供多元化的服务,让顾客有宾至如归的感觉。顾客在购买商品的同时,还购买了比商品更重要的东西——情感、尊重等,而这部分是你的服务给顾客带来的。同时,顾客成为推销员之后,又营造了新的消费潜力点,因为每位顾客的周围都有很多别的消费者,他们有意无意地向别人推销他认可的商品。

(3)给成为你推销员的顾客一定的报酬

当顾客成为了你的推销员你可以考虑给顾客一定比例的报酬,这样顾客就会更加卖力地为你推销商品,这是一种很强大的力量,对于网店销售指标的提升一定会发挥很重要的作用。

服务好老顾客,留住回头客

开店做生意实体店也好网店也好,所获利润的高低主要取决于新顾客的消费和老顾客的重复消费。据相关统计,开发一个新顾客的成本比留住一个老顾客要高4倍。由此可见,老顾客的数量决定了你生意的好坏以及生意的稳定性。所以,你要多搞一些优惠的活动,以留住你的老顾客。

那些"再次光临"的回头客不但忠诚度高,而且还可以成为你网店的活广告,帮助网店建立口碑、开发市场。作为卖家,你要珍惜每一位到店的消费者,让他们成为

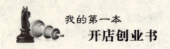

你的"回头客"。

下面我们就来介绍一些方法,这些方法能够帮助你更好地服务老顾客,留住回头客。

(1)对经营的产品要做到十分的了解

要对自己经营的产品有充分的了解,知道自己产品的卖点在哪里,做到心里有底,心里有底了面对买家时就能做到游刃有余。

(2)勤于思考,多方搜集最新的信息

网上开店做生意,一定要勤于动脑,善于吸收新的信息,创造新的服务方式方法,这样你的网店就能跟着时尚、流行走,甚至创造出新的服务方式方法,不会轻易被迅猛发展的时代所淘汰。

(3)把握好与顾客交往的度

开网店你要勤于同顾客打招呼,不可不冷不热,对顾客的留言不能熟视无睹,但也不能过于热情。

(4)熟悉顾客的购买心理

销售时把握顾客的心理需求对你来说是十分重要的。在销售时,应注意分析顾客购物的心理。你要弄明白顾客究竟是抱着怎样的目的来光临你的店的,只有当顾客所期待的与你的店铺所提供的产品相一致时,顾客的期待才能最大限度地得到满足,你的产品才能够卖出去。

(5)定期地与买家进行有意义的沟通

你应注意定期与买家开展有意义的沟通,重视买家的期望和需求,鼓励买家提供宝贵的意见、建议、市场信息,注意与买家有效的情感连接。

(6)建立顾客档案

这是稳定客源的好方法。建立顾客档案后,根据顾客提供的联系方式,每当有新款上市或做促销活动时候,在第一时间通知这些老顾客再次光临店铺。在逢年过节的时候,卖家一个意外的祝福,同样会让老顾客感动,影响深刻。在感动之余,那些老顾客肯定不会忘记向周围的人宣传你的店和产品。

第七章　信为商之道：
打造你的皇冠级信用

对于刚刚上路的网店新手来说，几乎是没有什么信用的，而买家在购买东西的时候，首先看重的就是你店铺的信誉。买家在货比三家之后一般会选择在信誉比较高的店铺购买。作为店主的你一定要注意打造皇冠级信用。皇冠级信用并不是靠刷钻获得的，通过这一不诚信的渠道，虽然可以让你迅速成为皇冠级卖家，但是不会持久的，一旦骗局被揭穿，你就再也没有立足之地了。所以，一定要用智慧与策略去打造你的皇冠级信用，而不是靠投机取巧去实现。

打造优秀的网络销售团队

当你的网店发展到一定的规模时，再凭你一个人苦苦经营那是很吃力的，再想扩大经营时可能会感到有点力不从心，这个时候你就需要组建一个网络销售团队了。

一个专门的网络销售团队，分工明确，有客服人员、库房管理人员、财务出纳人员和采购人员等。你要怎么做才能够打造出自己优秀的网络销售团队呢？

（1）寻找合适的客服人员

客服的主要工作就是回复留言、收发邮件、联系买家、到账查款、信用评价这些烦琐的日常工作。所以，你第一个应该增加的职位就是客户服务。客服最好是细心、耐心、而又十分机灵的女孩，最基本的要求是普通话要标准、打字速度要快，反应要灵敏。

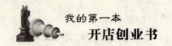
一个合格的客服首先需要掌握的就是熟悉产品,如果可以的话,尽量多教客服一点东西,当店主不在的时候,客服可以替你独当一面。

(2)合理确定客服的薪资

客服人员的薪水一定要与其销售额或销售量挂钩,千万不能是固定的工资,否则客服就会降低积极性,而且很容易觉得收入和工作强度不成比例,万一掌握店铺的资料,辞职后成为你的竞争对手,那将是很危险的。客服人员的合理薪水应是底薪+提成+奖励～处罚。

客服的底薪需要根据各地的消费水平来定,因为一个地方的消费水平最能反映当地的经济发展情况。所以,各位卖家在招聘客服前要仔细地了解一下当地的经济情况,把当地常见的服务行业的工资标准都大致了解一下。这样做的目的是不要亏待了客服人员。

相信卖家都知道,客服这项工作是最烦琐的,所以薪水不能定太少,太少了没有人会愿意干,但是底薪又不能定太高,太高了容易让人产生惰性,要定一个合适的底薪。不要只针对个人销售额进行提成。如果有两个以上客服的话,单一按个人销售额提成,她们会各忙各的,很难齐心协力地互相帮助。当一个客服出现问题时而另一个客服会置之不理。这样不利于你店铺的经营与发展。

(3)产品照片拍摄、登录人员

在网店达到一定规模后,店主应该把自己的主要精力放在进货上,至于拍照、描述、登录最好也找个有网页设计基础的人来做。这样做,其一,可以保证页面制作美观专业。其二,可以增加推广力度。任何职位工资都要与业绩挂钩,这个职位的提成也可以用网上拍下商品的数量,或商品的浏览量来计算提成等。

(4)财务人员

当你的网店发展到一定程度,最好注册一个公司。这样可以开发票,给一些可以报销的买家带来一定的便利。最关键的是可以接公司的业务,做到公对公。在信誉方面也给买家提供更大的保障。

财务是一个很关键的职位,夫妻当然最好,或父母、兄弟姐妹等。起码要懂财务知识,如果可能的话去读个会计上岗证,最好找兼职的专业会计来做账。财务的工作主要是管账,银行往来账、核查客户服务人员的往来银行账,还可以兼任后勤的工作,采购办公用品等。

（5）采购人员

网店商品的采购工作一般由店主自己负责，也可以让自己的亲戚帮忙进货。很多店主都不愿意用外人做采购，第一怕进货时吃回扣，第二怕采购自己出去单干。

但是如果采购量很大，而自己又没有亲戚可帮忙，那也可以招聘专门的采购人员，一般可以用这样两种人。

一种是随遇而安型的人，这种人一般没什么野心，对生活也没有太多的要求。可以跟着你干很久，一直都是个帮手，没有自己创业的魄力。但缺点就是进取心不强，另外可能会贪小便宜吃点回扣，只要不太过分你完全可以不理会。

另外一种就是豪爽型的人，这种人可能胸怀大志，野心不小，但是为人正直，是性情中人。他不贪朋友的小便宜，而且进取心很强，主动性很高。缺点是天下没有不散的宴席，这样的人一般不会跟你太长时间，只要走后不用你的关系与你在同一个平台竞争就不算过分。

（6）奖惩分明

让卖家感到最头疼的可能就是客服对于网上店铺信誉度并不是很关心，所以在售后服务方面也不是很积极地去做，有时也会因为态度不好得罪买家。针对这种情况最好制定一些奖罚措施。如"全年无中、差评奖"，只要客服出售的商品全年获得的都是好评，就给予适当的奖励。对于得到差评的客服，要给予一定的处罚。当然有一点要注意，要先分析原因，仔细听客服的解释，再以店主的身份跟顾客联系，只要把事实弄清楚就好办了。如果真是客服的过错，那么必罚无疑，罚一次全体客服都会引以为戒的。在奖惩方面卖家应该注意的一点就是处罚和奖励的额度一定要提前拟好，打印出来贴在客服的工作间里显眼的位置。

（7）设立投诉专线

在网上设一个专门用于投诉的电话，这个专线最好是店主本人的手机号，这样做，既可以监督客服工作，又可以很好地服务于买家。

团队之间的良好合作是所有成功管理的根基。不管你是新手卖家还是资深店主，对你而言，打造出一支优秀的网络销售团队都是一个很有难度的挑战。

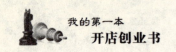
旺季一定要"热卖"

无论是实体店铺还是网络店铺,几乎全都有着特定的销售周期,有着明显的淡季、旺季之分。一般说来,旺季销售占营业总额的 70%以上。所以,作为卖家你一定要在销售的旺季进行"热卖"。

在旺季热卖时,有如下几点是需要你多加注意的。

(1)提前备好商品,保证货源充足

这一点可以说是在旺季能否做旺的至关重要的一点。

(2)及时发掘出重点推荐商品

这类商品的货源一定要充足。

(3)到了销售的旺季,平时不舍得"投入"的卖家应该花点钱装修一下店面,给买家留下一个好的印象。针对这种情况你可以买一两个月的旺铺试试,旺铺可按月买,没效果可不再续费;如果稍微好点你要考虑加入消保。

(4)促销措施一定要做到位

你要想方设法在店铺内营造一种热卖的气氛。要搭配些促销或优惠活动,

不一定多但一定要有。网上开店做生意掌握些买家的购物心理,进行人性化合理设置,会起到不错的辅助成交效果。比如,"满 100 送小礼物"和"满 200 包邮"活动,不少顾客购物金额差几十元时都会再补一件以期达到"满 200 包邮"的目的。

(5)保证充足的营业时间

时间也是网店销量多少的一个至关重要的因素。网店经营时间并不像实体店那样有所限制,需要卖家根据自身条件灵活定制,尽量充分保证。尤其是在旺季时更应该保证时间,网店才有可能比别人更胜一筹。

(6)与多家物流搞好合作

网上开店是否顺利需要方方面面的完善配合,而快递也是保证成交顺利的重要环节。特别是旺季时,一定要掌握多家物流信息,密切搞好合作关系。这对网店的经

营起着十分重要的作用。不要只用一两个快递公司,"关键"时你就能够体会到"兵到用时方恨少"了。

充分利用销售淡季

开店做生意,销售的旺季与淡季往往是市场的运行规律,并不是哪个人可以主导的。市场人潮涌动、生意红红火火这是每一个商家最大的满足与期盼,但这样的日子并不是天天都有的。店铺经营中出现淡季是一种很正常的现象,这是市场本身的特征,不是哪家店铺可以改变的。

销售淡季的最直接表现就是销售额难以提高,一般的促销措施也难以改变这种形势。面对销售的淡季,作为一个卖家,你一定要保持一个平和的心态,具体来说,你要做到如下几点。

(1)保持一颗平常心

有些卖家一听说销售的"淡季"来临了,认为即使投入再多,也不会有很好的回报。于是,就不再情愿再像旺季那样去投入,去宣传了,从而致使原本应有的一些生意也失去了。如果卖家对自己都没信心了,那买家对你的商品还有信心吗?

所以,卖家要树立"销售无淡季"的意识,只要多下工夫、多用心思,总会找到出路的。关键是要有一个好的心态,能以一颗平常心去看世界。无限制的价格促销、一味地低价并不一定能够给你带来可观的销售额。

(2)推广新产品,尤其是赢利产品

在销售淡季推广新产品是一个很不错的做法,因为在这个时候往往会由于竞争对手少,而容易切入和造势。同时,新产品推出后,因为新,最终会给市场带来新的增长点,最终提升整体销量。

(3)为将要到来的旺季备足货源

在销售的淡季往往空闲的时间较多,你一定要充分利用好这个时间,多接洽些供货商,调整备足自己的货源。多看看市场,就会知道即将到来的旺季什么商品更抢手。

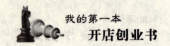

（4）加深与买家的感情

在销售淡季，卖家的时间相对来说是比较充裕的。因此，利用销售淡季，加强、加深与买家的关系，是一种攻心战术。

（5）装修美化店铺

在销售的淡季里装修美化店铺也是成长中的卖家必须要做的，如将网店装饰得更漂亮一点，给不满意的商品重新拍照，增加匆忙上架而未来得及详尽介绍的商品描述。趁这个机会将旺季销售的得失和对手的销售情况进行分析总结，利用空余时间为旺季的到来和小店将来发展做一些准备工作。

网店营销常用的竞争策略

网上开店创业虽说没有实体店的风险高，但最近几年来有太多的人或兼职或全职的开了网店。在成千上万的网店中，你的网店凭什么能够胜出呢？要想你的网店能够持续地发展下去，你必须懂得一些网店营销常用的竞争策略。

（1）把感兴趣的买家作为你的关注重点

开网店，你就应该重点关注那些对店铺产品感兴趣的买家和现有买家，而不是将大部分时间浪费在吸引新买家上面。

买家在访问店铺后，一般可分为两大类。一类是已访问店铺但未购物的感兴趣的买家；另一类是已访问店铺并购买过商品的买家。作为卖家你一定要吸引更多的回头客。

（2）向买家强调产品的好处

将购买本产品或服务的好处与购买竞争对手的产品或服务的好处进行一下比较。尽可能详尽具体地告诉买家，为什么你的产品是他的最佳选择，让买家信赖你的产品。

（3）使用买家推荐信

在店铺的"信用评价"页面有买家的评价。将其整合到网店的广告当中，并将它们添加到邮件签名当中。这样买家就能够看到关于产品或服务的正面评论,潜在顾客就更有可能购买你的产品了。买家评论越来越盛行,并且影响着潜在顾客的购买决定。

(4)大胆创新,不按常理出牌

在销售淡季,如果厂家及销售人员能够逆向思维,不按常理出牌,积极调整优化,主动出击,即使是在销售的淡季,市场仍然大有文章可做。

(5)最好的竞争是避免竞争

无数成功的商战实践表明,避免竞争才是最好最聪明的竞争。精明的商家并不被眼前的市场所左右,不被动地随波逐流,步人后尘。而是随时随地避免与对手正面交锋,跳出固有的狭窄、僵化的思维定式,更长远地把握市场运作规律,深入研究消费需要。

(6)诚信经营,用心服务

你店铺内的商品要有一个详细的介绍、不能有弄虚作假、夸大事实的介绍,必须保证产品图片与实物相符,确保实物拍摄,照片不能过度修饰,多数买家都是看照片效果买东西的,让买家拿到货物后不能有被欺骗的感觉,也不能有失望的感觉。

本着为买家服务的原则,不要将次品、不合格的产品放在网上销售,哪怕是拍卖也要尽量避免,那样只会让你身败名裂。

诚为天下先,只有这样,你的路才能走得更长,更远。

充分利用假日经济,增加产品的销量

在节假日期间销售,这对于商家来说是一个很好的商机,会比平常的交易量高出许多。怎样充分利用假日经济带来的契机做好促销工作,成了摆在广大网店卖家面前的一大难题。在假日经济的当口,你怎样做才能够增加产品的销量呢?

(1)事先筹划,有备而战

商场虽无硝烟弥漫,但却是一个无形的战场,在假日促销之前,要有详细的规

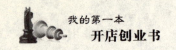

划、精密的组织、统筹的安排,这样才能运筹帷幄,抢占先机。

在节假日到来之前,作为卖家你要针对假日的特点与网上买家的需求以及目前的流行趋势去规划。规划的内容包括假日销售所针对的人群分析、活动宣传、促销形式、备货的充足量、活动所达到的效果等。

另外,假若你有时间有条件,你可以装修美化一下店铺页面,给买家一种节日的气氛、一种焕然一新的视觉。

(2)做好充分的宣传与推广

没事的时候你可以到一些人气旺的论坛里去转转做一下对自己店铺的宣传。不过做宣传一定要遵守论坛的相关规定,不能乱发宣传帖,否则会被版主删除或引起其他论坛成员的反感。

最好不要赤裸裸地发广告帖,你可以针对自己的商品写一些消费指南类的帖子,指导买家如何鉴别商品等。还可以到一些网站去发一些免费宣传的帖子,在那里你可以大胆发宣传帖。

另外,每逢节日,各大论坛都会推出一系列的促销活动,例如情人节、年货在线热卖会等,这些活动你都要积极地去参与,不但可以提升你的人气,而且还有机会让你赚到钱,赚的钱又可再投放广告。

(3)商品促销,让利买家

在圣诞节、春节、情人节等这些重大的节日里,人们都会购买些礼物送人,这时候适时推出购物送礼等活动,就可以进一步刺激买家的购买欲望,也可以作为回馈新老客户一年来的帮助与支持。拉近卖家与买家之间的感情。应注意的是,商品一定是精心挑选的,而且是物美价廉的,让买家看到实惠,这样才会感激你。

促销的活动有很多,比如推出一些特价商品或者买一送一、买100减20、赠送小礼品或是多件包邮等。这些促销活动可以为你的店铺聚集人气,提高买家的购买热情。

(4)备足货源,迎接买家

在节假日期间准备好充足的货品,这是必需的。在策划方案时,就应考虑好货源的问题。

一些重要的节日都是要放长假的,而且物流、快递也不方便。所以一定要提前备好货品,期间一定要考虑快递、物流所需的时间,尽量多预算点。

（5）贴心服务，诚信为本

在网上销售中，买家对产品是否满意，不仅仅取决于产品的质量和价格，很大程度上还取决于你店铺提供的服务的质量。

服务应包括售前、售中、售后，有买家咨询就要及时回复，即便只是询问，没有购买意向，也要耐心地一一解答，他很可能就是你产品的未来买家。

（6）把物流信息及时通知买家

在节假日期间，特别在长假期间，大部分的物流快递公司都会放假，要及时了解所在地区物流快递公司的休息情况，最好是写在公告栏里，及时地通知你的买家。

赢得100%好评的方法

大家都知道，网上开店做生意，卖家的好评率是非常重要的。如果一个买家找到同样的一件商品，两家店铺都有卖，价格也一样，那么买家肯定会挑好评率100%的这家去买。虽然好评率并不能百分百准确地评价一家店铺的服务水准，但在没有更好地评价系统之前，买家看的还是好评率。

既然好评率是这么重要，有没有保证100%好评的方法呢？方法还是有的。

（1）把好商品的质量关

人们在网上购物只能通过图片和商品描述来了解商品。假若你的商品是实物拍摄，商品描述又是全面客观的，那么买家给你差评的概率就会少很多，即使买家收到货后由于个人原因不满意，那他也不好意思说商品有质量问题而要求退换，可能会找出其他的理由要求退换货。

（2）对待买家提问，善于聆听，耐心作答

如果有买家上门来询问商品，要做到耐心周到的解答。在向买家推荐介绍商品时应先了解对方的基本需求信息等。买家通常可以分为有目的性购物和无目的性购物两种。

第一种买家目标明确，心里知道自己要买什么样的商品，这样的买家也是最好

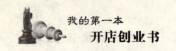

接待的买家,只需要告诉他有没有货就可以了,如果他所要的商品断货,还可以向他推荐其他的商品。

第二种买家是没有目的的,他们大多不知道自己到底想买什么样的商品,只是随便来逛逛。他们会觉得这个很好,那个也不错,还会问了这款问那款。遇到这样的买家对于卖家来说应该是比较头疼的了。切记,遇到这样的买家千万不要表现出不耐烦来,不要因为询问得多了就烦了,也许他今天不买,但不表示他以后不买。

(3)保证商品包装完好无损

在售出一件商品后,首先要包装好,一个认真仔细的包装会让买家在拿到货后有一个很良好的感觉。有时候好的包装可以避免很多退换货的环节,还会为卖家赢得好的评价。

(4)良好的售后服务

不要认为商品发出去了,你就可以高枕无忧了。如果快递发出去了好几天,买家都没来确认。在这种情况下,可能会有两种原因。第一是买家还没有收到东西,第二是买家收到了还没有来得及确认。如果是前者,应该根据快递发货的时间推算,如果到了时间买家还没来确认,这时就应该主动去联系买家是否收到货了。这么做也不只是为了让买家快点来确认,还可以看看发出去的东西是不是有问题,买家是否真的收到,这样可以让自己做到心里有数。对于买家来说,也会让他们觉得售后服务做得很好,他是被重视的。

(5)勇于面对买家的评价

如果你的店铺收到了买家的中评或差评,也不要生气,不要去埋怨买家怎么能够这样。要先检讨一下看看自己哪里做得不好,才会让买家产生这样的评价。主动和买家进行沟通协调,绝不可推卸责任。如果真的是自己的过失造成的,要勇于承担责任,并真诚地向买家道歉。如果遇到中评或者差评,是可以取消的,这就要看你怎么和买家来进行沟通了,如果不是特别大的问题,真诚的道歉,相信买家也会被你的真诚所打动的,也许这个评价就可以取消了。

(6)针对不同的买家,采取不同的应对策略

卖家的好评和买家是分不开的,所以,在交易前最好查看一下买家的信用度,买家对别人的评价以及别人对买家的评价。

下面我们就来分析一下如何应对不同类型的买家。

①新手买家

这类买家往往是第一次网上购物,买卖信用为零。他看上了你店铺的商品,但对网络交易还很陌生,对卖家缺乏足够的信任。这类买家需要卖家有足够的耐心去引导。在购买前,不妨多与他沟通沟通,让他产生对你的信任,这一点是很重要的。这类买家最大的缺点就是发货后不及时确认货款,不给评价,或者不联系卖家随便给中、差评等。

如何才能够确定买家是不是新手呢?一般看注册时间、星级,或通过聊天来了解。对于这类买家,你一定要多引导,通过言语沟通建立信任,事先要向买家解释清楚需要其配合的环节,达成共识才能愉快交易。因为这一类的买家多半还是好买家,他也有可能成为你日后的忠实买家。

②特别挑剔型买家

对这类买家一定要注意看一下其好评率,以及别的卖家对他的评价。这类买家多是完美主义者,喜欢在鸡蛋里挑骨头,收到商品后,如果没有达到他的预期,他就有可能给个中评或差评。

对于这类买家,你最好具体问题具体分析,并尽可能地做好服务,展示自己商品和服务的优点。还要正确评估自己的商品与服务是否与买家的期望一致。如果不一致,购买前要诚信沟通,说明清楚,买家理解接受,达成一致再成交。切忌为了促成生意,尚未沟通清楚就贸然交易。

③喜欢给中评的买家

这类买家,以为中评就是好评,如果碰上这样的买家,自己又重视好评,以100%好评作为经营中的目标,还是少和这类的买家打交道。

④很会杀价的买家

这类买家其实大部分还是好买家,只是他们想用最少的钱买到最心仪的商品。遇到这类买家最好先看一下其信誉度,如果有中、差评就要注意了,然后看一下中、差评里的评价内容。遇到这类买家最好能够给其赠送一些小礼品,买家收到礼品的同时,必定心怀感激,很可能会给你一个好的评价。当然另一方面也要综合考虑一下自己能否满足对方,如果满足不了就不要勉强交易。

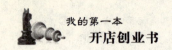

生意不好，正确分析冷清原因

有些卖家网上开店的时间也不短了，但是生意一直冷清。这是开店新手经常遇到的问题，甚至一些信用相对高的卖家也会遇到这样的问题。这个问题究竟是出在哪里呢？

下面我们就来总结一下网店生意不好的常见原因，希望能够为你排解这样的烦忧。

（1）所选项目属于冷门，市场需求不大

网店销售的品种可谓是五花八门、琳琅满目，但比较热门的还属女性用品、化妆品、衣服、包包和饰品等。所以，你必须要了解你所选择的项目日常的需求量是否大。如果市场上的需求量大，你的生意自然就会好。如果所选项目属于冷门，市场需求不大，成交概率自然就小。

因此，如果你经营的是"冷门"项目，你就需要付出更大的耐性和毅力，给自己足够的耐心和时间，理性地度过正常的"萧条"阶段。

（2）商品定价不合理

价格是买家购买商品最敏感的一个问题。通常来说，买家总是希望花最少的钱买最多的东西，不少店铺因为商品定价不合理而失去了大批的买家。商品定价时要参考网上其他店铺的价格，然后再根据自己的利润确定。

（3）商品的图片有问题

买家在网上购物第一眼看到的就是商品的图片，一幅好的图片胜过千言万语。很多新手卖家都是自己拍照处理图片。商品图片的拍摄和处理很不专业，甚至有的连商品的图片都没有，结果这大大影响了买家的挑选，当然也会影响商品的销售了。

（4）商品的文字描述不够详细全面

有了好的图片再加上详细的文字描述，买家看了之后才会有购买的欲望。所以商品的功能、特性、型号、质地、风格、甚至保养方法等一定要描述清楚，这是促成成功交易的前提。

（5）没有保证在线的时间

生意好坏与你在线时间长短有很大的关系，往往保持足够的在线时间是网店成功经营的起码条件。

有很多买家都会先看看店主是否在线，如果不在线的话，就不会进入该店铺，而会去找其他的店铺，因为店主不在线买家就不能够对商品进行咨询了。

（6）销售的商品单一

比如，刚开始销售仅限于女装的，随着买家询问的需求，不断丰富起其他产品，如包包、饰品、围巾和帽子等相关产品。这也满足了一些顾客一次购买多件商品的需求，既节省时间又节约费用。

（7）不是每天都有商品上架

如果保证每天、每时都有新品上架，也就是时刻都有商品下架，这样顾客才能搜索到你的更多商品。

（8）不经常关注橱窗推荐

作为卖家你要每天多次关注橱窗推荐。如果每天只关注一两次，那是远远不够的。因为店铺的推荐商品会不断下架，就需要多次推荐，只有推荐的商品才更容易被买家搜索到。

（9）商品名称不够完整吸引人

商品名称直接关系到商品是否能被买家成功搜索到。商品起名时需要让买家了解到商品的作用、颜色等属性，或选择有特定意义的词汇。

（10）不重视店铺的推广与宣传

在店铺没有开起来之前，店主最关心的问题就是如何把网店尽快开起来，并且适当装修。

（11）服务水平不够专业

服务是一门很大的学问，从服务中买家可以感受到店主的性格、态度、品性和专业度，所以，要做到服务恰如其分，不仅仅要有好的态度，而且要熟悉店里的每一件产品。如果卖家都不了解店内的产品，怎么向买家介绍呢？商品没有说服力，买家是不可能买的，商品有了说服力才会有吸引力。

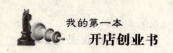
掌握处理顾客投诉的方法

当买家投诉你的店时,不要把它看成是一个问题,而应把它当作是天赐良机,正所谓"抱怨是金"。当买家抽出宝贵的时间,带着他们的抱怨与你接触时,也是免费向你提供了应当如何改进店铺的信息。

假若买家抱怨你的店铺,除了表明买家对你寄予厚望与信任之外,更说明店铺在业务能力方面仍存在需要完善与改进的地方。假若买家抱怨越多则说明店铺存在的缺点就越多,而买家抱怨的地方正是你做得不够的地方。

所以,买家的抱怨是宝贵的信息,它可以指导你更好地为买家提供优质服务。

(1)有效处理买家的抱怨

任何一家店铺在对买家服务的过程中,难免会发生买家因服务质量、商品质量及售后服务处理等问题而出现抱怨的现象。所以,正确处理买家抱怨,已成为网店经营上重要的一环,若能快速、正确、有效地处理好顾客的抱怨,你就会收到如下效果:

①增加买家对店铺的信赖感

如果你在处理买家的抱怨事件时能够表现出足够的诚意,为买家解决实际的问题,那么将增加买家来店购物的信赖感。

②反映出店铺经营的薄弱点

从买家抱怨事件上可以反映出店铺运营上的弱点,而店铺不断改进,就能在经营上提高经营管理的绩效。

③能培养店铺的忠实买家

通过对买家抱怨事件的有效处理,在经营上的逐渐改善,能够建立与买家之间的感情,久而久之,将为你的店铺培养最忠实的买家。

(2)处理买家抱怨的原则

①心态平和,就事论事;

②认真听取买家投诉,弄明抱怨的缘由;

③站在买家立场,学会换位思考;

④做细节记录,感谢买家提出的问题;

⑤找出原因所在,提出解决方案;

⑥实施解决方案;

⑦总结买家投诉,总结处理得失。

(3)处理买家抱怨的程序

①真诚道歉

当买家向你抱怨时,你必须主动向买家道歉,并表现出足够的诚意,要让买家知道,你因为给买家带来不便而感到非常抱歉,即便这并不是你的错,你也要学会向买家道歉。

②聆听买家诉说

你应该以微笑去缓和买家对你的恼怒情绪,以关心的态度倾听买家的诉说,然后用自己的话把买家的抱怨重复一遍,确信你已经理解了买家抱怨的问题所在,而且对此已与买家达成一致。假若有可能,你就告诉买家你愿意想尽一切办法去解决他们提出的问题。

③补偿买家

为不影响其他买家光顾你的店,你应当及时安抚抱怨的买家,并视具体情况尽己所能满足买家的要求。必要时,可以考虑对买家抱怨的事情付出一定的经济补偿。

④做好记录

对于较复杂的事件,你要详细询问买家问题发生的缘由与过程,详细记录事件的时间、地点、人物、事情经过等细节内容,理解买家的心情并给予买家确切的答复时间。

(4)对买家抱怨的灵活处理

通常来说,买家抱怨的来源主要有两个,一个是商品,一个是服务。

作为卖家最好不要与买家发生口角,那样会影响你店铺的信誉。

出现买家抱怨的情况时,应认真分析买家抱怨的原因,应根据不同的情况采取不同的应对措施。比如,当买家抱怨价格有误时,你就必须对商品的价格进行核对确认,并耐心向顾客解释说明。

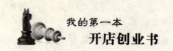

第八章　网上开店需谨慎：
店主防诈骗的几大窍门

在经济形势不容乐观的情况下，越来越多的人选择网上就业或网络兼职。有人因为在现实的渠道中找不到合适的职业而选择网上开店，有人嫌拿死工资来钱慢而选择网上开店，还有人觉得自己的业余时间比较充分而选择网上开店，等等，无论你是出于什么样的原因开店，都必须要小心谨慎。别只想着网络的"钱"景广阔，你就可以放松警惕、不管不顾了。网上交易的诈骗行为并不比现实生活中的少，有关网购的一个个悲惨而又无奈的受害者的例子已经向你敲响了警钟。所以，在经营网店的过程中了解一些关于防诈骗的信息还是非常有必要的，与其等到痛悔不已，倒不如先提前做好预防。

网上交易的常见骗术

在现在这个网络十分普及的时代，网上开店做生意的人比比皆是，网上交易自然是频频发生，当然，网上的骗术也是花样迭出。

下面我们就来介绍一下网上交易的八大常见骗术，希望能够帮助你提高鉴别网上骗子的能力。

（1）金蝉脱壳术

作为卖家尤其是新手卖家在交易时，切不可急着出货。有些买家谎称自己不会使用支付宝，收到货后用银行汇款，只要货一发出，这买家就立即人间蒸发。所以，能够网上支付的最好网上支付。

还有一些买家称信不过卖家,先付一半的货款,作为定金,货到后再付余款。卖家一定不要相信对方这样的话语,因为只要你的货发出,那一半的货款十有八九是收不回来的。

卖家在发货前切记要查看交易状态买家是否已经付款。有些买家在留言谎称已付款,有些粗心的卖家不看交易状态就轻易相信,给自己造成一定的经济损失。

有的骗子为了行骗成功会把银行的汇款单传真过来,卖家要在查清汇款是否到账后再发货,因为有些传真来的汇款单可能是骗子假造的。

(2)瞒天过海术

有的买家与卖家同城交易后,却申请支付宝退款,他的理由是"没有收到货",卖家自然是无法提交发货凭证的,只好吃哑巴亏。

有一些买家还会联合快递来一起行骗。让快递到卖家处拿,等卖家把东西一交,骗子立刻在支付宝申请退款,说货没发。

为了杜绝任何受骗的可能,同城交易时最好让对方写下收据,并谨防假钞。

(3)移花接木术

在交易的过程中,如果买家要求退货,一定要在收到货后再退款。如果你先退款,可能再也见不到你的货了。一定要严格按流程走,收到退货后再退款或换货,为了防止买家在货物上做手脚(据说有的邮回来报纸,砖头等),一定要当着快递的面拆开,再签字。

(4)借刀杀人术

假若有买家向你发来一个陌生的网址问你"你有这个商品吗"或要求团购在其网站上进行注册等等。你很有可能在遭遇了木马,或是钓鱼网站。如果你在一个假冒的网上银行页面上输入账号和密码,你就凶多吉少了。

所以,网上交易是数字证书、防杀毒软件一个都不能少。

(5)暗度陈仓术

卖家一定要设置并管理好自己的账号密码,登录号、支付工具号、注册邮箱密码等。千万不能够图省事全用一个密码,让骗子钻了空子。发现异常情况要及时与客服取得联系。

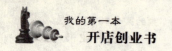

（6）制作付款截图术

这个骗术是对方已拍下你的商品，马上发来一个"买家已付款等待卖家发货"的图片处理软件制作的付款截图然后不断地催促你发货。如果你看到这个截图没再去管理中心或查看邮件通知就发货给买家，那么很有可能你就上当受骗了。所以不管对方如何催促，一定要亲自确认"买家已付款等待卖家发货"才能发货。

（7）明修栈道术

买卖双方交易谈好以后，买家说没有财付通或支付宝之类的账户，要求用银行直接汇款给你，只要卖家将自己的银行账号告诉买家，他马上就会用该账号登录网银，然后多次尝试输入密码，直到当天错误密码达到最高次时告诉你，他的款已经汇过去了，让你查一下。

大多数的卖家都是直接网银查账的，这时卖家再登录时发现密码错误无法查账，骗子会一直不停地催你发货，说已经汇了款了，要求你马上发货。甚至有的骗子还会使用一些激将法。

针对这种情况，你要告诉对方现在网银无法登录，只要他转了账，明天查明到账以后一定发货，你完全可以忽略。或者你可以使用手机银行查账，现在多家银行都开通了手机银行或者电话银行，花一块钱查一下账以免被骗。

（8）抛砖引玉术

这种骗术就是买家利用相似的账号进行行骗。比如某买家账号为×××106，拍下商品并用支付宝付款，这个时候一个叫×××106的买家会用旺旺类的软件给买家留言："已经付款，请把货发到××，邮编××"。卖家一看的确已经付款，就按照旺旺留言的地址发货了。几天以后买家×××106说还没有收到货，卖家仔细检查并查询邮局才发现，这两个×××106的地址并不一样，是两个完全不同的账号，尽管账号名称是一样的。

针对这种情况，卖家发货之前一定要核对付款人的地址，发现不符要及时联系买家。

网上进货如何识别骗子

开网店从网上进货是最近几年才开始出现的新事物，还在成长阶段，但网络进货相比传统渠道进货有很明显的优势。其一，是在成本上的优势，网上进货可以省来往返批发市场的时间，交通成本可以省去。其二，网络进货选购的紧迫性减少，亲自去批发市场选购由于受时间的限制，不可能花很长的时间去慢慢挑选，网上进货则可以慢慢地挑选。其三，是批发数量限制优势，一般的网上批发 10 件即可起批，这样在一定程度上减少了网店经营者的库存压力。另外，网上批发还具有批发价格透明化，款式更新快等优点。

现在网上有很多批发网站，为店主进货提供了很大的便利。当然，这么多的网站中不乏有一些骗人的网站。那么网络进货怎样才能够防止受骗呢？

（1）看其是否有正规的网站

有些骗子发广告自称是批发商，是厂家货源，但却连一个正规的网站都没有，而是由一个一般的网络相册来展示产品，一看就知道那不是一个正规的企业。虽然网站并不能说明全部，但如果是通过网络营销模式去拓展市场的企业，不可能连个网站都不舍得投入。而正规公司的网站一般都会非常在意网站的形象，同时对网站的技术要求也都会比较高，会在网站的建设上投资不少的费用。网络骗子不会在网站上花费太多的金钱与精力。一是怕得不偿失，二是就像打游击一样，骗一个算一个，所以根本不需要什么成本。

（2）从联系方式、地址判断其是否真实

在骗子的网站一般不会留下详细的联系方式，因为那些骗子怕被识穿自己的身份，大多只留个 QQ 或手机号，因为这些都跟身份不挂钩，方便骗子以打游击的方式行骗，又可以随时更换号码进行下一次行骗。而正规的注册公司网站联系信息一般都会十分详细。

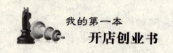

（3）不要贪便宜货

新手卖家在谈到进货的问题上，谈的最多的就是价格太贵了，希望成为代理后能有更大的优惠折扣。实际上，正规公司与供货商的产品定价都是很规范的，利润也很低，靠的就是量。所以正规的公司是很难给出很大的折扣的，这是正常的。而那些骗子根本没那个耐性，很快就答应了，其实都是利用卖家的贪小便宜心理，希望你能够快一点打钱。作为卖家你一定要明白，一分钱一分货，商家都是为了赢利的，如果在利润上轻易就答应让步，那你就要小心了。

（4）查看其网站的营业资格

骗子网站一般都没有营业执照，安全起见你可以要求他们出示营业执照等证明，不过有一些比较高明的骗子网站也会用图片处理软件伪造一份营业证明。你在观察营业执照的时候需要仔细辨认、查看是否有涂改等修改痕迹；而正规的注册公司网站一般会主动出示他们的营业资格证。

（5）利用搜索引擎查询其是否有不良记录

如果是一个正规经营的公司，在互联网上应该能搜索出很多相关信息。如在百度上搜索关键词，如公司名、网站名、客服 QQ 号、手机号，有没有不良记录，假若有很多人上当受骗的话，就会有人在网上发表投诉。

（6）决定要代理产品之前，多注意了解网站，看其是否有和其他网站进行合作、推广等活动

骗子网站一般是不可能和其他网站进行合作的，而正规的公司网站都会主动与别的网站寻求合作。

警惕利用中奖信息诈骗

最近几年来，社会上不断发生以中奖为由索要手续费、税费的诈骗事件。为了自己的人身和财产的安全，你一定要对此类信息加强防范。

2010 年 3 月 28 日，李某上网时在其博客里收到一中奖信息，称其的 IP 地址中

了价值 58000 元现金及价值 10800 元的三星笔记本电脑一部。

4 月 3 日,李某联系对方,并按对方要求在一工商银行自动取款机上以转账的方式,先后 3 次向对方提供的账号汇款 13280 元的中奖"保险金、手续费、个人所得税",事后发觉自己上当受骗了。

经常上网的人相信很多都有收到过类似信息的经历。上述案例中的网络骗子通过事先设置的网络程序,在被害人打开特定的网页或网络聊天工具时,同时弹出伪装成该网络公司发布的中奖信息栏目,奖品多为笔记本电脑另加数千或数万元人民币等,并留有虚假的客服电话等联系方式。当被害人根据该电话与骗子取得联系后,对方会要求被害人先提供名目为公证费、所得税等的钱款,然后再领取奖品,从而骗取受害人的钱财。

作为网店卖家,你要如何防范这样的诈骗呢?你应做到如下几点。

(1)收到类似信息时不要轻易填写自己的身份证号码、银行卡号码、银行卡密码等信息。

(2)如果不能辨别短信或网络提示的真假,在第一时间拨打银行的查询电话进行咨询。

(3)对于一些根本无法鉴别的陌生短信或网络信息,你最好是不要理会。

(4)收到陌生的短信,不要因为好奇或贪便宜心理回复对方,看后即删。

鉴别刷钻店铺的方法

网上购物时大多数买家在买东西之前,都会习惯性地先看看卖家的信用评级,觉得钻越多的卖家信誉越高。殊不知有一些店铺的钻是刷出来的,对于弄虚作假的信誉度,不仅对那些靠自身努力积累信誉的卖家来说不公平,而且还有可能让买家上当受骗。那么有没有鉴别刷钻店铺的方法呢?方法还是有的,我们下面就来介绍一些鉴别刷钻店铺的经验。

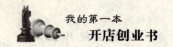
（1）看店铺的经营项目

比如，卖乐器类的网店做到皇冠以上的卖家很少，而且大多是经营了好几年才能够达到那个程度。乐器不像日常生活用品，每个人都需要，它是有着特定的消费群，回头客是很少的。所以只靠卖乐器达到皇冠级别那是相当难的。

如果此类的店铺在很短的时间内就蹿升为皇冠店铺了，那绝对是刷钻刷出来的，对于这样的店铺你一定要小心了。

（2）看卖家的信誉度

看一个店铺是不是刷钻店铺要看卖家过去一周、过去一个月的信誉度。如卖数码相机的，一周2000个信誉可以说是没有可能的。

另外，假若过去1周有300个信誉，而过去1月才400个信誉，这样的店铺也有刷钻的嫌疑。

（3）看买家信息

进入一个店铺时，在买家信用里多翻几页，看看是不是有一个账号接连买了很多东西，这种情况多半是刷信誉的，而且几乎清一色的好评。如果买家采用匿名购买，不排除有想保护自己隐私的可能，但假若一个店铺匿名评价的比例占很多，那就有嫌疑了。

（4）看商品信息

看商品信息就是看店中单个商品的好评数、售出比率和浏览量。通常来说，如果售出150件商品，得了150个好评，浏览量也是150的话，那是不现实的。正常情况下浏览量要远远大于出售的商品数。

（5）看评价

买家与买家还是有着很大不同的，有热情的，有认真的，有冷淡的，所以给出的评价也是各种各样的。假若连续几百个评价都是默认好评，或者赞美的话都是差不多的，那就有嫌疑了。

还有些买家，这边刚买，那边就开始评价了，就是购买和评价的时间很短，假若买的不是虚拟商品，怎么可能拍下就收到货呢？这也有着很大的刷钻嫌疑。

不要进入不安全链接,防止账号被盗

网上开店做生意,你的账号一旦被盗,对你的危害是相当大的,具体的危害有如下几种:

(1)骗子将删除你的一切商品,即使账号被重新找回,你也要一件一件地上架原来的商品。

(2)骗子将登录你的账号发布很多假商品,你的很多买家有可能被欺骗,而认定你就是骗子。

(3)账号被盗肯定会极大地影响你的生意,这样会导致你损失已经积累的流量以及一些已经建立良好关系的买家。

既然账号被盗,会给你带来那么多危害,你要怎样才能避免账号被盗呢?

千万不要进入不安全的网址,更不要输入你的任何账号和密码。

如何来区分你的网址的安全与不安全呢?

骗子惯用的手法有"这件商品有货吗?有的话,我就在你这里拿了。""我很喜欢你的商品,你的这个商品链接怎么打不开?"而后发过来一个网址,和淘宝类网站的商品链接很相似,碰到这样的链接,你千万不要去打开进入。

发货时防骗注意几点

网上开店做生意,不要买家一拍下生意,你就着急发货,在发货之前,有些问题还是需要你注意一下的。

下面我们就来介绍几个发货防骗技巧,希望能够帮到你。

(1)买家拍下商品,付款联系不到,你该怎么办

这个时候你一定不可心慌,首先你要通过旺旺之类的或站内信与买家第一时间

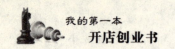
取得联系。在这样的情况下,买家通常没有上旺旺,所以使用旺旺你是联系不到买家的。

因为买家刚刚拍下商品,可能还在线上。即使买家没有登录旺旺,但发站内信买家是一定会收到的。站内信中一定要确认买家拍下商品的型号、商品名称、规格等,并确认买家留下的地址等信息。假若这两种方式都无法在短时间内联系到,你又十分着急的话。那你就给买家打电话或者发短信联系,这样一般是会联系到买家的。如果买家没有留下电话号码怎么办?这种情况下,先等一天,看看买家是否回复。如果买家依然没有回复,只要店主你做了上述的工作,那么你就可以按照所留地址发货了。不然,如果再拖延发货,会被有心的人投诉你收款不发货。发货后,要注意将旺旺记录、站内信截图备用,以防不时之需。

(2)发货时你需要注意哪些

作为卖家,在发货前一定要检查好商品的质量,核对数量。贵重物品,务必要当着快递人员的面装好,封好包装,并称好准确的重量。以防买家说收到的东西不符,必要时可以让当地快递盖章证明。在发货时应注意检查是否填写了完整的收货地址、收货人、联系方式,并注明由收货人当面签收。

(3)发货过程中商品丢失怎么办

对于那些贵重的物品一定要保价。如果发现货物丢失或缺少,可向承运方申请相应的索赔。所以,你一定要保留好发货凭证。建议你使用支付宝推荐物流,并全额赔偿。即使买家在没有收到货或者假称没有收到货时,仍可在相关网站或者推荐物流区得到满意的答复。

网上银行交易防骗技巧

随着网络信息技术的普及与发展,越来越多的人开始利用网上银行来处理个人资产的查询、转账、支付或交易。但是,网络的安全性又成了困扰不少人的问题。相关调查发现,到现在为止,几乎所有与网上银行相关的金融诈骗案件都有一个共同点,即都是由于用户的使用不当而造成的。而银行的电子银行系统在技术上是安全和可靠的。

为尽可能保证网上银行交易的安全，避免不必要的损失，下面我们就介绍一些网上银行交易的防骗技巧，希望能够提高你在这方面的风险防范意识。

（1）核对网址

开通网上银行时，通常事先要与银行签订一份协议。进行网上购物或进入网上银行交易时，应留意所登录的网址与协议书中的网址是否相一致。不要从陌生的网页链接访问银行网站。作为卖家尤其是新手卖家，你一定谨防假网站向你索要账号、密码、支付密码等敏感信息，银行不管在任何时候都不会通过电子邮件、短信、信函等方式要求客户提供账号、密码、支付密码等信息。关于这一点你一定要谨记于心，以防上当受骗。

（2）安装正版杀毒软件，尽量避免在公用计算机上登录网银

维护好自己的电脑，不要轻易下载一些来历不明的软件，安装正版杀毒软件并及时更新版本和病毒识别码。尽量避免在公共场所，如网吧、公共图书馆等地方使用网上银行。如果在公众场合使用网银了，离开时，千万要记得单击"退出登录"链接，退出网上银行页面，并及时清理上网历史记录。

（3）妥善选择和保管密码

密码尽量避免与个人资料有关系，不要选用如身份证号码、生日、电话号码等作为密码。最好选用字母、数字混合的方式，以提高密码破解的难度。密码应妥善保管，账号和密码绝对是私人所有，不要轻易地告诉别人。尽可能地避免在不同的系统使用同一密码，否则密码一旦泄露，后果将不堪设想。

（4）保管好你的数字证书

无论是网上银行还是支付宝账号，都推出安全性能极高的数字证书，这是目前保障账号最安全最有力的方式之一。目前银行的数字证书一般需要花钱购买；支付宝的数字证书只通过实名认证就可以免费申请。

（5）定期查询利益交易记录

你最好对网上银行办理的转账和支付等业务做好记录，定期查看"历史交易明细"，定期打印网上银行业务对账单。这样能做到及早发现问题，尽快解决问题。

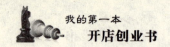
（6）发现异常情况及时确认

假若你在陌生的网址上不小心输入了银行卡卡号和密码，并遇到类似"系统维护"之类的提示，应当立即拨打相关银行的客服热线进行确认。万一资料被盗，应立即进行银行卡挂失和修改相关交易密码。

（7）使用网上银行的各项增值服务

假若能够申请开通银行的短信服务，无论存取款、转账、刷卡消费，还是投资理财，只要账户资金发生变动，在第一时间就能收到手机短信提醒，以实现对个人账户资金的实时监控。如发现有什么异常情况，应立即与银行取得联系，避免给你造成不必要的损失。

（8）及时修复软件漏洞

为防止他人利用软件漏洞进入你的计算机窃取资料，你最好及时更新相关软件，下载补丁程序。

（9）坚持"四不"原则，提高防范意识

①不相信

政府机关、银行或公共事业单位一般不会直接打电话或发短信给持卡人交谈涉及费用的问题，更不会直接"遥控指挥"持卡人去 ATM 等没有银行工作人员在场的地方进行转账。

②不回应

对可疑的电话或短信一概不予理会，应直接打电话给相关公共事业单位或发卡银行客服热线进行询问。

③不泄露

注意保护自己的身份资料、账户信息，在任何情况下，都不要泄露银行卡密码。

④不转账

为了确保银行卡卡内资金的安全，对陌生人"指导"进行 ATM 或网上银行转账的信息一定要谨慎。如果你按"指导"操作，你卡里的钱就会落入骗子的钱包。

第九章 "衣"网情深：
服饰类网店的经营妙法

时尚就像是风一样缥缈，同时又是瞬息万变的，在现在这个网络信息铺天盖地的时代，各种各样的网店如雨后春笋般地扎根于世界的各个角落。走在时尚前沿的服饰类网店更是风光无限。与实体的服饰类店铺相比，服饰类网店有着无与伦比的优势，比如，因为不用支付店铺的租金，它的定价一般比实体类店铺低。另外，它还能够为买家节省下逛实体店铺的时间与精力，物美价廉、方便快捷，这是很多买家都看重的地方。但话说回来，成功地经营一家服饰类网店远比想象中的要难，一些成功者的经验与方法还是需要网店新手去学习与借鉴的。

网上购物如火如荼，饰品网店"钱"景广阔

现如今，很多人都喜欢网上购物，尤其是年轻人对网上购物更是情有独钟。网上饰品店由于省却了租借费、装修费，因而价格上具有一定的优势，已被很多人所接受。

"有缘石"能够打破原来的传统，开办网上商店，完全来自于一位顾客小伙子的"奇思妙想"。有一天，他看好了珠宝饰品行业，认为这个行业市场大，前景广，利润高，于是想加盟开一家专卖店。业务经理耐心地给这个小伙子讲解了开店中的每一个细节。最后，那个小伙子仔细一算账，租房子、装修，加盟配货等最少也几万以上的资金才能够启动起来。那位小伙子是一名刚毕业的大学生，工作不好找，想自己创业，但手里只有几千元钱，连租店面都不够，他望着那些精美的珠宝饰品流露出了恋

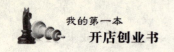
恋不舍的眼神……

没有本钱是难做生意的，真是一分钱难倒英雄汉啊。最后，那个小伙子说："你看这样行吗？现在我没有足够的钱去街上开店，我把这些产品用数码相机拍下来，我拿到网上去卖，开一家网上商店。这样网上只放产品图片，不用占用货款，让顾客在网上够买'有缘石'的产品。这样我就不需要太多的资金了，再加上我也懂电脑，这样做的话就比较容易。"

小伙子的建议得到了总部领导的一致同意，总部没有收那位小伙子一分钱，而且还全力支持他来实施网上商店的计划。

网上开店并不难，图片放到了网上后效果很好，就像产品在柜台上陈列着一样，结果吸引了很多顾客前来购买。就这样，这位小伙子网上开店获得了很大的成功。

这位小伙子经过一年的勤奋经营，从不放过网上任何一次可以宣传的机会，不管是聊天，还是发布信息，他都会邀请别人进入自己的网站上去看一看。由于网上商品精美可爱，时尚经典，再加上上网的青少年比较多，这些人谁不爱美呢？网上珠宝饰品店生意自然是非常火暴，一年下来，净赚十八万。

时尚饰品网店可谓行业前景很大，市场很大，同样挑战也很大，因为市场大，所以想来分享蛋糕的人也很多，竞争也会是你想象不到地激烈，你应该怎样把握呢？

网上购物势头火热，也正迎合了电子商务的发展趋势。随着市场的年轻化，追逐个性，张扬自我的主题也渐渐成为了主流。如此前景，看来饰品网店的前景用"商机无限"来形容再合适不过了。加上近几年偶像剧在中国风行，让饰品成为了最流行的话题，饰品网店的市场因此得到了"特殊的"照顾。对于一个商人来说，又该如何来把握网络市场呢？

如果你有这些想法了，那又该如何去操作呢？一家店铺，长远的生存之道是什么？就是产品信誉。所以，正确选择一个口碑好的品牌至关重要。在信息社会里，任何一个负面信息都有可能置自己的生意于死地。这也就无怪乎为什么那么多淘宝网上购物商铺都看中信誉好评。口碑好的饰品网店的产品有耐用、价格合理、款式新颖的特点。

除此之外，从各位饰品网店老板角度讲，商家诚信度及灵活的网络进货渠道，也是极为重要的。一个讲信誉的企业，能为长期合作提供保障。完善的进货模式，比如针对大小商家不同的进货组合,使创业初期的饰品网店,能有效降低经营风险。

再者,充分运用网络,进行产品营销。如今饰品网店多如牛毛,如何吸引顾客买你的东西,而不是别人家的,无疑要多下工夫做营销。除了常规的打折促销的方法,现在也有一些专业的网络推广公司,也不失为一个很好的选择。

饰品网店一定要认真分析每一样饰品的市场函数,例如头饰并不是耐用消费品,它的产品生命周期也很短。所以说,产品一定要经常推陈出新,避免过时产品积压。这样不但能抓住老顾客,也能吸引新顾客。

最后是要建立良好的购物环境。头饰饰品的顾客,都是爱美的女孩子,精美的网页设计会吸引她们的目光的。这里所说的精美,并不是说要多么漂亮,多么考究。而是营造温馨的网上购物环境。另外,饰品本身就是精美的工艺品,产品拍摄和细节也要精益求精。

开一家饰品网店需要注意什么呢?这也是很多饰品网店老板最为关心的话题,在现在这样一个开放的时代,质量是在市场竞争中的资本。然后是设计风格跟价格,网上购物更是如此!精神生活消费已经进入千家万户,符合潮流的时尚风格,是占据市场的前提。大众化的价格是拥有市场的关键。接着就是吸引目光的焦点和市场回馈的迅速反应。市场信息回馈可以把握流行走势,丰富设计灵感。让用户来决定所需,那才是真正的市场。

时尚银饰网店,装修招引顾客驻足

虽说银的价格远远没有金贵,银饰价格也远远没有金饰高,但几十元的东西,毛利却高达 30% ~ 40%,可以说开银饰网店在网上开店中是一个相当不错的行当。另外,银饰的东西不存在季节性,不会像服装、鞋类等产品,所以每个月的收益都相当稳定。

原本网上开店只是为了玩玩的高莹,现在已经成为易趣上的超级大卖家。两年多的网上卖家经验,现在高莹的银饰已经卖到了加拿大、意大利、澳大利亚等地。

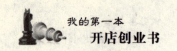

刚毕业不久便开网店的她,现在每个月能销售8万多元的银饰,光国际贸易这一块,就占了10%～20%。从外销的银饰产品中寻找好货,也是高莹在国内市场做大的秘诀。

在易趣上从零开始,高莹这两年多的经验之谈,就是诚信和有责任心。她认为诚信仅仅是对规则的严格遵守,而有责任心则更多了一重急人所急的态度。这种态度会换来卖家更多的信任和美誉度。

不过她不认同那种凡是在网上做生意都能发财的观点,刚开始创业总是会有摸索的过程,而且也与人的个性有关,有些人特别适合做网上销售,对沟通不厌烦。因此她也建议新手卖家不必投入太多,纯粹的摸索过程也不要把营利看得太重。

也就是在易趣上开店的3个月后,高莹便跑到广东去寻找货源,目的是求得更为独特时尚的银饰新款。这个时候高莹仅仅是一个从厂商产品中学会挑选的新人。不断与买家交流的过程中,高莹慢慢摸到了大众的口味,并且开始有目的地自己设计新款式。这便需要有相应的工厂生产,最后她在广东找到了一家代工工厂,实现从被动拿货到拿自己设计的货。

但仅仅靠高莹自己花心思去开发新的款式,这样的节奏并不能适应网上的需要。于是高莹又找了两家专供外贸出口的生产商,她没有要求他们按照设计定制,但只要这个厂商出的新银饰款式合适,便一举将货买断。这样能够保证高莹的网店上卖的东西与别人的形成差异。

网店的货不但要保证其短期与人有差异,而且要保证每一时间段的货也是有差异的。高莹表示,目前她的网店有500多款银饰,为让买家成为回头客,她每个月都要推出100款新品。其中一部分自己设计的款式,还要由意大利进配件来制作完成。

高莹认为,对于新手而言,5000元创业的启动资金就可以了,开始不必要投入太多,其中2000～3000元用于购买一台数码相机,而其他的资金用于进货。另一方面,现在易趣与eBay平台对接后,可以尝试做一些国际贸易,但是一定要注意支付环节。高莹称,在国外网上交易有专门的支付工具PAYPAL。由于国内暂时没有接轨,因此散客买家都嫌麻烦。

遇到这种情况,高莹都会要求对方直接用挂号信寄支票,或者使用西联汇款。但买家采用挂号信的方式会有缺陷。要提款不仅要预约银行,而且要交纳一定的手续费,而且兑换后款项到账也要等至少 2 个星期。

网上购物对于很多人来说已经不再陌生了,据权威数据显示过去一年内中国网民在购物网站买过东西或服务的占了 40.7%,与以往相比,已经有了大幅度的提升。网上购物不断地冲击着我们的视野,电子商务的春天已经到来。

最近几年来银饰市场发展迅速,银饰品得到消费者的青睐。市场前景广阔,愈来愈多的企业也加入到这个市场当中来,网上销售也成了他们选择的一个方向。

网上银饰店铺投资少,占用资金少,因而风险相对也小。传统店铺要付店铺租金、装修费用、水电费等,投入大。而网上开店如果是自己的独立网站的话,主要是网站设计制作费、域名费、空间费等,如果在大的 C2C 门户网站开店的话,只需支付少量租金就可以了。目前淘宝网推出的都是免费服务,在淘宝网开一个网店一分钱都不用花。传统店铺需要一定的库存量,占用资金比较大,银饰网店则可以少量存货,甚至零库存,占用资金少,风险也小,进入门槛低,适合个人创业。

网上银饰店铺不受时间、空间限制。传统店铺一天一般营业 8~12 个小时,并且受地域客流的限制,辐射面有限,受店面空间限制所放商品也有所限制。网上银饰店铺可以全天 24 小时接受订单,并且生意可以做到全球,店铺可以放足够多的商品。

网上银饰店铺投入资金少,可以节约很多开支,从而可以最大限度地降低成本,因此价格上很容易形成优势。

由于网上支付、物流配送的完善和发展,网上购物变得非常方便快捷,动动鼠标就可以下好订单,支付货款,就等着在家收货了,即使是国外客户也可以很方便地网上支付和享受方便的物流配送。

据调查中国的网民数已达 4.2 亿,网络为我们开辟了一个全新的世界,网上购物逐渐成了一种趋势,有志于开网上银饰店的,在未来相信会有很好的收获。

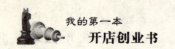
上网也能开家珠宝行

网上开店创业成为这个时代的热门话题，无数的年轻人跃跃欲试，渴望体验创业的激情。网上开店与实体开店的模式不同，我们每一个人，只要有网络环境就能拥有创业的机会。如果你想做珠宝生意，又不想把精力花在无穷的应酬和心计上，不妨开家网上珠宝行。

1999 年，当时正值互联网电子商务兴起的热潮，李勤建的第一份工作，把她的人生带入了一个完全不同的轨迹。李勤建进入了一家在网上教授电子商务的公司，负责一些后台的工作，她因此开始学习通过互联网向全世界销售中国的产品。公司一开始建立了三个账号，销售产品主要有三大类：中国地毯、珠宝首饰和仿旧钟表。

2001 年在互联网上销售中国特色产品的人还不多，生意也比较好做，利润较高。负责珠宝业务的李勤建，渐渐从中学到了很多网上销售的技巧。其实电子商务的介入非常简单，首先要在互联网上注册，任何人都可以注册；其次要卖东西互联网需要对你的身份进行认证，需要办一张国际的信用卡，如 VISA 卡，如果有北京户口，几百美元就可以了，门槛很低。但是现在的网上销售已经不像前几年，竞争已经非常激烈，要想做得好，首先产品要具有别人没有的优势，同类的产品要少，同时产品的特性要适合在网上销售，价格也要非常有优势。

2003 年的 6 月，正当李勤建反复思考着如果自己单干需要做的准备时，她的一个好朋友也有此意。这位好朋友是李勤建以前的一个同事，专门负责跟供货商打交道，两人一拍即合，成立了公司。

她们吸取了以前公司经营中的一些教训。网上竞争日益激烈，以前李勤建所在的公司货物批量没有做到足够大，价格没有什么优势；没有自己的产品，没有设计师，取货不方便，还要经过代理渠道的层层盘剥，去掉税款，利润已经非常小了。

她们把公司的地址选在了红桥市场旁边，这一带是北京有名的海产品以及珍珠首饰集散地，在北京的很多"老外"都喜欢来这里买东西。她们与一家固定的首饰厂家建立了联系,依托厂家的产品质量保证以及设计师,而取货只需要下趟楼就可以了。红桥附近的珍珠集散市场,只有李勤建一家通过 eBay、阿里巴巴以及自己的网站销售;另外还有一家建有自己的网站,方便固定客户查询和订货。李勤建最喜欢说的一句话是:网络的能量是无极限的。

珠宝首饰带给人尊贵与自信,是承载永恒情感的载体。首饰在辉煌的日子里,和贵妇、名人,甚至爱情紧密联系在一起,成为公众眼中的耀眼明星。

网上购物已不是什么新鲜事,但在网上买件价格上千乃至数万元的钻饰刚一推出就引起了消费者和传统珠宝商的关注, 网购钻饰与去商场和专卖店购买有何不同?

"最大优势是价格。"据推出网购钻石的三石钻饰负责人介绍,"销售没有传统店铺昂贵租金、广告的投入,价格便宜差不多一半。20 分的 VVS 级(非常极微瑕)的钻石,一般的商场或专卖店要卖 7000 元以上,而网上售价只有 3000 多元。

基于上述这些优势,将有更多的人选择在网上进行购买珠宝首饰。由此可见,网上珠宝行的开展,会有很广阔的"钱"景。

"时尚坊"网店的酸甜苦辣

每个网店的背后都有一段曲折的创业故事,王奇的"时尚坊"网店也经历了一番风霜雨雪的锤炼。

2002 年 10 月的一天,王奇在易趣网上看中了一款自己甚是喜欢的衣服,而且当时网上标价只有 120 元钱,她就抱着试试看的态度把钱汇了过去。当时,网上购物还是一个新事物,他的朋友都不相信,纷纷劝说不要相信网上店铺,那肯定是个骗局。她当时想,如果是骗局也就是损失 120 元钱,尝试一下无所谓。可没想到,过了几天后王奇竟真的收到了想买的衣服,当时觉得好开心。网上购物成功后,她忽然就萌生了一种想法,觉得任何事情你不尝试就不知道结果。从那以后,所有的生活用品他都从网上购买,而且价格便宜实惠。

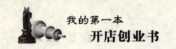

王奇一直都想创立自己的事业，可是手头的资金有限很难实现愿望。享受了一段网上购物的快乐时光后，她逐步萌发了网上开店的念头。一次偶然的机会认识了一位在网上开店的朋友，朋友的介绍使她有了灵感，终于决定在网上开店铺。想到便做，从购买电脑、数码相机和扫描仪等硬件设备开始，王奇的少女服饰网上专卖店——时尚服饰坊开业了。

店开了，麻烦紧跟着也来了。由于是刚刚开店，在网上没有一点信誉度，货物摆在店里根本无人问津。好不容易挨了一个月，一名外地客户终于发来信息，要购买其中的一件衣服。虽然一个月就卖了一件衣服，可她心里却开心极了。时尚服饰坊开张不久，王奇又接到北京和广州两位小姐的订单，也许是高兴过了头，她把货发错了。为了维护诚信，她不仅发了几封电子邮件道歉，还横下心对买家做了赔偿。

在网上开店并不比开个实体店铺轻松多少，王奇专门学习了 Photoshop 图片制作软件，在网上开店，不仅商品本身要有档次，还要给每件商品写上好的说明，这说明不是普通的标价，而是要给商品赋予艺术性的语言，一定要符合网络顾客的口味。忙碌的都市生活让很多人在网上购物，顾客多为 30 岁以下的中等收入男女，商品的包装要体现韵味和成熟。制作程序很简单，但不乏辛苦，经常半夜 1 点多才睡，每天早上 6 点多起床，拿回商品挨个照相、量尺寸，不过她并不觉得累，做自己喜欢的事，效率就很高。随着时间的推移，时尚服饰坊在网上慢慢地有了知名度。一些造访的顾客发现时尚服饰坊的信誉不错，回头客就多了，生意也渐渐红火起来。天南海北的顾客一个接一个地打电话发信息来，要购买店铺内的服装。发货也是个艰巨的任务，生意好的时候，每天卖出去 10 多件衣服，得自己在家缝包裹，写单子，为了节省点邮费，她经常一个人在双休日提着五六个大大小小的邮包，坐公交车从家里赶到邮局去寄，一次拿不完还得跑几趟。

当时开店时，王奇根本就没想着要赚钱，主要是想尝试一下，而且也做了最坏的打算，如果东西卖不了就自己用。真的没有想到网上店铺生意竟出奇地好。现在，王奇的"店铺"已经"火"得不得了，服装、首饰、礼品、小摆饰等商品应有尽有，月均销售额已经达到 1 万元以上，每个月都能赚上三四千元。在全球最大的中文商品交易网站易趣网上拥有 3 家连锁店，总的资产大概有 8 万元。

网上创业的生活很辛苦，几年时间的网上锻炼，现在她积累了较丰富的网上开店的经验,找到了创业的乐趣。

在众多做生意的个体户中,赚钱最快的当属服装个体户。五彩缤纷的时装在给人们生活带来美和享受的同时,也给经营者带来了不菲的收入。现在我们看到的很多有钱人当初许多都是做服装生意的。

服装店本小利大赚钱快,尤其是网络服装店尤其如此,每月纯收入可达一二万元,高的可达数万元,当年即可收回投资并赢利,因而成就了不少人的发财梦。在网上开家服装店的确是一个不错的选择,有很好的发展前途。

专卖浪漫女装的"蜜雪芳踪"

网上开店做生意,不需要太多的投入。如果你想要开一家经营服装的店,又苦于没有足够的资金,不妨学学"蜜雪芳踪"的经营方法。

"蜜雪芳踪"是一家卖浪漫女装的网上小店。"雪儿"段慧丽出生于20世纪80年代,她根据自己的品味为顾客进货,段慧丽觉得很开心,她的经验是勤跑、少添、多款式。

其实,直到2003年4月份,她还对网上购物心存疑虑,尽管她上班的环境宽松,上网方便。"非典"期间的工作很无聊,同事小孟怂恿段慧丽到易趣网上去闲逛。她发现买雅芳再加18元钱就可以送一副太阳镜,买三份还可以便宜一点。两人一合计就把订单下了,几天后,东西居然寄过来了,感觉相当不错。

从那以后,段慧丽和办公室的同事有事没事就合作去网上买买便宜东西,诸如化妆品、衣服等都在选购之列。

一次,在家里整理橱柜时,发现有些东西闲置在那儿,没法穿或穿烦了。有双鞋,花了70元,没穿过,一走路就发现大了;还有一条50元的牛仔裤,穿不下了;两年前花120元买的裙子,也不喜欢了。于是就托小孟帮她挂到网上去卖,没想到居然在比较短的时间内就脱手了,好歹换回了近百元的人民币。段慧丽有一个表姐做服装批发生意,于是时不时地从表姐那儿拿一两件委托同事挂到网上去卖,居然也卖掉了。

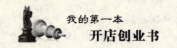

自己的品味得到了网友的认可,段慧丽很有成就感。2003 年 5 月底,段慧丽在易趣网上注册了"蜜雪芳踪",缓慢地步入了网上开店的创业阶段。

2004 年 3 月,段慧丽辞职回家,开始了真正意义上的网上创业。虽是个没有门脸的网上小店,段慧丽是很注重市场研究的,她每天都会在易趣网上浏览分类,了解什么产品、什么种类旺销。易趣每个月都会发周报,对在线商品的成交率、是否热买都有统计数据。而这一点,在现实中开服装店是做不到的。

以前人们一谈到做服装代理就想到几十万上百万的投资,还要请专业人士做市场调查和商业计划,其实,个人小额投资,小本服装网店代理也能赚钱,而且市场风险也较小。服装网店代理的关键是要有一股创业热情,量力而行。毕竟踏踏实实地从小生意做起,是大多数成功商人的必由之路。

目前比较有影响力的开网店平台有淘宝网,腾讯拍拍,易趣网,百度有啊,进宝网等,这些平台的搜索流量都很大,人气很高,据不完全统计,淘宝一天的搜索量就有几百万次,远远超过了繁华路段的大型百货公司的人流量。

服装网店与实体店比,不受季节约束,服装实体店的经营旺季为每年 5 月至 8 月和 10 月至次年的春节,利润一般在 30% ~ 120% 之间。刚上市的新款流行服装利润最高,可达 200%,随着流行季节的过去,服装价格也逐步降低,到季节末尾,利润只有 10% ~ 20%,甚至保本销售,以便回笼资金。但是网店的就不同,买家可以随时光临,任何时候都可以淘服装,只要她看中了喜欢的款式。

服装网店与服装实体店的共同点就是只挣不赔,别看那些服装网店服装的价格特别低,但是没有几家是真正会亏本处理的。这只不过是促销手段罢了。

服装网店经营的好坏关键在进货,服装店主一定要每天都关注进货渠道,以便找到更实惠的进货渠道。进货时一看款式,二看价格,三看流行,四看面辅料。只要款式新、价格低、面料好的符合流行趋势的服装都能卖个好价钱。进货最好找比较有实力的老商家,或者找那种可以无理由退货的供货商,以便减少风险。销售时要运用标价技巧,多多关注市场,了解网络顾客的消费心理和其所能接受的价格。现在许多网络服装店都走中低档路线,以价格吸引了许多客人,并且还时不时采取打折和发优惠卡等促销方式,留住老顾客。

　　总的来说,服装网店代理本小利大风险小,每个月挣的肯定比工资要多很多,高的可达数万元,不用投资直接赢利,做服装网络代理许多中间环节自己都不用操心,只是在店铺装修方面和宣传推广方面需要花很大精力,但是只要专注销售,那么钱来得非常快。

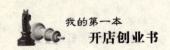
第十章　"网"罗美食：
网上食品店的经营妙法

　　随着市场经济不断地向纵深方向发展，网上订餐越来越受到写字楼白领的青睐。网上订餐更快捷，也更卫生。顾客只要打开网页，就可以将餐厅看得一清二楚，完全可以根据自己的喜好、地理位置、消费水平等，进入自己喜欢的餐厅。网上餐厅的服务、布局完全与现实中的餐厅并没有什么不同。在外面订餐，顾客可能会担心菜品的质量、味道、卫生，网上餐厅将餐厅的一切都放到了网上，顾客可以放心选购。在互联网时代，谁能抢得先机，谁就能赢得市场。网上美食店的那些成功者是怎样做的呢？

把西瓜卖到网上去

　　利用现代科学技术发展传统农业是建设新农村的一个重要方向，网络等科技手段在农业生产中的应用可以转化为农业的巨大推动力。传统农业走科学化道路是建设社会主义新农村的重要任务之一。曹得梅卖瓜，不用拉着西瓜满街叫卖，只在网上吆喝。这一吆喝不要紧，她足不出村，在不到两个月的西瓜销售期，家里的西瓜不仅销售一空，且卖了个前所未有的好价钱，足足有20万元入账。

　　曹得梅是大兴区榆垡镇西黄垡村的瓜农。她带动全村人在网上卖瓜，使西黄垡村出现了前所未有的新气象：往年是拉着西瓜出村卖，卖得烦恼又繁忙；今年是货车进村来，卖主买主皆欢喜。

　　曹得梅，高中毕业，算是村里的文化人。在村里，她不算种瓜的能手，只有5年的种瓜历史。但她与所有瓜农一样，都有许多辛酸的卖瓜记忆。

说实话，真的是很不容易。前几年他们卖瓜，每天凌晨两三点，就是再累再困也要从床上爬起来，开着装满西瓜的汽车把瓜拉到新发地、沙窝等批发市场，天亮之前必须把货发完。曹得梅说，那时把瓜拉到市场，干等着顾客上门，还必须在市场里转悠几圈，了解一下当天的瓜市行情，再根据瓜的质量定自己的瓜价。

几年前卖瓜就是碰运气！总有运气不好的时候。一路颠簸着把瓜拉到市场后，有时候卖不了，只好把瓜再拉回去，这样往返两三趟是常有的事情，最后只好把瓜贱卖。碰上这种运气不好的时候，瓜农的一番辛劳只是换来了三赔：赔油钱、赔摊位费、赔管理费。更让人心疼的是，往返两三趟，好瓜也颠坏了，只能忍痛扔掉。

西黄垡村种瓜采用了不少新技术，多层覆盖是其中一种。这种技术虽然能使西瓜早上市10多天，但这也给村民带来了难题。每年到这个时候都比较怵，曹得梅说，不了解市场到底是个什么价，虽然收成很好，可是他们庄稼人成天待在地里，不了解外面的情况，就怕遇上那些狡猾的瓜贩子。让他们给忽悠了，收成再好也卖不上价。没想到，这种传统的卖瓜方式，这么快就结束了。

曹得梅以前通过电视，了解一些网上销售的知识，但总觉得那是离自己很遥远的事情，只有大老板做大生意时才通过网络。学会上网就是要用的。终于在2008年4月，曹得梅开始在网上发布销售西瓜的信息，并留下家里电话。从这天开始，她永远告别了起早摸黑去市场卖瓜的日子，省下人力物力不说，还省下一大笔摊位费。

在网上有了卖瓜摊位后，从4月底西瓜销售期开始，一直到6月底，她家电话一直响个不停。有人在网上看到曹得梅发布的销售信息后，就留言询问瓜价和品质，曹得梅都一一发信息回复。她说，网上销售招揽了两类客户，一类是家庭采摘户和单位集体采摘户，还有一类是批发商。

她算了一笔账，在她足不出村的情况下，在不到两个月的西瓜销售期里，家里的西瓜不仅销售一空，且卖了个前所未有的好价钱：入账20万元。

网上销售可以极大地节约人力、运费、油费、地皮租费等，卖家只需用相关的信息网上进行注册，就能上网发布西瓜的价格、品质以及联系方式等，然后等待买家与你联络，然后直接与买家进行交易。只要学会进行网上卖西瓜，就再也不用像以前一样，西瓜还没熟，就为集贸市场的摊位急得茶饭不思了。现在，只要坐在家里发帖子、

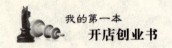
点鼠标,就可以将大棚西瓜卖完。在有人尝到了网上卖瓜的甜头后,就会有更多的人不断加入了这样的行列。网上卖瓜也被更多的人逐步认可,因此网上卖西瓜的市场十分被看好。

网上开餐厅,既时尚又赚钱

网上开店买东西的人很多,可网上开餐厅的人却不多。可有人偏偏就开了,而且生意还很红火。的确,在网上创业只有想不到,没有做不到。只要你的点子够奇特,只要你提供的网络服务够真诚、够实惠,那么相信无论你做什么,一定都会有不错的回报。把餐厅开到网上,赚那些无暇外出的白领人士的午餐钱,不仅市场广阔,也不需要太多的投入。

阿欣高考落榜后,自费上了一所民办大学。毕业后很难找到专业对口的工作。

一天,阿欣给在电脑公司就职的男友送午餐,当时饭盒一打开,色香味俱佳的菜肴和广州人爱喝的靓汤,马上引起男友同事们的赞不绝口。阿欣在欣喜之余突然悟到:现代人的生活节奏快,工作压力也很大,写字楼里的白领们根本无暇准备午餐,往往只随便吃点小吃,或去麦当劳、肯德基等快餐店,这样既不经济也不实惠,如果将精心制作的配餐和营养丰富、热气腾腾的家煲靓汤及时地送到这些工作繁忙的白领一族面前,一定会很有市场。

阿欣为这个想法兴奋不已,她准备利用自己出色的厨艺,在一个公司林立的商业区开家餐饮店,可是广州繁华地段的房租贵得惊人,一个不大的店铺每月都要2万元,如此做起来她的小店很可能入不敷出。阿欣的男友为她出谋划策说,有一个不需要投资的经商方法,那就是“零成本网上创业”。网上开店的最大好处是无须租店面和仓库,省去了实营店应缴的一切费用,只要你是一个合法网民,有需要出售的物品,都可以在互联网上过一把老板瘾!真是“一语惊醒梦中人”,对互联网并不陌生的阿欣听了男友的点拨后茅塞顿开。

于是她决意做个“网上老板”。萌发了开家网上餐厅的大胆念头后,阿欣查阅了大量的食谱,为顾客精心设计出 20 多种不同风味、搭配合理的套餐。她准备了一台二手笔记本电脑,配上调制解调器,联上了互联网。男友为阿欣制作了一个精美的网页,经过半个多月的准备,一个"网上快餐店"终于开始营业了。

开始阿欣印了 3000 张折叠式加香名片,外层有"网上餐厅"的网址和电话,展开后又有各式各样的套餐和靓汤名字映入眼帘。阿欣将这些名片散发到市区内一幢幢摩天写字楼里之后,就开始坐在家里的电话机旁,盯着电脑屏幕期盼着订餐邮件或电话的到来。

漫长的三天熬过去了,心急如焚的阿欣终于等来了第一单生意。渐渐地网上订餐的人逐渐增多了。尤其是三个月后,一到中午,阿欣房间里的电话铃声就此起彼伏,应接不暇,订餐 E~mail 有时简直能挤满她的电子邮箱!随着时间的推移,已经有近 30 家公司成了她的"网上快餐"店的长期订户。后来阿欣又雇了 10 多名上门送餐的员工,并请了两位厨师按她的设计做出不同档次的套餐和靓汤。为了保证质量,她严格控制每天只制作 600 盒配餐,另外,搭配着每盒快餐还赠送给顾客一款任选的私家汤。

每周一,阿欣就把一周的配餐计划发布在网页上,每天按时上网接收订单。她每天早上五点就去菜市场精挑细选原料,回来后严格按食谱配料,烹制过程一点都不敢马虎。在网上做生意,诚信千万不可小视,这样能够招揽稳定的客户。有一次,一位订户接到快餐,嫌送餐员工用的时间长,饭都不太热了,于是就不满地发了一封邮件给阿欣。阿欣看到后,当即骑上摩托车,亲自将一份冒着热气的"精品套餐"和靓汤免费送到对方手上,并诚恳地代表手下员工向那位小姐赔礼道歉。这件事传开后,她的"网上餐厅"在白领食客中更是声名鹊起。

现在除去成本和员工开支,阿欣的"网上餐厅"每月已至少有 1 万元的毛利。阿欣准备全力筹备建立一个餐饮娱乐网站,开启一扇更宏大的创业之门。

现如今各行各业的竞争十分地激烈,每一家企业,每一家店铺,都在不断发掘自身优势,扩充自己,而不断上升的事业压力逐渐成为主流压力。普通白领每天工作量超过 8 小时已不再是什么稀罕事,在每天繁重的体力劳动和脑力劳动下,连最普通的吃饭都成了问题。身体是革命的本钱,只有保证三餐,才能确保学习和工作的效率。

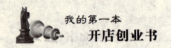

于是，网上餐厅在这种大环境下应运而生了。针对所有不能在工作中抽出时间去就餐的劳动群体，向往足不出户就能享用美食的宅居一族和珍惜每分每秒的学习时间的在校学生们，充分利用网络为自己订一份满意的饭菜，这样既可节省不少时间又可使自己按时用餐，真是一举两得。目前网上餐厅好处在于还处于起步阶段，消费人群在不断扩充，因此发展前景十分看好。

饭统网不"饭统"

饭统网是国内目前唯——家具有餐厅预定功能的专业餐饮网站，以其别出心裁的服务内容，全方位服务于餐饮业与消费者，致力于中国餐饮业的发展，至今在北京已有三千多家餐饮企业成为"饭统"的合作伙伴。你使用过"饭统网"吗？你听说过"饭统网"背后的故事吗？你希望从饭统网中发掘出致富的良机吗？

互联网，这个英雄逐鹿之地，意味着创新，意味着机遇。在这个平台下从不缺少勇于梦想、敢于拼搏的人。而在这个人群当中，并不只有像丁磊、张朝阳这些已经走到台前的明星，更多的则是为了一个信念而默默奋斗的人。网络，这个广阔的舞台，只要有梦想，只要有冲劲，任何人都能在其中找到自己的角色。

"非典"肆虐的时候，正在央视筹划"数字电视业务"的臧力同时在中欧工商学院攻读EMBA项目，当时许多餐厅、酒店大都停业了，大家都窝在家里面，不知道可以去哪吃饭，直到六月底，同学在聚会闲聊中，大家普遍认为这打打牙祭、犒赏自己的饭局，远没有想象中的简单，餐饮业与生活尚没形成一个很自然的联系。

何不将这传统的餐饮文化与时尚的网络媒体相结合，利用网络的及时性、融合性和互动性，推动餐饮业的发展呢？更重要的是让吃——这个与他们密切相关的生活之本，变得更加方便，轻松，将吃还原为最初的享受之事。臧力心中自然而然地产生了创立一个餐饮服务网站的念头，于是他毅然从央视辞职，全身心地投入到饭统网的筹建之中。经过一系列的市场调查，2003年11月饭统网正式获得工商执照，12月8日，这个承载着众多期盼的目前国内唯——家具有餐饮预定功能的专业餐饮网站正式开通了。

一头连着消费者，一头连着餐厅。必须让餐厅先加入进来，消费者才能跟进；而消费者跟进得越多，更多的餐厅也自然会陆续加入进来。消费者和餐厅有着很强的相互作用，如果这两个"轮子"中有一个"轮子"不转了，另一个"轮子"也很难运转。

既然饭统网是一个餐厅展示的平台，又是消费者消费的信息服务平台，餐厅与消费者必然是饭统网的两大侧重所依，而这其中也正如臧力所说，消费者和餐厅有着很强的相互作用，必须让餐厅先加入进来，消费者才能跟进；而消费者的跟进，又会促进餐厅的加入。网站的成立之初，与京城众多酒店之间的渠道关系，成了网站最大的难题，只能靠大量人手来实现。诸多餐饮商家对饭统网这种相对宣传成本很低却有着良好宣传效果的宣传方式，产生了浓厚的兴趣，当然最吸引各商家的还是饭统网强大的潜在消费客户群，在网站开通的第一天，便有200多家餐厅加入了饭统网。当加入网站的餐厅数量达到700家的时候，臧力做了一个估算，发现在市里大概一公里左右范围内，才能找到一家饭统网的餐厅，觉得这个数量根本满足不了消费者的需求，2004年春节以后，继续加大餐厅加盟的力度，短短几个月的时间，到目前为止，加盟网站的餐厅数量达到了2200多家，这样基本上消费者每隔几百米就能找到一家饭统网的餐厅，已经基本能保证消费者的需要了。

随着饭统网在业内名气的不断增大，其他一些媒体也纷纷向饭统网发出了合作的邀请，如饭统网承办的《北京青年报》全年"美食节"就已经成功举办了几次大规模的活动，在消费者中引起了共鸣。随后又承办了中国网通天天在线的天天美食版块；并与中国前三大网站商谈具体合作栏目的细节，餐饮这块蛋糕，已经被臧力创建的饭统网越做越大。人性化的服务才是创建网站的初衷必须让餐厅先加入进来，消费者才能跟进；消费者跟进的越多，更多的餐厅也自然会陆续加入进来，而更多餐厅的加盟最终是为了更好地服务于消费者。思消费者所思，想消费者所想，这句话虽俗气，却是"饭统"不变的宗旨。

大量丰富的餐饮信息，精美的页面图片，众多准确翔实的各餐厅信息……网站内容的精良只是服务于消费者的第一步，如何使网站的服务更贴近生活，如何为消费者提供更深层次的服务，使消费者更实用，是臧力思考最多的问题。做出专业网站的特色，提供人性化的服务，是臧力创建饭统网的初衷。目前，加盟网站

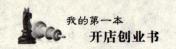
的餐厅数量还在稳步上升,而更多中、高档酒店也渐渐了解到饭统网这一专业餐饮网站,并愿意与之进一步合作,臧力也日渐从中感受到了创业收获的喜悦。

事实证明,即使经历再寒冷的"冬天",依旧有坚强的互联网公司生存下来,模式、资本、客户、服务、渠道等要素都是过冬御寒的必备要件之一。

饭统网与其他生活服务网站相比,它的优势在于从一开始就确立了挣钱的模式。北京吃客们流连的一个网站是"大众点评网",完全由用户自己评论和推荐餐馆。但这家网站完全不走订餐的路子,而是发挥 SNS(社会交流群落)的概念,由用户生产内容以集纳人气。

饭统网与大众点评网实行差异化竞争,点评推荐是大众点评网的强项,饭统网也采取了这种措施向其学习,而大众点评网没有的,比如呼叫中心、网络订单等,这些则是饭统网的强项。

除了营利模式,最让投资者感到放心的是中国的餐饮市场。相关资料显示,日本外出就餐市场每年市场规模约为 1.5 万亿元人民币,但增长缓慢;而依托近 14 亿人口的中国餐饮市场规模已达 1.2 万亿元,以平均每年 15%的速度增长。

当经济处于低迷时期时,人们的其他消费可以减少,但餐饮消费则不会发生明显下降。

有人算了这样一笔账,按照目前的基础和增速,4 年后外出就餐市场规模有望达到 2 万亿元,即使通过网络的订餐业务只占 1%,订餐网站收 5%的佣金,那么也还有 10 亿元的收入。餐饮这个市场其实并不太拥挤,而是需要更多的人把它做起来。

网上卖香肠让"林妹妹"月入百万

现实生活中通过开网络商店改变一生的例子屡见不鲜。现年 27 岁的林小姐本来是生病需要调养的研究员,现在在网络上卖香肠,竟然月入百万,连她的家人都不敢相信。

27 岁的林奕利在大学时学的是心理学,原本在研究院担任研究员,月入 3 万多元。但因为林奕利身体不好,家人要她回老家休养,林奕利觉得应该要有自己的事业,于是动起做家常香肠的念头,一年半前她制造了咖啡口味、杏仁口味的香肠在网络上贩售,由于口味特殊而且都是手工做的,口碑马上在网络上传开来,如今她每个月的营业额近百万元,净收入也有近 30 万,看得家人朋友啧啧称奇。由于生意太好,她每天光是灌香肠就要灌一两百斤,每天从早上六点开始工作到第二天凌晨三点,她现在准备开放加盟,自己则专心当总店的老板。

随着经济的发展、人们物质生活水平的不断提高,人们对休闲食品的需求量是越来越大,但是大部分产品的卫生和质量并不能很好地保证,尤其是路边的各种油炸食品。"台湾烤香肠"是一种大众化的食品,价格便宜味道又很正宗,消费者把它作为休闲零食,也可作为点心,目前在市场上有很大的需求量。台湾烤香肠有别于传统的香肠,原料价格低,直接从厂家供货,减少了中间环节;它原料新鲜,口味独特,松软可口,无任何防腐剂,为熟制真空包装,开袋即可食用,更方便;油炸,微波,烧烤更香,吃法多样化;不仅可以现买现吃,也可以作为野外烧烤,是居家旅游的方便食品,是适合个人经营本小利大的项目。前期投入成本小,当月就可以收回成本。

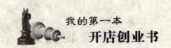

第十一章 "网"罗天下：
其他类型网店的经营妙法

> 包罗万象的网络提供的创业平台还是十分广阔的,在网上可以开服饰类店铺、可以开美食类店铺,也可以开其他类的店铺。俗话说:三百六十行,行行出状元。无论你在网上经营什么样的店铺,只要你经营得法、管理得当都可以通过一定的时间把它做大做强。有人开网络收藏品店火了,有人开网上花店赚了,有人开网上书店收入颇丰,有人开网上玩具店大有作为,等等。其实,只要你善于向那些过来人学习,又有自己的奇特思考,你一样可以让自己风风光光。

开家网络收藏品店

随着我国经济的迅速发展,国内收藏品市场的竞争也越来越激烈,商家都希望能够走出去,在网上开家收藏品小店无疑是最省钱的做法。

上海的王允依托易趣与 eBay 对接平台的机会,一举打开了国外收藏品的市场,目前外贸收入已经占其网店销售 6 成,毛利率高达 50%。王允谦虚地称自己仅仅是一个收藏爱好者,从 2000 年开始关注易趣网的他认为,在网上开店更多其实是在传播知识,多数人对于收藏品知识只是有点懂。而本身还是一个软件工程师的他也表示,计算机知识和必要的一些英语无疑是国际市场的敲门砖。他目前平均每个月的赢利已经达到 2000～3000 元,而他正打算扩大国际市场。

2000 年 5 月登记为易趣用户的王允,并没有想到要在网上开店。

王允从初中开始已经收藏中国古钱币、印章、国外钱币和邮票。后来王允发现自已有不少重复的藏品,完全可以在网上出售,调节自己的藏品库,作为买家的同时也变成一个卖家,对自己的收藏活动有帮助。

2002年9月1日,王允在易趣网上开设了一家名为"东门收藏"的小店。当时第一笔交易卖出的是自己篆刻的一枚印章,挂牌拍卖后2天就以90元成交了。这第一桶金的数额确实不大,王允认为卖家在初期对于交易流程等各方面不熟悉,第一笔交易额相对较低也不奇怪。

后来,王允直接与eBay全球平台对接,给了王允一个接触国外买家的好机会。王说和老外做生意,毛利可以略高一点,而且市场更加广阔。

随着网络信息技术在生活中的普及与应用,人们的生活节奏也随着发生了一系列的变化,体现在高雅的收藏活动中,那就是传统的收藏活动,是以面对面交流,或以物易物,或钱物交易,已经运用了几百、上千年了,即将随着现代化网络工具的运用,所占的比重将会变小。传统的收藏活动,需要我们四处奔波,既消耗体力,又将住宿费和路费扔在了路上,同时也浪费了大量宝贵的时间,即使这样在四处奔波中也未必能够收藏到心仪的东西,而网上的收藏活动正好有效地克服了上述的不足,提高了收藏的效率。

网上交易之所以能够成功的一个主要原因就是收藏品的图像能够通过网络传递使对方看得清楚,对于影响收藏价值的品相也总是能够从图中清楚地体现。在网络上进行收藏品的交易,比网下交易提供了更加广阔的机会,使用扫描仪或数码相机,将收藏品通过电脑的作用,将双方拉到了近似于面对面的境地。由于众多收藏网站的建立和大型网站不断地开设收藏栏目,对于买家来说,更具有了多方选择品种的权利,可以通过搜索引擎或在各大网站上的收藏网站的链接,在众多的收藏网站和收藏店铺中,根据其提供的收藏品分类选择自己需要或感兴趣的收藏品进行欣赏、观摩或最终定下决心购买。

以收藏票证为例,当你在网上展示收藏品后,你展示的票证品种受众群体将是极其庞大的,而且从时间上看更具有极大的优势,可以让收藏品每天24小时在线。只要买家想看,随时可以查看。同时也避免了你以前给专人发信的局限性,许多不收藏或刚收藏票证的人都有可能成为你新的客户,极大地节省了出售者的广告费用。

在网上还可以进行拍卖,在市场经济的今天,谁出的价高,就可以让与谁,这样

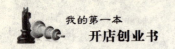

对于卖家也就能够卖出较为理想的价位。价格优势是最大的优势,通过 E-mail 进行广告宣传或交易商谈,不需要你付昂贵的长途电话费和邮资,特别是对于国际间的交流将更加方便;通过 E-mail 进行广告宣传或交易商谈,要比传统邮件快速、方便;网络的发展潜力是难以估量的。

创造价值的花园网站

电子商务发展最关键的就是掌握三流:现金流、信息流、物流,花园网站针对这三流所执行的策略都十分奏效。

看到许多投入网际网络产业的年轻人在短时间内成为网络新贵,美国的夏普夫妇与他们的好朋友欧尼尔也想加入这样一个创业盛会,但互联网的领域相当广,该如何切入市场呢?

经过讨论,他们决定以美国人最普遍的嗜好——园艺,作为网站经营内容。而事实也证明他们的看法确实是对的。在美国,园艺市场规模为 468 亿美元,为书籍市场的 2 倍,更重要的是,园艺市场规模最大者市场占有率仅 1%,新进者开发的空间颇大;此外,他们的网站名称也相当好记,于是取名为 www.garden.com,正式进军电子商务市场。由于美国幅员广阔,各区气候不尽相同,所栽培的植物种类也大不相同,传统花农无法涵盖全国市场,使得花园网站有机可为。

花园网站锁定的主要消费群为已经步入中年、将园艺当成休闲的夫妻们,一般而言,这些顾客平均每个星期只能花 4 小时照顾园艺,所以极难挪出时间,仔细寻找适合布置家居的花花草草;有鉴于此,花园网站提供了 1.6 万种植物,让会员们可以好好地挑选速配的盆栽。

花园网站如何能提供如此多种类的植物?原来花园网站与各地花农合作,双方并签订合同——花农只供货给花园网站,花园网站也保证不与该花农的竞争者合作,双方成为互利共生关系,进而形成超越地域性的强大供应网。

在宅配方面,花园网站与联邦快递共同研发一套配运控管软件,顾客们可以在任何时候查询产品的运送情况,这一点服务更是传统花农难以望其项背的。

由于进入市场的时机对,加上提供会员多项附加价值、与产品来源建立共生关系等诸多成功因素,花园网站目前已拥有55万名会员,是经营电子商务又一成功案例。

电子商务与传统市场最大的不同在于,其提供消费者一次购足的环境,消费者可以在网站上比较多种商品,买卖双方主客易位的"逆转市场"已然成型,网络经营者必须提供顾客更多附加价值的服务,否则他们宁愿到传统市场购物。在此方面,花园网站所提供的附加价值吸引不少网络使用者。花园网站不但是个购物网站,更将自己定位为园艺咨询数据库,除了提供高达1.6万种不同的植物,并且请来园艺专家,就会员们对园艺的各项问题提出解答;另外,园艺专家们也免费为会员针对其家庭的布置装潢画设计图,建议会员屋子的哪个角落可摆什么样的花草,此举颇受会员喜爱。

花园网站与花农携手提供不同区域特有的盆栽,并与联邦快递合作,提供消费者品质与速度兼备的服务。花园网站的价格比传统花农高,但是花园网站并不让价格成为经营问题,它将园艺与一种生活的品质结为一体化,让消费者将目光放在园艺的欣赏价值上,花园网站用提供的附加价值吸引网络使用者。

MBA 海归开网上玩具店赚钱

随着电子商务的越来越红火,网上开店的人是越来越多了。在众多网上开店者之中,曲剑秋算是比较特别的一个。他的特别之处就是经营一知名网店的独特思路,和他 MBA 归国留学生的背景。

曲剑秋在网上卖的是玩具,他的网店名叫"Toys4U"。一打开网店的首页,你可以看到一个红色方块中的":)"字符号正对着你微笑,这是小曲的商标和网店的店标。"ALL U BUY IS NOT JUST TOYS"(你在这里得到的并不仅仅是玩具)。这句意味深长的话向人们表达着这个小小网店不同寻常的经营理念。

曲剑秋从小喜欢玩具,在英国留学的3年里,他一有零钱就去买玩具。他的收藏包括美国、英国及欧洲其他国家的玩偶精品,其中不乏"花木兰"、"狮子王"、"小鸡快

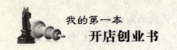

跑"和"星战前传"等全套造型玩偶。

回国后，曲剑秋想在玩具行业里闯出一番自己的天地，但他发现国内的玩具公司大都是家族管理，理念上不能够彼此认同。一次偶然的机会，曲剑秋发现了一家知名网站，于是决定自己创业，开始在该网站建立自己的网上商店。曲剑秋用自己的住处作为库房，客厅被布置成接待顾客的样品区，他把在国外收藏的玩具以非卖品的形式展示给客户，培养客户对玩具的爱好，同时也提高自己专业经营者的形象。曲剑秋还托在外贸公司工作的同学帮忙落实了生产厂家。

网店一开张曲剑秋就感受到国内消费者对玩具的渴望。连续4个月月销售额都有一万多元，月赢利4000元左右。面对如此好的业绩，曲剑秋说，这只是个开始，在以后的日子，仍会秉承一贯诚实经营、价格公道的原则，诚心对待每一位新老顾客。曲剑秋网上经营的心得是：尽量及时回复买家留言和E～mail，因为他深知没有人喜欢等待；商品选择要有自己的风格，物以稀为贵；买家永远是挑剔的，所以卖家要不断改进自己的商品和服务的质量。

网上开玩具店，如同网上开时装店一样，靠的是品味，所以要想干好这一行你就一定要了解你的客户。目前曲剑秋的客户大多为收入2000元左右的年轻人。但是网络可以虚拟，生意必须以诚相待。小生意也要把目光放长远些，要做别人一辈子的生意，而不是一次两次。

网上解乡愁，开家二手书专卖网店

在搜索引擎上一搜索，各种各样的网上书店令你目不暇接，当然竞争也是不言而喻的了，如何在激烈的网上书店上寻得自己的一席之地呢？有意开家网上书店的你，不妨向日本人谷口雅男学习一下，把网上书店定向为专做思乡人的生意。

从一个号称日本第一的化妆品销售员，到两度破产、两度离婚的失败男人，再由日本福冈的北九州东山再起，看准书本回收会有市场，便以二手书店作为踏板，成功创立二手书收售王国。经过对网络的一番研究，谷口雅男找到了扩大事业版图的新契机。借由网际网络的运用，谷口雅男的古本文库成功地将有地域限制、只能来店收售的传统二手书买卖形态，转化为可以让顾客线上订书、代客找书、并提供全球订书、送书服务的现代化公司。

有鉴于市售书籍价格过于昂贵，许多日本人对于便宜的二手书趋之若鹜，可以成立专门收售二手书的书店，并提供为客人代寻书本的服务。又因为住在海外的日本侨民日益增多，这些人对于日文信息十分渴求，而亚马逊网络书店的成功也带来若干启示，不过相对于美国版的网络书店是卖给全世界所有人，古本文库书店则是上网将二手书买卖指向思乡的日本侨民。

由于日本各文库出版书籍价格不菲，爱书人往往因预算不足无法买喜爱的书来看；另一方面，家中旧书占空间，拿去换卫生纸又舍不得（日本有专门行业收集回收纸品，并以卫生纸作为交换），谷口雅男提供了旧书收购的管道，让想丢书的人可以进行资源回收，想找书的人又有低于市价近50%的二手书可买。

由于旅居海外的日本侨民日益增多，这些人相当渴望读到以日本文字书写的各类文库书，以谷口在网站上的规划，虽然每天来北九州市购书或卖书的人不超过15人次，但通过电子邮件而来的订单则超过100件以上。

谷口在全国各地找到50人，负责寻找特定书籍（尤其是古书、绝版书等）的工作，3个月下来总共收集了7千多册的书，平均每本的购进单价为200日元，大大地节约了进书成本，也提供了最快的找书服务。

二手书买卖行当很讲究"收货"，也就是说，货源渠道是非常关键的，基本上决定了收入的多少。据业内专家人士介绍，学校图书馆、资料室、学术研究所、废品站，以及一些学者的家等都是旧书摊主们主要的货源渠道。

其中，高校图书馆是最受追捧的渠道。高校图书馆每年都会处理一批旧书，所以很多从事旧书买卖的人，一年四季都盯着各大高校门口，甚至是自己直接设点。

网络信息技术的普及与应用，催生了一群特殊的"百万富翁"。在国内比较大的旧书买卖网站——孔夫子网上，潜藏着一些"百万富翁"。

往往由于货源不一，收购价也不同，旧书销售行业收入的差距很大。从业者个人对于收入也多为隐讳，不愿多谈。很多摊主还抱怨这个行业的辛苦。不过，据知情人士透露，从事旧书销售的这批人，大多数月入过万，有房有车。